「大道」を語る

彭富春 著
胡逸蝶 訳

白帝社

〈目次〉

第一章　世界

- 一、世界とは何か 3
  - 1．多面的な世界 4
  - 2．世界に関する追究 11
- 二、自然世界 15
  - 1．天地 15
  - 2．本性 20
  - 3．自身 23
- 三、社会世界 28
  - 1．人間の始まり 28
  - 2．人間と自然 33
  - 3．社会建設 41
  - 4．個体の独立 47
  - 5．個体と社会 56
- 四、心の世界 61
  - 1．心自体 61
  - 2．心の構造 64
  - 3．生命を持つ心 68
  - 4．心の活動 70
  - 5．心と物 77
- 五、人間と世界 82
  - 1．天、人、心 82
  - 2．人間と世界 85
  - 3．非人、非世界とその克服 88

i

第二章　欲望

一、欲望とは何か　93
　　1．欲望自体　94
　　2．欲望の本性　96
二、欲望の仕組みと生成　98
　　1．欲望の仕組み　98
　　2．欲望の生成　102
三、欲望の種類　103
　　1．本能的な欲望　104
　　2．物質的な欲望　112
　　3．社会的な欲望　121
　　4．精神的な欲望　126
四、欲望の表現　131
　　1．身体性　132
　　2．心理性と言語性　135
　　3．社会性　138

第三章　技術

一、技術とは何か　143
　　1．技術思想　143
　　2．技術、自然、人類　146
　　3．技術、科学、工事　147
二、技術の起源、本性、仕組み　150
　　1．技術の起源　150
　　2．技術の本質　152
　　3．技術の構造　157
三、道具の歴史　160

1．身体的な道具 161
　　　2．手作りの道具 164
　　　3．機械的な道具 168
　　　4．情報的な道具 173
　四、技術の製作 181

第四章　大道
　一、大道とは何か 189
　二、存在的な道 195
　　　1．道論または存在論 195
　　　2．道と有無 197
　　　3．生成としての道 201
　　　4．存在の真相 204
　三、思想的な道：智慧 206
　　　1．知った事柄 206
　　　2．真理 208
　　　3．人間の規定 209
　四、言語的な道 212
　　　1．存在、思想、言語 213
　　　2．誰が語るか 214
　　　3．言語は如何に語るか 219
　　　4．言語は何を語ったか 225
　五、大道の形態 228
　　　1．神的な智慧 228
　　　2．自然的な智慧 232
　　　3．日常的な智慧 240

第五章　欲・技・道のゲーム

- 一、ゲームとは何か 245
- 二、欲・技・道のゲーム 248
  - 1．欲望の役割 251
  - 2．技術の役割 252
  - 3．大道の役割 253
  - 4．ゲーム及びその三つの形態 267
- 三、欲・技・道の生成 272
  - 1．欲から情へ 273
  - 2．技から芸へ 282
  - 3．道から人へ 287
- 四、欲・技・道ゲームにおける美の顕現 292
  - 1．顕現 292
  - 2．作品 295
  - 3．美の形態 300

附録：無原則の批判について

- 一、批判 308
- 二、原則 311
- 三、無原則 319
- 四、三つの批判 325
  - 1．言語批判 327
  - 2．思想批判 330
  - 3．現実批判 333

あとがき 337

第一章

世界

第一章
世界

一、世界とは何か

　世界とは、既に存在しているものであり、人間によく知られているものでもある。なぜなら、我々がいつ如何なる時でも世界に出会うのではなく、私たちが既にその世界の中に存在しているからである。人間の存在は世界の中での存在である。私たちは世界と一体であるのみならず、多かれ少なかれ世界を思惟しながら、それについて語る。ところが、我々は自分が世界の本質を理解していると思っているのに、いざそれを説明しようとすると、それが不明瞭でありかつ曖昧なものであるように見える。まるで馴染みの人でありながら見知らぬ人のようである。世界とは何か、と追究するならば、それに関する答えははっきりせず、しかも多岐にわたる。なぜなら、世界は異なる形態で自分を現しているからである。全体としての顕現もあり、部分としての顕現もある。直接的な顕現もあり、間接的な顕現もある。人間は異なる立場や視点から世界を思惟しながら、それについて語る。ある視点から見る世界の様相は、別の視点からだと異なる様子が見えるようになる

1．多面的な世界

　日常と哲学的言語の中で、「世界」という言葉は多くの意味を持っている。主に以下のような意味がある。

　第一に、世界とは、時間と空間である。中国語における"世界"という言葉は"世"と"界"、という二つの文字の組み合わせである。"世"は時間である。一般的な時間のみならず、特別な時間、すなわち時代のことも指している。"界"は空間である。普通の空間だけではなく、特別な空間、すなわちあるところのことも指している。いわゆる時間は物理的時間を意味している。すなわち過去から現在、そして未来まで、流れていく時間のことであり、延々と続く性質を持っている。いわゆる空間も物理的空間を意味している。すなわち、縦・横・高さで構成される三次元であり、限りなく拡がる性質を持っている。時間と空間はそれぞれ異なる意味を持っているが、実際的には不可分な関係にある。絶対的に単独で存在している時間もないし、絶対的に単独で存在している空間もない。時間がない空間も、空間がない時間も存在していない。時間はいつも空間の中にあり、空間もいつも時間の中にある。世界は、時間と空間によって構成されるものである。世界は、時間と空間以外には、宇宙とも呼ばれている。一般的に言えば、上下左右は宇といい、往古来今は宙という。上下左右は空間であり、往古来今は時間である。すなわち、宇宙は世界と同じく、時間と空間とが合一しているのである。

　世界は時間と空間とが合一しているが、存在者がいない純粋な時間と空間はなく、時間性と空間性を持たない存在者もいない。存在者と切り離した中身のない時間と空間もないし、時間と空間と切り離した独立的な存在者もいないのである。時空はいつも存在者のい

る時空であり、存在者もいつも時空を有する存在者である。存在者は時間と空間の外にいるのではなく、中にいるのでもない。仮に存在者が時空の外にいるとすれば、存在者は時空性を持っていないことになる。また存在者が時空の中にいるとすれば、時間と空間は存在者にとっては外的である。実のところ、全ての存在者の存在は時間性と空間性を持っている。すなわち、延々と続く性質と限りなく拡がる性質を持っている。ここで言う存在者は地球上での鉱物、植物、動物を含んでいるし、天空に輝いている太陽、月、星をも含んでいる。

　世界の中にいる個体としての存在者は有限的であり、すなわちその存在者の時間と空間は有限的である。しかし、全体としての存在者、すなわち世界は無限的である。世界の時間は無限的であり、過去からの始まりもなければ、未来での終わりもない。もし過去の時間に始まりがあるとすれば、その始まりの前の無時間性が想定されることになる。また、未来の時間に終わりがあるとすれば、その終わりの後の無時間性も想定されるわけだ。だが、世界が存在さえすれば、時間も必ず存在する。したがって、時間がないということはあるわけがない。無時間性を持つ時間というもの自体は不合理である。のみならず、ある時間の前と後に無時間性を想定すれば、無時間と時間との間には境があるはずである。だが、この境は定められないのである。また、無時間と時間が互いに変換しあうのも本質的に言えば不可能なことである。時間と同じく、世界の空間も無限的であり、始まりもないし、終わりもない。もし世界の空間に始まりがあれば、その始まりの外側に無空間性が想定される。世界の空間に終わりがあれば、その終わりの外側に無空間性が想定される。だが、世界さえ存在すれば、空間も必ず存在する。したがって、無空間ということはあるわけがない。無空間性を持つ空間というもの自体が不合理である。のみならず、ある空間の前と後に無空間性を

設定すれば、無空間と空間との間には境があるはずである。だが、この境は定められないのである。また、無空間と空間が相互に変換しあうのは根本的に言えば不可能である。時間と空間は無限的であるため、時間性と空間性を持つ存在者も無論、無限的である。これは、世界は無限的なものであるということも意味している。

第二に、世界とは、地球全体のことである。ただし、地球全体というのは異なる意味を含め、地理学的な意味もあり、政治学的な意味もある。

地理学的な地球全体は、宇宙の中の無数の天体の一つとしての地球であり、人間の住む場所という意味である。地球以外の天体、例えば太陽や月はこの概念から排除されている。陸地、海洋、島嶼のみならず、これらの中の森羅万象もこの概念に含まれている。地球としての世界は閉鎖的ではなく、開放的である。しかも外にある太陽や月と、密接不可分な関係にある。また、地球自体にも変遷史があり、それはいわゆる「滄海変じて桑田となる」ということである。

地理学的な地球全体と異なり、政治学的な地球全体は各民族や国家の集合体のことである。この意味での世界は一つの国家ではなく、特定の国家の集合体でもない。アジア、ヨーロッパ、アフリカ、アメリカなど、地球上のすべての地域の国が含まれている。この意味では、世界は国際社会であり、国家間の関係性を持っている。ただし、世界中の国々は同一ではなく、異なっている。国家のランクにより、世界は第一世界、第二世界、第三世界に分けられている。第一世界に属するのは超大国であり、昔は米国とソ連であったが、現在は米国しかない。米国は科学、経済、軍事、政治などの面において他国に対する影響力が絶大であり、総合力が圧倒的に強い国である。第二世界に属するのは先進国であり、主に工業化を経たヨーロッパの現代的な国である。第三世界に属するのは発展途上

国であり、例えば中国のように、工業化を進め、現代的な国へ発展しようとする国である。

　第三に、世界とは分野である。すなわち、さまざまな範囲、方面、領域などのことである。例えば、動物の世界、人間の世界、芸術の世界などがある。特定の存在者が集まるところである。これらの存在者には物質的なものもあり、精神的なものもある。同じ性質を持っていることによって集まり、異なる性質を持つ存在者から自分を区別する。こうした特徴がある世界は閉鎖的であり、ほかの世界とある境界で区分されている。この境界は外部からつけられた徴表ではなく、中に集まっている同じ性質を持つ存在者によってつけられたものである。こうした同じ性質を持つ存在者は同じ世界に属し、持たないものは別の世界に属する。ただし、存在者の性質は多様なだけではなく、いつも変化するため、境界の状況も複雑である。明らかな境もあり、曖昧な境もある。また、異なる世界の境は、重なりあい、あるいは衝突し合う場合もある。

　第四に、世界とは人間世界のことである。それは冥界や天国とは異なる。冥界は人間世界の下にあり、人間の死後に霊として生きる世界である。そこは懲罰や苦しみしかない、悲惨な世界であると言われている。それに対して、天国は人間世界の上にあり、人間が死んでから神様になって生きる世界である。そこは享楽と歓楽しかなく、まさに極楽の世界である。ただし、中国人にとっては、この人間世界の下にある冥界も、この人間世界の上にある天国もない。人間が生きるこの世界、すなわち人間の生活世界があるのみである。

　生活世界は人間の世界である。人間は生命そのものとして現れる。すなわちこれが人間としての存在である。ただし、人間の存在は世界と切り離せない。人間は世界の中に存在している。人間が存在する空間は、天地の間である。人間は一つの存在者として、大地の上、蒼天の下に生存し、他人とのみならず、森羅万象とともに

存在する。こうした相互共存関係によって、個人の存在する空間の有限性は世界の空間の無限性に転換される。したがって、空間的な視点から見れば、世界は天、地、人間という三者の集合体なのである。また、人間が存在する時間は、生から死に至るまでである。人間が生まれ、この世界で生活と生産活動をし、そして死んでこの世から去る。しかし人間は生と死を繰り返し、生死流転する。輪廻転生によって、個人の存在する時間の有限性は世界の時間の無限性に転換される。したがって、時間的な視点から見れば、世界は人間の輪廻転生と言えるのである。人世の時間性と空間性の統一は、人間の天地と生死の間での合一によって具体化する。

　世界とは、こうした幾つかの異なる意味を持っているが、最も根本的には、人間の生活世界である。なぜなのか。世界の他の意味は、如何に生活世界と関わり、如何に生活世界から生じるかを詳しく見てみよう。

　時間と空間の統合体としての世界は人間の生活世界の中で繰り返して形成されたものである。時間自体は、永遠に、無期限に続くものであり、過去・現在・未来という区分がない。こうした時間の三区分は、一個の存在者、つまり一人の人間が現時点にいるという想定の元で成立する。この人間は時間的存在だけではなく、時間の流れに対する判断者でもある。人間の現時点での存在を境に、時間は三つに分けられている。現在は過去から未来に移り行く時間であり、過去は既に過ぎ去った時間であり、未来はまだ来ていない、あるいはこれから来る時間である。それと同様に、空間自体は、限りなく広がるものであり、上下左右という区分がない。こうした四方位の区分も、一個の存在者、すなわち一人の人間がここにいるという想定の元で成立する。この人間は空間的な存在であるのみならず、空間的な存在に対する判断者でもある。人間のこの場所における存在を中心に、空間は四方位に分けられている。いわゆる上下は

人間の上か下かにあるということであり、いわゆる左右は人間の左か右かにあるということである。したがって、時間と空間は独立した形で存在するように見えるが、実際はそれが人間の活動によって現れ、区分されている。のみならず、人間は生活世界の中で物理的時間と空間の法則に従っているが、自分独自の時間と空間の概念をも作った。こうした時間と空間は人間の生活活動の展開によるのである。人間は天地の間に生まれることによって、天が上にあり、地が下にあるということになっている。天は人間の上にあり、地は人間の下にあるためである。人間は生死の間に生きている。よって時間は、人間が生まれる前、生存中、死んだ後という三つの時間帯に分かれる。人間の生活世界の中では、まずは人間の生活活動の時間があり、そして物理的時間がある。それと同じく、まずは人間の生活活動の空間があり、そして物理的空間がある。物理的時間と空間は、人間の生活世界の中で人間の存在と関わり、それに物理的以外の意義を付与する。また、人間の生活世界の中での時間と空間に基づき、時間と空間に関する人間の観念が形成される。人間の時空観は人間の存在から生じ、時代につれて変遷する。地球中心説から太陽中心説へ、というのは、正に人間の時空観の歴史的変遷の典型的な例である。更に、人間の時間と空間に対する感覚も生活世界での時空から派生するものである。人間は時間が早く過ぎるか遅く過ぎるか、空間が狭すぎるか広すぎるかと、このように感じる。こうした感覚を持つ原因は、人間が既にある時間と空間の中にいることにある。この時間は彼にとっては短すぎる、あるいは長すぎる。この空間は彼にとっては狭すぎる、あるいは広すぎる。

　人間の生活世界により地球である世界も新たな意義を持つようになる。地理学の視点から見れば、地球は宇宙の中の一つの天体としての存在であるが、本質的に言えばそれは人間が住む場所である。実のところ、人間の世界認識は、国家中心的な見方から国際的な視

点へ、という歴史的変遷を経てきた。人間は地球に住んでいるといっても、一人ひとり自分がいるところでしか活動をしない。人間は自分がいるところを中心に、天や天下を見る。いわゆる天下は、人間が見える世界であり、限られた範囲の中での全ての存在者、つまり森羅万象である。人間が言う「天下」は、三つの領域を含めている。天下の中心、天下の果て、天下の外である。天下の果てと天下の外はどれほど遥かであるとしても、人間がいるところは天下の中心である。昔の中国人は、自分の国が天下の中心だと考え、この国に、中央の国を意味する「中国」という名前をつけた。天の果てとは天下の境、つまり大陸を囲む海であり、その先にはほかの国があるとされていた。天下の果ての外とは人間が見えない、まだ認識できないところである。その後、地理学上の大発見により、人間は天下の中心から天下の果てまでを通り越し、天下の外の地域にまでも至ることができた。地理学の意味での世界のみならず、政治学の意味での世界も人間の生活世界により決められたものである。政治学の意味での世界は国際社会のことであり、各民族や国家の集合である。長年、世界の国々の間に付き合いがあるが、その交際は地域間にとどまり、国際社会は形成されなかった。国際社会は現代の産物にほかならない。国際化に伴い、各国家の経済、社会、文化や技術などは相互に影響し合うようになる。それに基づき、国際社会は一体化した不可分な総体となる。

　世界は一つ一つの区域として認識されるとしても、それは人間の生活世界を超越したり、生活世界から切り離したりすることができず、あくまでも生活世界の中にある。なぜなら、どの区域も人間の生活世界の中で大きいか小さいかということだけだからである。例えば、自然世界、社会世界、心の世界などである。またそれだけでなく、どの区域を究明するにしても、それを人間の生活世界全体の中におかなければならない。

以上述べてきたように、世界は必ず人間の生活世界として理解されなければならず、ほかの意味での世界として理解されてはならないのだ。

２．世界に関する追究

　我々は世界という言葉の語義を究明し、そしてそれが根本的には人間の生活世界として理解しなければならないことを明らかにしたが、世界という存在そのものに対しては、人間はまた数多くの疑問を提起した。
　その中で一番大切なのは、世界は本当に存在するのかどうかという問題である。世界は本当に存在するのだろうか。この疑問には可能な回答が三つある。第一に、世界は存在する。第二に、世界は存在しない。第三に、世界が存在するかどうかは不確かである。ただし、可能な回答が三つあるが、この疑問自体は否定的な答え、すなわち、世界は存在しない、という回答を導こうとする。なぜなら、世界は存在するという肯定的な答えによってこの疑問は解決されるものであり、それを出す必要もないからである。また、世界が存在するかどうかは不確かであるという曖昧な答えの場合は、この疑問の状態をそのまま続かせ、ひいてはこの答えはこの疑問の言い換えにしかすぎないとも言える。世界は本当に存在するかどうかという疑問は、世界は存在しないという否定的な回答を導き、我々がいる世界をも存在しないものにする。これは驚くほど深く大きい問題のように聞こえるが、実は偽の問題にすぎない。もし世界が存在しないとすれば、人間の存在、思想や言語が備わっている根拠を失ってしまう。したがって、人間は、世界が存在するとも言えないし、存

在しないとも言えなくなる。

　世界は存在しないという主張がすぐに論破されるとしたら、この主張はおのずから消えるか人になくされるかのどちらかである。ただし、実はその主張はまだ存在している。そうであるなら、我々はこの問題の真義をよく究明しなければならない。世界は存在しないという真意は、真実の世界がないということである。この意味から言うと、世界は存在しないということは、「世界は存在するが、ただしそれは真実の世界ではない」ということに書きかえられる。つまり、この世界は虚偽であり、幻にすぎないというのだ。

　もしもある物事を虚偽であると設定すれば、その対立面、すなわち真実をも同時に設定していることになる。真実とは、ある物事はそれ自身であり、それ自身以外の如何なるものでもない。一方、虚偽とは、ある物事はそれ自身ではなく、それ自身以外のなにものかである。ある物事が他のものを借りてそれ自身に代われば、それは仮相となる。ある物事が他のものを借りてそれ自身を表せば、それは現象となる。この世界はなぜ、仮相と現象とで成り立つのだろうか。その原因は、この世界と異なる本当の世界が存在するとされることにある。この世界は本当の世界の影または複製でしかなく、本当の世界へ渡るかけ橋にすぎない。ほかには、もう一つの声がある。それは、この世界と異なる本当の世界が存在することは認められないが、この世界は諸法無我、諸行無常であり、すなわち独立的な不変の本質がなく、常に移り変わり消滅し、永遠に存在する物事などない。「一切有為の法は、夢・幻・泡・影の如く、露の如く、また電の如し」。したがって、世界の実態や本性は空である、という声である。

　こうした、偽りの世界ともう一つ別の本当の世界という設定そのものはそもそも虚構にすぎない。なぜなら、いわゆる本当の世界は、それ自身を人間に示したことがないためである。同じく人間

が、それが存在することを直接または間接に実証したこともない。こうした事実に基づいて、我々は、いわゆる虚偽の世界こそ本当であり、逆にいわゆる本当の世界は虚偽であると言うことができる。また、世界の全ての現象は幻であり、その本性は空であるとされているが、この世界は偽りであるとは言えない。仏教の亦有亦空、有空不二という見方によれば、この世界も実在するものである。

　以上の分析から次のような結論に達することができる。世界は偽りではなく、真実なのである。存在しないのではなく、存在するのである。これから、この本当の世界に我々の思想を入らせよう。しかし、我々は簡単かつ直接的に世界を認識することができない。むしろ世界を認識するのは非常に複雑であると言うべきである。我々は既に世界の中にいるが、常にそこを離れてその起点を探る。世界はどこからきたのかと、追究しようとする。この質問は、世界はいつから始まったのか、というものでもある。我々は常に無世界、という起点を想定する。世界を存在だとすれば、無世界は非存在、すなわち虚無ということである。

　人間はこの世界が始まる前の、絶対的な虚無としての無世界を想定する。では、虚無とは何か。虚無は存在しないため、そこには何もない。虚無とは何かだと言うのであれば、それは一つの存在者である。しかし、この想定は成立しないばかりか、その提起と表現は自己矛盾している。虚無とは何もないということであるため、それは思考されることはない。なぜなら、あらゆる思考はある存在者としての思考の対象を持つためである。また、虚無とは何もないということであるため、それは語ることができない。なぜなら、あらゆる言説はある存在者としての思考の対象を持つためである。これらの理由により、虚無は無世界として世界の始まりになるわけがない。

　そのほか、人間は世界の絶対的な原初状態をも仮想した。この状

第一章　世界

態の世界では、全ての人間と物は自分自身の本性を保ち、その本性は汚されることもなく傷つくこともない。この原初的な世界はその後の世界より断然素晴らしいものであり、後の世界は移り変わり、衰えていくばかりである。人間の歴史は黄金時代から白銀時代、また青銅時代への変遷史である。これと同じく、この歴史は人間が絶えず原初の世界へ戻ろうとするものである。したがって、世界の歴史は、原初的な世界からの衰退とそれへの回帰との矛盾と調和の歴史でもある。ただし、いわゆる原初的な世界というものは一つの仮説にすぎなく、現実世界の様子とは完全に異なり、現実世界から遠く離れている。この仮説は我々が現実世界を認識することに支障をきたすだけである。

　既に存在する現実世界を見てみよう。この世界は既に存在しているからこそ、認めなければならないし否定できない事実である。

　世界は一体何なのか。それは様々なものによって構成されているものであり、自然世界、社会世界、心の世界を含めている。ただし、世界は一つの物ではないし、物の集合でもない。世界は物の生成であり、すなわち物を物にならしめる過程である。それと同時に、人間の生成でもあり、すなわち人間を人間にならしめる過程でもある。世界は人間と物との集合であり、人間と物が生成しあう過程である。したがって、世界は世界となる過程であり、世界化する活動である。

　まさに世界とは、人間が生きるために存在するのであると定義されるとき、世界化する活動は人間が生きるための活動となるのである。ただし、人間は天地の間に生きている。したがって、人間はまず自然の中で生き、自然万物、例えば鉱物、植物、動物などとともに存在する。そして、人間は人により構成された社会の中で生き、他人とともに生きる。最後に、人間は心を持つ存在者であり、心により自然と世界を認識し、改善する。これらの事実に基づき、人間

の生活世界は三つに分けられる。自然、社会、心、あるいは、自然世界、社会世界、心の世界である。これらは三つの異なる次元の世界である。その中で、自然世界は社会世界と心の世界の物質的基礎であり、社会世界と心の世界は自然世界の上にある上部構造である。この三つの世界は異なっているが、相互に交じり合ってもいる。

二、自然世界

1．天地

　三つの世界（自然、社会、心の世界）の中で、まずもって、人間に与えられたのは自然である。自然とは何か。ここでは自然界、あるいは大自然のことを指している。しかし、大自然というのは、広義的なものと狭義的なもの、という二種類のものを含めている。狭義の大自然は、人間と区別された物質世界、すなわち人間を排除した一般の有機物と無機物との集合である。広義的な大自然は、一般の有機物と無機物との集合としての物質世界のみならず、人間をも含めている。ただし、ここで言う人間は、社会性が排除され、自然性だけを持つ人間である。すなわち、自然の一部としての人間のみであり、動物と区別された存在者ではない。社会の一部としての特性を持つ人間は特別な存在者である。したがって、広義の大自然は、天地とその間に存在する万物だと理解できる。
　天とは何か。本来の意味は人間の頭の上にある大空のことであり、限りなく広々とした、深遠な空間なのである。ただし、天とい

うものは、天空、あるいは虚空のみならず、天体でもある。天空にあるすべての存在者を含む。例えば、太陽や月や星などである。太陽が昇り、また沈む。月は満ち欠け、星は燦爛と光り輝く。また、天は天気でもある。大空には大気が満ち、有形または無形の変化によって風雲や雨雪、稲妻、雷鳴を形成する。当然ながら、天は天体の道でもある。それは天体が運行する軌道のことである。有形でもあり、無形でもある。可視でもあり、不可視でもある。

　地とは何か。本来の意味は土地、すなわち陸地の表層部のことである。しかし、通常は宇宙の他の天体と区別された地球のことを指している。広大な平野だけではなく、雄大な高山や激しく滔々と流れる大河、果てしなく広がる大海原をも指している。地上を含むし、地下をも含んでいる。のみならず、地下というのは、下の空間だけではなく、下にある存在者をも指している。大地の本性は生育である。つまり植物や動物など、一切の生命を育てるということである。大地は静的ではなく、変化に富んでいる。滄海変じて桑田となり、また桑田変じて滄海となる。植物は生長しては枯れ萎む、動物は生まれ出ては死んでゆく。

　天と地は異なるものである。天は天であり、地は地である。そして天は上にあり、地は下にある。ただし、それと同時に、両者は一体となり、互いに影響し合う。地球の自転は太陽に向かったり背いたりする。そのため、人間は太陽が朝東から昇り、夜西に沈むのを見る。地球が太陽に向かっている間は昼間であり、背いている間は夜間である。月は地球の周囲を回る。新月から満月、また新月までの周期は一か月である。太陽光線の照射角度の変化、すなわち赤道から南北回帰線への移り変わりにより、春夏秋冬に分かれる。地球が太陽の周囲を365日で一周して一年となる。また、天と地との共同活動は時間の区分のみならず、空間の配置をも決めた。なぜなら、あらゆる自然空間は天地の間にあるからである。

天と地は同時に存在するが、平等ではなく、違いがある。比較すると、天は主動性があり、地は順応性を持っているのである。のみならず、地としての地球は一つの星であり、宇宙に存在する無数の天体の一つであり、天の範囲にも属している。したがって、地とほかの天体の運命は密接に関係している。その意味では、天と地の違いを考慮しないで、両者を天だと併称してもよいだろう。

　天と地は一体となるが、間という中間的な存在がある。この天地の間は空間である。空間には何も存在しないのではなく、虚無的でもない。万物で満ちているのである。そして、有限的ではなく、無限的である。人間はそれに対して、既知の部分もあり、未知な部分もある。そうは言うものの、その中にある万物、すなわち一切の存在者を区分することができる。通常、万物はその本性と形態により、鉱物、植物、動物に分けられている。鉱物、例えば石、泥塊、水などは命のない存在者であり、比較的に自身としての一貫性を保持することができる。植物、例えば草木は命のある存在者であり、萌芽、成長、開花、結実、そして凋落する。動物、例えば鳥や獣は命も感覚もある存在者であり、出生、生存、繁殖、そして死亡する。鉱物、植物、動物は、単純に命のある存在者とない存在者に分けることができる。前者には、生、老、病、死があり、後者には成、住、壊、空がある。また、人間は特別な動物だとも見なせる。動物のような体躯を持ち、この体躯は両親から出生したものであり、天地から授かったものでもある。ただし、普通の動物と異なり、生命感覚があるのみならず、心のある存在者でもある。したがって、人間は天地の心、万物の霊長となる。

　こうした天地万物の全体は大自然である。

　しかし、自然は、人間活動の環境のみであると狭く理解されてはならない。現在、地球は五つの領域（圏）に分けられている。それぞれ大気圏、水圏、土壌圏、岩石圏、生物圏である。これにより、

五つの環境にも分けられている。大気環境、水環境、土壌環境、地盤環境、生物環境である。人間と環境との関係に基づき、人間は環境問題を重視し、環境を保護することを強調している。こうした環境保全活動の性質は本質的に環境破壊と異なり、消極的ではなく、積極的であるが、依然として限界があるものである。なぜなら、人間は自然を環境だと称するときは、自然の立場ではなく、人間の立場を出発点とするからである。環境とは、取り巻かれたところのことであり、すなわち人間をめぐる周辺のことである。この設定によれば、人間が中心であり、自然は周辺である。したがって、人間は自然を支配し、改造することができる。こうした環境観はうわべから見れば自然とのみ関わるように見えるが、実は一種の強い人間中心主義の主張がそこに隠れている。こうした環境観に基づくからこそ、人間は環境を破壊する。ただし、環境の破壊に伴い、人間も多大な損失を蒙ることが、人間を覚醒させ、自分を守ると同時に環境をも守らなければならないと意識させた。人間は環境をしっかり守らなければ、自分をも守れないということである。

　本物の、あるいは徹底的な環境保護の意識は必ず正しい自然観に基づくものである。人間は自然を、人間をめぐる周辺、すなわち環境であると見なすべきであるのみならず、人間をも含める存在者が集まる系統、すなわち生態系だとしても見なすべきである。自然は生態系であり、生き物が存在する系統である。その理由は、「天地の大徳を生と曰う」、すなわち自然の本性は生である。自然、あるいは天地万物は一つの全体となる生命体であり、その中の全ての存在者は自由自在に存在し、それぞれ自分の生成と消滅の過程を経る。それと同時に、一つ一つの存在者は互いに関係しない独立的なものではなく、共存し、依存し合う関係にある。植物は土地で生育し、土壌から養分を吸収して成長する。動物は山水や植物があるところに生息し、草や肉を食べることにより生存する。人間もこの土

地で暮らし、動植物と離れて生活することはできない。生命を維持し発育させるため、人間は植物を採取したり、狩猟したりする。また、栽培や養殖をし、植物や動物を育てることもできる。一方、動物は草や肉を食べると同時に、植物の種の伝搬と生態的均衡を促す役割も果たしている。そして、植物の繁茂は水と土壌との平衡を保ち、動物に食料をも提供する。したがって、生態系の中のすべての存在者は自生して自らを育成し、相互に作用し影響を与え合うものである。すなわち、これらの存在者は生成し合いながら、争い合ってもいる。相生とは、ある自然物から、別の自然物が生成されるということである。一方、相克とは、ある自然物が、別の自然物を打ち負かすということである。中国古典思想において、自然は五行、すなわち金・木・水・火・土という五元素で構成されている。これらは相生相克の関係にある。金・木・水・火・土は元々五つの自然物である。金は金属、木は植物、水は液体、火は熱エネルギー、土は土地である。その後、五つの自然物は実体を指すだけではなく、それぞれの実体に対応する性質もその意味に含まれるようになる。金は分かれ、木はまっすぐ伸び、水は流れ、火は上を向き、土は植える、である。これらの相生の関係は以下のようである。木から火を生じ、火から土を生じ、土から金を生じ、金から水を生じ、水から木を生じる。相克の関係は以下のようである。木は土に克ち、土は水に克ち、水は火に克ち、火は金に克ち、金は木に克つ。生態系としての自然は果てしなく循環する相生相克の系統であり、その核心となるのは共生というものである。

2．本性

　いわゆる自然は、自然界または大自然のみならず、本性のことをも意味している。自然という言葉の中の、自という文字は自分自身を意味し、然という文字は様子とか状態のことを意味している。自然とは、事物が本来持っている固有の有様、すなわち本性である。本性は本質とも言い換えられ、通常、現象と相対的である。現象とは事物の本性が外的に現れたものであり、感性的特徴を持ち、人間の五感により感じ取られるものである。あらゆる事物の本性は必ずそれに対応する現象があり、逆に、あらゆる事物の現象は必ずそれに対応する本性と関連している。ただし、本性は現象により現れる場合もあるし、現れない場合もある。本性と現象の関係は複雑なため、自然は自分自身を現したり隠したりする。自然が自分を現すとは、天と地になり、鉱物や植物、動物にもなることである。同時にまた、自然が自分を隠すとは、現象に自分の本性を覆い隠させることである。このほか、自分が隠されたり、外の事物に取って代わられることもある。このような意味で、天地は人間に対して開放されており、よく知られたものであるが、神秘的なものでもある。だから自然そのものを捉えるために、我々は現象を通して本質を見なければならないし、万物の本性をそのまま現させるべきである。

　事物本来の性質である本性は事物の根本的な要素である。ある事物はその本性により自分をほかの事物から区別させ、自分たらしめる。天地の間の万物、すなわち鉱物、植物や動物は自然界のものであり、人間界のものではない。自然的なものであり、人工的に作られたものではない。自分の本性によって存在している。だからこそ、鉱物は鉱物、植物は植物、動物は動物、人間は人間であると言えるのだ。いずれも自分の本性による存在者であり、自分以外の他

の存在者ではない。

　本性は事物の固有の、内的なものであるため、それは生まれつきのものでもある。したがって、それは先天的なものであり、後天的なものではない。こうした理解により、本性は天性とも言い換えられ、生まれつきの性質のことである。自然的なものであり、人工的なものではない。人間が外部から付け加えたものではなく、むしろ外部から付け加えられないものとも言えよう。ある植物の内的な、生まれつきの本性は、植物を植物にならしめ、ほかの何物かにならしめるわけがない。それと同様に、ある動物の内的な、生まれつきの本性は、動物を動物にならしめ、ほかの何物かにならしめるわけがない。

　また、本性は永遠に続く不変のものである。「山河の改造は易しいが、本質を変えるのは難しい」という中国の諺がある。人間は昼を夜に変えられないし、夜を昼にも変えられない。それと同様に、草食動物を肉食動物に変えられないし、肉食動物を草食動物にも変えられない。ある事物がひとたび自分の本性を変えれば、自分をも変えるのである。それはそれ自身でなくなり、ほかの事物になることだ。

　万物はそれぞれ本性を持つため、同じではなく、差異があるのである。しかしそれと同時に、万物は平等で、同一でもある。なぜなら、万物は自分の本性によって存在し、互いに比較できないし、区別もできないからである。一つの植物を一匹の動物と比較することはできるわけがないし、一匹の動物を一つの植物と比較することもできるわけがない。人間は植物としての基準で動物を評価してはならず、動物としての基準で植物を評価してもならない。万物の本性は比較、評価できないため、優劣、長短、大小などの区別もない。重要なのは、全ての事物が自分の本性によって存在しているかどうかのみである。自分の本性により存在することが最もよく、円満な

のである。

　万物の本性は区別できないため、それは善悪なしのものである。万物には善悪があるという考えは、人類学的あるいは擬人的視点からの誤解にすぎない。人間と万物との関係からすれば、物事は人間にとって利害がある。人間に有利なものは善だとされ、不利なものは悪だとされている。ただし、万物の本性で言えば、それは利害なしであり、善悪なしである。むしろ善悪を超越していると言えよう。太陽と同じようである。太陽が善悪なしであるというのは、それ自身が善悪なしであるのみならず、それが万物に対しても善悪の区別もつけないことである。善人を照らし、悪人をも照らしている。

　大自然の本性は法則や規律により表れている。万物にはそれ自身の本性があるため、それ自身の法則がある。これらの法則にはたくさんの種類がある。現代自然科学、例えば数学、物理、化学、生物などはいずれも自然領域の中の何かの規律を明らかにしている。しかし、自然の中の一番基本的な法則は因果律である。むしろ、あらゆる自然科学は存在者自身の因果の転化と存在者間の因果関係を明らかにしようとするものと言えよう。因果律は簡単かつ自明の法則である。あらゆる原因は必ずそれに対応する結果を招き、あらゆる結果も必ずそれに対応する原因によって起こる。自然の運行は因果が限りなく交じり合う過程である。これにより、一因多果あるいは多因一果となる。一因多果とは、一つの原因が複数の結果を導くことであり、多因一果とは複数の原因により同じ結果が起こることである。また、自然には、二つの事物が互いに原因と結果になる場合もある。一方が原因となり、もう一方がその結果となり、逆もまた然りである。天地万物はいずれも因果連鎖の中の不可欠な一環であり、原因として存在し、結果としても存在する。また、因果律を自因自果であるとも理解すべきである。すなわち、ある事物の存在

は、最終的には自分が自分の原因となり、自分が自分の結果となる。

3．自身

　大自然それ自身は主宰者ではなく、神のような存在者に神格化してはならない。ただし、昔から、人間は自然に対する無知と恐怖により自然神、例えば天の神と地の神の存在を信じ込んできた。また、万物に霊魂が宿る、すなわち、万物にはそれを主宰する神が存在するという考えがある。こうした考えはなぜ生まれたかと言うと、天は偉大であり、人間はちっぽけな存在だからである。
　しかし、天を神格化することは実際にはそれを人格化することである。人間は、一方で自然に人間の特性を与え、もう一方で、人間を超える力量を誇張する。例えば、天は万物を認識する能力を持っていると見なされている。天は万物だけではなく、善悪をも知る。天には意志があり、義理により運行する。天道は勧善懲悪であり、善行を勧め、悪行を懲らしめるのである。天には感情があり、人情にも通じる。愛も憎しみも持ち、善人を愛し、悪人を憎む。また、天は巨大な力、つまり造化の力を持っている。造化の造は物を創造することを意味し、化はあるものを感化することを意味している。天は造化する過程の中で、自分の認識、意志と感情を実現する。天地神明の系譜は膨大、複雑である。その中で、天の神が最も地位が高く、地の神はそれに次ぎ、そして様々な階級の万物の神々がいる。天の神と地の神は人間の存在に根本的な影響を与え、万物に宿る神々も人間に直接または間接、あるいは大小さまざまな影響を及ぼす。古代社会から現代社会への変遷とともに、自然は神格化か

ら脱却する過程を経てきた。すなわち、天地自然はその神格化の特性を失った。天の人格化は一種の擬人化にすぎない。ひとたび擬人化という設定を取り除けば、それはそれ自身に戻る。天は天、地は地、山は山、川は川である。あらゆる大自然の造化は因果によって運行している。

　大自然は主宰者でもなく、主宰されたものでもない。造られたものでもなく、支配されたものでもない。ある宗教によれば、エホバが主宰神であり、自然は彼に創られたものである。主宰神は天と地を創造し、光と闇とを区別した。地に植物を生長させ、動物を繁殖させ、人間を創った。主宰神は自然を創造する能力を持つだけではなく、自然を壊滅させ、万物を滅亡させる力をも持っている。ある神話の中で、半神としての人間も神に相当する役割を果たしている。人間であるが、主宰神のように巨大な能力を持っている。彼らは天地を開闢し、万物と人間を創造した。当然ながら、彼らは万物と人間を滅亡させることもできる。これらの宗教と神話の中では、天地自然は主宰神と半神が創造したものであり、彼らに支配され、独立しておらず、彼らの従属物にすぎない。ただし、社会変革、歴史的な変革につれ、主宰神が死に、半神が隠退した。自然は本来のあり方に戻った。自然はそれ自身であり、それ以外の何者でもなくなった。

　自然は他の物を創造するのでもなく、他の物に創造されるのでもない。ただここに存在しているだけである。自分で自分に与え、自分を表している。自然は自分に与え、また自分に与えられる。与える側でもなく、与えられる側でもない。強いて言えば、与える側も与えられる側も同じく自然自身である。そして、自然の因果も全てそれ自身にある。自分自身が原因となり、自分自身が結果ともなる。我々が天気について述べるとき、太陽が出たとか、風が吹いているとか、雨が降ったなどと言う。主語がないように見えるが、実

のところ、より完全な文にするとすれば、それは太陽が出たとか、それは風が吹いているとか、それは雨が降ったなどのようになる。ここでの「それ」は無人称代名詞であり、主語の役割を果たしている。したがって、人格性を持つ存在者が主語になる可能性が否定された。実のところ、ここでの「それ」は「天」に取り換えることが可能である。天は太陽が出たとか、天は風が吹いているとか、天は雨が降ったなどもよく耳にするであろう。自然以外の何かの存在者ではなく、自然自身こそが天気を変化させるのである。ひいては、太陽は太陽が出たとか、風は風が吹いているとか、雨は雨が降ったなども言える。こうした言い方は同じ意味の言葉を繰り返し使う無意義の重複ではなく、存在者それ自身を強調し、存在する意義を表している。ここでは、この天気の例により、自然は如何に自分を自分に与えるかを明らかにしようとした。

　それ故にこそ、自然にとって自然以外の何かの根拠は存在せず、自然以外の何かの根拠に遡ることもできない。通常、根拠は物事の元になる理由だと考える。万物にはそれぞれの根拠があり、根拠がないものは存在しない。物は根拠があれば存在し、根拠がなければ存在しない。ただし、人間はある物事の根拠はそれ自身以外のほかの物事だと考える傾向がある。それは物事自身より更にその根源に近づき、そして物事が存在するかどうか、如何に存在するかを決めることができる。ただし、このように理解する根拠と原因には問題がある。実のところ、根拠または原因も二種類に分けられる。外的なものと内的なものである。外的なものは条件にすぎなく、内的なものこそ根本である。すなわち、天地万物は因果連鎖の中に原因があるが、自分を自分が存在する根拠とする。個別としての自然には外的要因と根拠があるが、全体としての自然には第一要因もしくは第一根拠というようなものがなく、第一要因あるいは第一根拠というようなものを究明することも無論不可能である。そうは言うも

第一章　世界　　25

のの、人間は常に自然に第一要因あるいは第一根拠を設定した。前に述べたように、それは神、あるいは半神である。また、人間はある種の特別なものをも設定した。例えば、気、水や火などである。気は万物の本体であり、凝固して万物となる。水は万物の始源であり、水から万物が生じた。火は万物の根源であり、それが燃えることと消えることにより万物の異なる形態が形成される。ただし、気、水や火の原因となるのは何なのか。こうした第一根拠の根拠を更に追究すれば、我々は一つの根拠の背後にもう一つの根拠を設定しなければならない。かくして、思想は絶えず後戻りし、悪循環に落ちてしまう。

　人間は自然に自然以外の原因を設定することはできず、自然以外の目的をも設定できない。目的、すなわち目標は、本来の意味は人間の目に見えるところであったが、事物が存在する最後の帰着点、事物の究極という意味に変わった。自然の存在する目的についての論説が数多くあるが、その論説は主に外在的目的論と内在的目的論という二種類に分けられる。

　外在的目的論によれば、自然の中の事物の存在はそれ自身を目的とするのではなく、もう一つほかの事物の存在を目的とするのである。例えば、鉱物の存在は植物の存在を目的とし、植物の存在は動物の存在を目的とし、動物の存在は人間の存在を目的とし、人間の存在は神の存在を目的とする。神の存在はそれ自身を目的とし、その目的はあらゆる存在者にとって最高と最後の目的である。この目的論的自然観の図式の中で、あらゆる存在者が異なる序列に区分された。鉱物、植物、動物、人間、神というランクである。下のランクにある存在者はその上のランクにある存在者の手段となり、上のランクにある存在者はその下のランクにある存在者の目的となる。したがって、中間にある存在者は目的でもあり、手段でもあり、身分を二重に有している。自然に関する外在的目的論の中で、最も典

型的なのは人間の目的論と神の目的論である。人間の目的論の本質は人間中心主義であり、万物は人間を中心とし、人間に奉仕するという考えである。神の目的論の本質は神の中心主義であり、万物は神に創造され、神に帰属するという考えである。現代化が進むにつれて、人間はもはや神の目的論を信じなくなるが、依然として人間の目的論に賛成し、人間が鉱物、植物、動物を含む自然万物の目的となると考える。実のところ、自然には目的、特に最終的に人間に向くような目的があるとする想定は、自然を擬人化、すなわち人格化する作業でしかない。人間を自然の目的だとしても、自然的存在としての人間も大自然の一部であることを考慮に入れなければならない。したがって、自然が人間に向ける目的は、実のところ、自然がそれ自身に向ける目的にすぎない。

　外在的目的論とは異なり、内在的目的論は自然がそれ自身を目的とすると主張している。天地万物はそれ自身として、またそれ自身のために存在する。鉱物の存在は鉱物自身を目的とし、植物の存在は植物自身を目的とし、動物の存在は動物自身を目的とし、人間の存在は人間自身を目的とする。自然は自在無碍である。その活動は何にもよらず、何のためでもない。ちょうど花が咲き、花が散るように、自在無碍である。薔薇は誰かのために咲くのではなく、誰かのために凋落するのでもない。その生命は他の存在者、例えば鉱物、植物、動物のために存在するのではく、それを観賞したり利用する人間のために存在するのでもない。薔薇はそれ自身のために咲き、またそれ自身のために凋落する。天地万物はそれ自身の存在を目的とする。しかし、その目的は、ある特定の時間や場所、特定な形態、例えば死を迎えた時などで存在するのではない。いつ如何なるときにも、いたるところにも、あらゆる形で存在している。自然がそれ自身の存在を目的とするというのは、自然には目的がないか、あるいは無目的の目的を持っているかのどちらかということである。

三、社会世界

1．人間の始まり

　人間は自然と不可分な関係を築いたが、それは単一的ではなく、二重なのである。人間は自然の中にもいるし、外にもいる。人間は自然の中にいるというのは、人間は自然性を持ち、自然全体に属し、自然の法則に従うことを意味する。人間は自然の外にいるというのは、人間は超自然性を持ち、自然全体の枠から超え、自然の法則に従わないことを意味する。それ故、人間と自然が分離し、人間は己の道を切り開く。

　自然は既に与えられたものであり、元々存在するものであるため、それには始まりがない。自然と異なり、人間は天然に存在するものではなく、それ自身が創ったものであるため、始まりがある。いわゆる始まり、すなわち太初は、物事がそれ自身を形成し始めるということである。最初の起点であり、最初に確立した境界でもある。境界とは何か。それは一本の線であり、二つの異なるところを区別した。現実の中で境界はいたるところに見えるものであり、例えば両国の間の境界や二つの地域の間の境などである。当然ながら、ここでいう境界は地理学的な境界ではなく、一般の物事の境界である。この特別なところで、ある物事はほかの物事から区別され、それ自身になる。したがって、境界は物事の始まり、あるいは終わりである。ある物事はここから始まり、もう一つの物事から分離し、それと異なるようになる。のみならず、ある物事はここで終わり、もう一つの物事と結び付け、それに移行するようになる。境界としての人間の始まりは、実は人間と動物との境目である。ここ

で人間は動物に別れを告げ、人間自身になった。

　この始まり、あるいは太初は何者か。これに対する回答は様々あるが、主には「太初に道あり」と「太初に為すあり」という二種類に分けられている。いわゆる「太初に道あり」というのは、始まりは主宰神の道、すなわち主宰神の言葉ということである。それは光であり、世界と人間を創造した。人間は神の道に従って生きていかなければならない。「太初に為すあり」というのは、始まりは人間の行為あるいは活動である。人間は自分の活動、主に生活と生産活動により、自分の歴史を創造した。人間は自分の造物者であり、自分の被造物でもある。人間の活動は自分を創造する過程である。この創造こそ人間の始まりとなる。

　人間自身の規定を獲得するため、人間と動物の相違点を究明しなければならない。なぜなら、あらゆる定義は定義であると同時に一種の否定でもあるからだ。ある物事は何かであるというのは、この物事が何かではないということをも意味している。人間は人間であるというのは、人間は人間でないもの、すなわち動物ではないということである。何故人間をほかの存在者からではなく、動物から区別するかと言うならば、あらゆる存在者の中では、人間は鉱物や植物から遠く離れ、動物に近接しているからである。人間は動物と一つの類に属しているのみならず、人間そのものは霊長類としての猿から進化したという考えもある。したがって、人間と動物の間で境界を定める必要がある。人間は動物との区別の中でしか自分の定義を定められない。無論、人間も動物であり、動けるものであり、活動できる存在者である。それは否めない。ただし、人間は普通の動物ではなく、他の動物と異なる特別な存在である。人間と動物の差異は顕著である。たくさんの面から人間と動物の違いを挙げられよう。例えば、生理学の面では、動物には豊かな毛があり、それにより自分の体を守れる。それに対して、人間は皮膚がすべすべしてい

るので、服を着ることによって自分の体を遮り、そして外部のダメージから体を保護する。動物は直立二足歩行をすることができず、四足歩行をする。一方、人間は直立の二足歩行が可能なだけではなく、器用な両手を持つ。精神的な面では、動物には感覚だけがあり、受動的に外界に反応する。人間は思考することができ、意識的に自分の生活を導ける。行動面では、動物は、草食系であれ肉食系であれ、生食しかできない。人間は食べ物に火を通し、生のままで食べなくなる。動物は特定の季節にしか発情、交配、繁殖ができない。人間は心身条件がよければ、特定の時間に限定されずに性行為ができる。動物は本能によって活動し、遺伝された特性に従う。人間は学習によって創造的活動をする。などといったことである。

　人間と動物はあらゆる面で相違点があるが、両者の区別において鍵になる点を見つける必要がある。この特別な点は、人間は天性の素質と、意識を持つ生命体というところである。いわゆる意識は他でもなく意識する存在のことである。意識によって、人間は自分を認識できるだけではなく、世界の万物をも認識できる。それゆえにこそ、人間自身だけではなく、世界の万物も人間の意識の中で現れる。したがって、人間の霊魂は自分の霊魂だけではなく、世界の万物の霊魂でもある。しかし、人間は霊魂と同じではない。霊魂を持つだけでなく、活動できる存在者でもある。したがって、彼は幽霊のように意識の王国で生活するのではなく、現実世界で生活し、活動を展開する。この意味では、人間は一つの独特な存在者であり、普通あるいは特別な動物ではない。

　人間は意識を持つ生命体であるという認識に基づき、人間は、人間と動物の区別についてより深く細かい検討を行った。動物には理性がなく、人間には理性がある。それ故、人間は理性的な動物である。理性は一般の意識ではなく、思想そのものが根拠を築く能力である。それは自分の存在に理由と原則を提供できる。また、動物は

言語を持っておらず、人間は言語を持っている。それゆえ、人間は言語を持つ動物である。言語は音節構造と意味を持つ明瞭な音声として、人間の思想と社会の現実を表せる。それから、動物は記号を使えないが、人間は記号が使える。それ故、人間は記号を使える動物である。記号とは約束によってある種の物事を意味する標記物のことである。さらに、動物は道具を造り、使うことができないが、人間は道具を造り、使うことができる。それ故、人間は道具を使える動物である。道具とは人間が生産活動の中で製品を加工したり造ったりする器具である。総じていえば、理性、言語、記号、道具は人間を動物から区別する一番明らかな境界である。

しかし、あらゆる人間と動物との個別的な区分は、両者の本性の差異に基づかなければならない。動物は自然の中の因果関係に拘るが、人間は自由の道を切り開いた。人間は因果律に従うだけではなく、それを認識することもできる。さらに、因果の軌道を変える、すなわちある原因を作ることによってそれに応じる結果を導くことさえできる。したがって、人間は自由の存在者である。このような意味では、人間は一般の意味での動物ではないが、普通のものより更に高等動物としても捉えられない。人間を高等動物として捉えることは、人間を持ち上げるように見えるが、実のところ、人間を貶めるのである。何故なら、やはり人間を高等動物としてほかの下等動物と比較させ、彼を動物の次元に置くからである。したがって、問題になるのは人間を高等動物だと見なすべきかどうかなのではない。人間を動物と本質的に異なる存在者として捉えるべきなのである。彼は自由に自分の生活を創造できる。要するに、人間は自由な存在者、思考者、言説者である。

人間が存在、思想、言語などの面では動物でなくなったならば、一番大切なことは、人間を動物から区別するだけではなく、それ自身からも区別することである。人間をそれ自身から区別すること

第一章 世界

そ、最も大切な課題である。

　人間はここに存在し、ほかの存在者と同じようにこの世界に存在する。しかし、人間の存在は意識がある存在である。自分の存在が理解でき、それによって自己の存在を展開する。人間は自身を認識し、理解することができたとき、彼は最初の同一性を超越し、自分を自身から区別し、また自身に回帰し始める。一人は自身を認識し、理解することができる人間であり、もう一人は認識、理解可能な対象としての人間である。これに基づき、人間は自身の境界を認識し、そしてその境界を超越することができる。人間の存在の有限性への否定によってその存在の無限性を実現できる。自身を区別することによって、人間は自分の本性に関する定義を獲得した。人間はもう自在的な人間ではなくなり、自由な人間になる。自在的な人間は自分で自分を定義することができず、他人に定義される。これに対して、自由な人間は自分だけではなく、自分を取り巻く世界をも定義できる。また、人間を自身から区別することは、人間が現実の人間を超越し、可能性を持つ人間になることをも意味している。この可能性を持つ人間は人間の現在の様子ではなく、将来なり得る様子である。可能性を持つ人間というものは虚しい幻ではなく、人間の本性そのものに起源し、その本性の完全な実現である。人間は可能性を持つ人間であるからこそ、自由な人間になれる。

　人間と動物との区別は、彼が動物に別れを告げ、人間自身になることを可能にする。人間と自身との区別は、彼を自在的な人間から自由な人間、現実の人間から可能性を持つ人間にさせる。この区分は永遠の分離であり、これにより人間の歴史は更新し、進歩する。動物には歴史がなく、人間だけに歴史があると言えよう。歴史は時間的に一元的な編年史ではなく、人間の存在の発展である。したがって、人間は終始歴史的人間であり、それ自身の歴史、すなわち絶えず古い人間から区別し、より新しい人間に変えていく歴史を持っている。

人間は、動物と人間自身を区別ことにより、自然の世界から出て自分の世界と歴史を築いたが、自然を捨てて遠く離れることは決してできない。人間と自然は不可分な関係にある。しかし、人間は自然の世界の中でほかの存在者と出会うのではなく、人間の世界の中で、人間と自然の関係を再建するのである。人間には最も基本的な課題が二つある。一つは自然を改造することであり、もう一つは社会を築くことである。両者の関係を説明できるのは天人相関説である。

２．人間と自然

　人間の世界の中で、自然は人間にとってどのような意味を持つのであろう。自然はそれ自身が所属する領域の中での意味は単一であり、それはそれ自身である。ただし、それが人間の世界の中での意味はとなると多様なのである。なぜなら、それがそれ自身だけではなく、それと人間との複雑な関係の集合でもあるからだ。
　まず、自然は人間に生存する場所を提供する。天地万物は既に存在し、それは既成事実である。人間も既に天地の間に存在し、それも既成事実である。人間はそれを否定できず、認め、受け入れるしかない。人間の存在は自然が提供した条件に基づかなければならず、それを離れ、もう一つの置き換えられるような前提を想定してはいけない。すなわち、天地の間で生活するのは人間が存在する唯一の可能性である。天地の間は人間に生存する空間を提供し、人間はそこで働いたり休んだりする。のみならず、生存する時間をも提供し、人間は大地で生まれ、また死ぬ。いわゆる「人は土から生まれ、土に還る」である。

次に、自然は人間の活動に基準を提供する。天地が回転し、万物が成長する。全てのものには既成かつ所定の規則と秩序がある。人間は天地の間で生存し、自然の規則に基づいて自身の規則を定め、その規則によって生活を展開する。人間は日が出ると働き、日が沈むと休む。昼夜の変化に従って活動する。のみならず、人間は季節の変化に従って生産を行う。春に種をまき、夏に作物が成長し、秋にそれを収穫し、冬に収穫したものを保存する。
　それから、自然は人間に物質的資源を恵む。人間の身体は筋肉や血液などで構成され、天地万物に頼らなければ生きていけないのである。必要な条件がなければ、人間は存在できなくなる。例えば、大地、太陽、空気、水、食物などは人間が存在する物質的基礎である。大地は人間に空間を与え、人間はそこに住んだりそこで歩いたりすることができる。太陽は人間を照らし、人間の世界を明るく温かくする。空気によって人間は新陳代謝し、新鮮な空気を吸い込み、古い空気を吐き出し、気血を巡らせる。水は人間にとって喉の渇きを潤すだけではなく、体の汚れを洗い落とすこともできる。そして、植物によって人間は自分の生命を維持し、生長することができる。天地万物を物質的資源とする前提の元でこそ、人間は農業と工業生産を展開できる。使える植物がなければ農業があるわけがなく、使える動物がなければ畜産業があるわけがない。万物が与えてくれる原料がなければ、各種類の工業があるわけがない。
　最後に、自然は人間に精神的資源を捧げている。自然そのものに意識はないが、それは人間に認識される。人間の意識の一つの重要な領域は自然に関する意識である。自然は人間にとって複数の意味を持っている。第一に、それは意識化されている。人間は自身の奥深さを解明しようとする以外に、自分が存在の頼りとしている天地の規律を究明し、自然の本性を明らかにしようとしている。第二に、道徳的意義付けがされている。自然にはそもそも善悪がなく、

道徳と倫理性を持たないが、それが人間の存在と関係するとき、善悪の分別と道徳的、倫理的意義がつけられている。第三に、審美の対象となっている。自然自身は完璧な存在であり、美の顕現である。それ故、文学と芸術作品の中で山水詩や山水画、田園風牧歌などが数多くある。これらはいずれも人間が異なる媒介を通して、異なる方式によって天地万物の美を賛美するものである。第四に、宗教的な意味を持っている。天地そのものは主宰神や諸神ではないが、それは人間が存在する根本であるため、自然宗教の形成を促した。例えば汎神論とアニミズムなどである。自然は人格化されていない神になる。天には天の神、地には地の神、山には山の神、川には川の神、万物にそれを守る神が宿っている。

　自然は人間にとってこのような大切な意味を持っているが、両者の関係は一元的ではなく、多元的である。静でもなく動でもない。そして留まることなく、変化するものである。少なくとも両者は全く相反する関係である。それは「天人相分」と「天人合一」である。

　「天人相分」という思想によれば、天と人間は同じ世界に属するが、両者の本性は本質的に異なっている。自然は因果の法則に従うが、人間は自由の法則に従っている。それ故、両者は別々の道を歩む。自然は因果の法則に従って運行し、人間の意志によってそれ自身の軌道を変えない。人間も自由の法則によって発展し、自然の変化に拘束されない。一旦天に何かが起こったとしても、人間には必ずそれに応じるような何かが起こるとは限らない。逆に、一旦人間に何かが起こったとしても、天には必ずそれに応じるような何かが起こるとも限らない。天人相分に基づき、天と人間を混同し、同一化してはいけない。

　天と人間を分離したものだと見なせば、両者の関係の具体的な状態をも考慮しなければならない。なぜなら、天と人間は平等的では

なく、差異を持つからである。平和な関係を排除すれば、残りは争いしかない。天と人間との争いの結果には、三つの可能性がある。天が勝つ。人間が勝つ。そして両者が交互に勝つ。

　まずは、天が勝つ。すなわち、天と人間との争いで、自然が人間に勝つことである。天は強者であり、主人である。人間は弱者であり、奴隷である。天は規則の制定権者であり、人間は服従者である。天は人間の存在を規定する。大自然の規律と威力は無声の命令であり、人間はそれに反抗、克服することができず、それに従って自分の生活を展開しなければならない。天と人間との争いの中で、天は常に無限の力で人間を脅かす。特に、様々な災いによって人間に苦しみと死をもたらす。例えば、悪天候は暴雨や猛暑を引き起こし、洪水氾濫は大地を海のようにする。干害は枯渇の原因になり、地震によって山や建物が崩れる。害虫は植物を食い、疫病は動物、ひいては人間を絶滅させる。このような例は数え切れないほど多くある。天が勝つという運命に基づき、人間は自然に畏敬の念と恐怖を抱くべきである。

　次に、人間が勝つ。すなわち、天と人間との争いで、人間が自然に勝つことである。人間は強者であり、主人である。天は弱者であり、奴隷である。人間は規則の制定権者であり、天は服従者である。人間は天の存在を支配する。人間は、自然の規律と威力を乗り越え、自分の意志に従って行動し、そして自然を征服し、改造することができる。天と人間との争いで、人間は必ず勝つと信じ込まされ、天地との争いには尽きない楽しみがあるとさえ見なされる。人間は、直接利用できる自然を利用し、直接利用できない自然を改造できる。人間は天地を変化させる。高い山を低くし、川の流れを変える。洪水や干害など、あらゆる自然災害を乗り越える。

　それから、両者が交互に勝つ。すなわち、天と人間との争いで、自然と人間は相互に勝ったり負けたりする。天も人間も同時に自分

なりの強みと弱みを持ち、天は天の領域を主宰し、人間は人間の領域を主宰する。それゆえ、天の領域であれば、天が人間に勝ち、人間の領域であれば、人間が天に勝つのである。

以上述べた天人相分という主張と異なり、中国の伝統思想は天人合一という理想を追求する。それは、以上述べた幾つかの状況の一面は克服できたようである。

天人合一論は人間と自然が同一であることを主張している。ただし、この同一とは何者か。そして、如何にこの同一を実現するか。これに対して様々な回答がある。したがって、天人合一論は実は非常に複雑な意味を持っている。

一つの回答は、「天と人間は類似している」である。すなわち、天と人間は異なっているが、類似してもいる。天は天地万物のことであり、意識を持たない存在者である。人間は意識を持つ生命体である。にもかかわらず、両者は相互に類似している。人間の天との類似点を言えば、天は大宇宙であり、人間は小宇宙であり、人間には天と類似する仕組みと機能がある。天の人間との類似点を言えば、天は大きな身体であり、人間は小さな身体であり、天には人間と類似する仕組みと機能がある。天と人間との同一性は、両者とも気の顕現であり、気と陰陽、五行の存在と変化の基本原則に従うことにある。無論天の人間との類似点はより具体的に幾つかの面に細分することができる。①天と人間は同じ類型に属する。両者は異なる形態を持っているが、同じ類型に属する。②天と人間は同じ構造を持っている。両者を構成する元素は異なるが、構造は同じである。③天と人間は同じ数理を持っている。両者は異なる性質を持っているが、同じ数理、規律と周期を具えている。

もう一つの回答は天人相通である。天道と人道は異なるように見えるが、実は同じ道の異なる顕現である。のみならず、天道は人道の根本であり、人道は天道の実現である。道は天人の間を貫くた

め、天人感応がある。一方では、天地の運行は人間の反応を引き起こす。太陽や月、星の移動は人間に吉凶の影響を及ぼし、人間に幸運あるいは悪運をもたらす。他方では、人間の活動も天地を感動させ、天地の反応を引き起こす。天は人間の善行を褒賞し、悪行を懲罰する。

　天人合一論は天と人間との合一を強調するが、その合一についても二つの説がある。一つは、両者は本来一体のものであるという考えであり、もう一つは、両者は合一すべきであるという見解である。前者は事実に基づくものである。天は人間を離すことができず、人間も天から離れられない。天と切り離した人間は存在しないし、人間と切り離した天も存在しない。天と人間は本来分離できない同一体の中に存在するため、分離してから同一を求める必要がない。一方、後者は人間がすべきことに焦点を当てる。この見解によれば、天と人間は本来一体のものではない。天は天であり、人間は人間である。両者は別々なものであり、離れ離れである。のみならず、人間と天地の間には、矛盾、衝突と闘争があり、それによって両者は互いに傷つけ合う。人間と自然との関係の危機を克服するため、天人合一の理想を追求し、実現すべきである。

　天人合一論によって、独特な自然観と存在観が形成された。人間は既に天地万物に存在した基準に従って生活しなければならない。天人合一論は人間の存在に根拠を提供しただけではなく、その思想と言語にも根拠を提供した。それによって、自然性を持つ思想と言語が誕生した。自然性を持つ思想とは自然にある思惟のことである。例えば、自然には天尊地卑があり、人間には男尊女卑がある。男性は天に、女性は地に喩えられる。男女の上下関係は天地の上下関係のようである。そして、自然性を持つ言語とは自然による言説のことである。人間は天地万物で話の対象となるものを喩えるため、この言語には自然現象が多く取り入れられている。それ故、こ

の言語は曖昧かつ多義的である。

　天人合一論は中国古代の智慧の核心と崇高な理想だとされ、西方の神人合一論と区別される。この理論によれば、天は最高にあり、あらゆる存在者の上にある。それと同時に、天は一番普遍性を持ち、如何なる所にも及ぶ。したがって、天は最高の存在者と普遍的な存在者との統合体となる。しかし、天自体の語義は変化した。天は自然性を持つだけではなく、宗教性を持つ天にもなった。天は無名の、神秘な神になり、それによって人間に追求される最高の目標になる。天人合一論は中国古代の社会で賛美され、称揚されるだけではなく、幾つかの現代思想にも絶賛されている。主宰神の不在と技術が独占する時代で、天人合一論は救いの道になったようである。天は過去の神の神聖な地位に取って代われるだけではなく、人間が自然から疎遠になるという技術がもたらした悪影響をも克服できた。そうは言うものの、天人合一論自体には疑いの余地がある。

　まず、天と人間は類似するものではなく、異なるものである。天地と人間は一つの全体に属しているが、それは天地と人間は絶対に同一であることを意味するのではない。逆に天地には天に専属する存在があり、人間にも人間に専属する存在がある。両者は根本的な差異を持つ存在者であり、それぞれ独特な本性を持っている。したがって、天も人間に取って代われないし、人間も天に取って代われない。もしも人間が完全に天に取って代われば、彼は天に目を遮られ、人間を知らないようになる。

　また、天と人間は平等ではなく、上下関係にある。全体的に見れば、人間以外の天地万物は全て鉱物、植物、動物であり、意識を持つ生命体ではない。人間だけが意識を持つ生命体である。したがって、人間は天地万物と異なるだけではなく、それらを超越する。人間自身からすれば、その身体性と生理機能は天地に応じ、そして影響されるが、その社会性と精神性は完全にそのようではない。自然

が従っているのは因果の法則であるが、社会と心が従っているのは自由の法則である。したがって、下等存在者を高等存在者に昇格させることもできないし、高等存在者を下等存在者に降格させることもできない。そうであれば、実際には、人間は自分を動物に退化させることによって天地万物に合一することになる。

　上記の分析によると、本来一体と合一すべきだという、天人合一に対する天人相似と天人相通の二つの理解ともただ尤もらしい言い方にすぎない。したがって、我々はこの主張を諦め、天と人間との関係は無差別な合一ではなく、差異がある統一であることを認める。統一とは、同様の物事が完全に一致するのではなく、相違する物事を一つの統合体にすることである。これから見ると、天人合一は実際に人間に自分と天との差異をなくさせ、天との同一性を保たせそうだ。天を人間に合わせることは不可能であるため、人間を天に合わせるしかない。そのため、この天人合一思想は人間を天の命令に従わせ、天の制約を受けさせる。このようであれば、人間は本物の自分の生活を築き上げることはできない。また、人間全体が天に制約されれば、個人も全体から分離して独立を果たすことができず、自由に発展することもできない。心は道に迷い、自然に対する無知、恐怖や崇拝に陥るか、それとも天地山水の楽しみに陶酔し、それによって自身を忘れてしまうかである。

　天人相分でも天人合一でもなく、共生こそ人間と自然との最も真実な関係であり、天地人の世界を可能な限り美しくさせるかもしれない。自然と人間との共生という思想が強調するのは、以下のようなことである。天地は天成的であり、太陽と月が回転し、万物が共生する。一方、人間も天成的であり、生まれ、繁殖し、そして死亡する。天地と人間は異なっているが、一つの共同体に属し、一つの世界で共存する。それと同時に、天地と人間は互いに生成し合っている。すなわち、天が人間に勝つのでもなく、人間が天に勝つので

もない。ひいては天人合一でもなく、天地が人間を生成させ、人間も天地を生成させるのである。両者は友人のようであり、互いに転化しあう。天地の生成が人間をも生成させるとは何かと言えば、太陽や月、植物、動物などは人間の生活を構成する一部であり、直接的または間接的に人間の生命を育むことである。人間の生成が天地をも生成させるとは何かと言えば、人間は栽培、牧畜、建造することである。人間は植物を育て、動物を繁殖させ、自然界を生き生きさせる。天と人間は両者とも同時に生成者と生成対象者である。斯くして、天地人の世界は生成しあい、そして限りなく生成する世界になる。

3．社会建設

　人間は自然を改造すると同時に、自分の社会をも建設しなければならない。人間は自然界だけで生活し、鳥獣と仲間になってはいけない。社会の世界で生活し、他人と仲間にならなければならない。実のところ、人間はまず社会の世界で生活し、そして自然界で生活できる。社会は人間の集まりであり、人間が築いた生存の共同体である。人間の日常生活世界はこの共同体によって構成された世界である。この世界では、人間は他人だけではなく、物をも相手にしている。

　社会の形態はまず家庭である。社会は広大かつ複雑であるが、その中の最も基本的な共同体は家庭である。家庭は人間がこの世に生まれて最初にいるところであり、人間が社会の世界へ向かう出発点であり、人間が社会を離れて戻る場所でもある。家庭は如何に生み出されたのであろうか。この世に人間は数えきれないほど多いが、

性別の区分からすれば、男女の二種類しかない。男性と女性は成人してから結婚し、夫婦関係を築く。婚姻の形態は数多くあり、例えば集団婚、対偶婚、一夫多妻制や一妻多夫制などがあるが、一夫一妻制が今日まで人間の歴史の中で最も基本的な形態である。それは男女関係において最も望ましい制度ではないが、少なくとも最悪のものではない。なぜなら、婚姻は完全に愛情と等しくはないからである。人々が知るように、愛情は人間が憧れる最も美しい男女関係である。しかし婚姻はそうではなく、愛情がある婚姻もあれば、ない婚姻もあるようだ。愛のある婚姻は幸福だが、愛のない婚姻は苦痛である。しかし、たとえ愛情のない婚姻であるとしても、婚姻自体を否定することはできない。もし婚姻制度がなければ、男女関係は限りない混乱に陥ってしまう。人間は家庭を築くことができないし、その家庭を基礎とした国を建設することもできない。夫婦の結合は家庭づくりの基礎になるが、それだけでは家庭をつくれない。男女が婚姻に基づいて子供を産むことによってしか本当の意味での家庭は築けない。家庭の根本的な意義は子孫繁栄であり、すなわち血縁関係を受け継ぎ、広げることである。完全にそろっている家族は夫婦、親子、兄弟などを含める。

　一つの家庭には数多い成員がいる可能性があるが、彼らは一体である。異なる家庭成員を一体にするのは、身体である。身体とは有機生命体つまり生身のことである。夫婦は異なる身体を持っているが、夫婦になることは二人の身体が一体になることを意味している。子供が生まれることは世代が変わることになるが、これがある血縁を引き継ぐあるいは引き継がれることでもある。兄弟はそれぞれ異なるが、同じ父母の血を引くため、家族は常に似た者同士である。家族間の、身体及び血縁における密接な関係は、中国語では"亲"と言う。幾つかの中国語の言葉を例として挙げれば、"亲人"とは血縁関係にある人であり、"亲情"とは家族に対する感情であ

り、"亲自"とは自分の身体で直接に何かをすることであり、"亲密行为"とは親密な意味での身体接触のことである。家族同士は血が繋がっているからこそ、家族になれ、「血は水よりも濃し」という諺が言うように他人より、必ず絆が強い。血縁の関係という身体性を持つ属性は家庭というものの根本的な性質であるため、それには自然性があることは言うまでもない。身体及びその血肉は自然的な生理と生物学的遺伝であり、生理学と生物学の規律によって成長する。したがって、各家庭はそれなりの身体的特徴を持ち、例えば顔立ちや体つき、ひいては若干の特別な機能や遺伝病などである。人間の身体は自然性を持っているため、それは天地万物とつながり、天地万物に頼っている。身体は父母からいただいたものであるが、天地の間で成長したものでもある。家庭の身体性と自然性はその本性の基本的な規定である。

　また、家庭は社会性をも持っている。家庭には固有の家族構造と家族内の上下関係がある。例えば、父母、父子、兄弟などである。父母は夫婦であり、特殊な男女関係を築いた。父子あるいは親子は目上と目下の関係である。兄弟は同世代であるが、年齢差がある。それらは平等ではなく、上下関係にある。家庭の中では、目上の人は自然の成り行きで目下の人に対する権力者である。前者は後者を命令、支配、統制することができ、後者は前者に命令、支配、統制されるしかない。中国伝統社会の中の家庭には普通三つの特権がある。父権、男権と夫権である。父権は父が子女、男権は男性が女性、夫権は夫が妻に対して持つ権利である。現代社会に至るまで、人間は平等権を追求しなかった。そして親子平等、男女平等と夫婦平等がある。

　家庭には血族関係もあり、姻族関係もある。姻族とは血族ではない男女が婚姻によって親族になった者同士のことである。血族の配偶者、配偶者の血族、及び配偶者の血族の配偶者を含めている。姻

第一章　世界

族の確立は家庭成員を離れ離れにさせ、それぞれ新たな家庭を作ることを促した。そして、血族関係を広げさせ、単一的な家庭関係を拡大する。一つの家庭を一族にさせるだけではなく、異なる家庭を繋がらせ、各家庭の成員を親戚にさせる。

　家庭は自然にできた生命共同体である。まず、それは生命共同体である。人間は一つの家庭、すなわち一つの部屋に住み、一つ屋根の下で暮らす。部屋は独特な空間である。建物として、基礎は大地の上にあり、屋根は蒼天の下にある。部屋には、先祖が供養され、生きている家庭成員も生活している。彼らはこの空間で寝食を共にする。次に、それは生産共同体でもある。特に、自然経済の時代には、男性が田畑を耕し、女性が機を織ることが普通の労働様式であった。現代の経済活動の中でさえ、各規模の家庭経済も極めて大切な役割を果たしている。最後に、家庭は感情の共同体でもある。家族同士は一蓮托生であり、行動や運命を共にしている。ともに新しく生まれた子供のために喜び、亡くなった老人のために悲しむ。共に友人を愛し、敵人を恨む。誰もが家庭の愛、すなわち家族に対する感情を大切にしている。家族に対する感情は主に血縁に基づく感情である。中国の儒家は一種の特別な家族に対する感情を強調している。それは「孝悌」である。あらゆる家庭成員は家族に対する感情を大切にすべきである。例えば父母は子女、子女は父母、兄姉は弟妹、弟妹は兄姉を愛すべきである。ただし、「孝悌」、すなわち子女が父母、弟妹が兄姉に対する愛は絶対的な優位性を持っている。これは家庭の家父長制という仕組みによって決定されたことである。だが、「孝悌」は不平等な愛であり、上下関係の中での愛である。目上の人に対する愛である。このような愛の仕組みの中では、目下の人を規定、命令し、目下の人は目上の人に服従、奉仕する。この意味では、「孝悌」は天然的な限界を持っている。

　しかし、人間は家庭内だけではなく、家庭外でも生活している。

血族でもなく姻族でもない人とも付き合っている。これにより多様かつ複雑な社会関係が形成される。同じ社会関係を持つ人たちが集まって社会集団となる。同じ社会関係はその集団を定義し、一定の区域と境界線をも決めた。どのような社会関係かは、すなわちどのような社会集団かということである。それ故、社会集団は多種多様である。例えば、地域によって生み出された集団はコミュニティであり、業種によって生み出された集団は職場であり、精神性によって生み出された集団は様々な教団である。一人の人間は一つの主な社会集団の中で生活してもいいし、複数の集団の中で生活してもいい。集団の間にはいろいろと錯綜した複雑な関係が生じる。

　一つの共同体として、社会集団は人間にとって家庭よりも数段重要なところである。なぜなら、それは人間がこの世界に存在する上で最も基本的で主要な場所だからである。人間は正に社会集団の中で人と付き合っているばかりではなく、物とも関わり合っている。一人一人の人間はそれぞれ異なっているが、社会集団で関わり合い、共通点を見つける。この共通点こそが人と人との付き合いを維持している。この共通点によって、人間は契約について討議し、それを締結する。また文字化して、あるいは文字化しないで規則を制定する。人間はこの規則に基づいて共に存在、思惟、言説する。

　一つあるいは複数の集団の中では、人と人の間には必ず一定の利害関係が生じ、そして利害の衝突が引き起こされる。異なる利害の性質により、人と人の関係は友人、敵人、一般人に分かれる。友人とは、共通の利益を持つ人たちのことであり、彼らは友愛によって団結する。敵人とは、利益が相反する人たちのことであり、彼らは恨みによって戦う。一般人とは利害関係がない人のことである。閉鎖的な社会の中では、社会集団は知り合いだけの集まりであるが、開放的な社会の中では、社会集団は知り合い以外に、数えきれない、見ず知らずの人をも取り入れている。付き合うにつれ、知ら

ない人は知り合いになり、知り合いも知らない人になる。したがって、社会集団も常に自己更新する。

　家庭と社会集団の上に、人間は国家を築き上げた。国家は一定の範囲内の人たちが形成した共同体であり、領土、領土での住民、そして領土と住民を管理する政府を含めている。したがって、国家は領土、国民及び政府という三つの要素の集まりである。

　領土は人民が住む場所である。陸地としての領土以外に、実は領空と領海もそれに含まれている。一つの国の領土は自分の境界を持ち、それにより他国と区分し、自分の範囲を確定する。領土は主に自然にできたものである。例えば、高大な山脈と広々とした河川は山の両側と川の両岸の地域を分けている。しかし、条約によって分ける場合もある。すなわち、討議を通して国家間の境界を約束する。国家の領土は神聖不可侵なため、境界線は決して侵されてはいけないものである。一旦侵されれば、国家間では衝突と戦争が起こる。他国の境界線を侵した国が自分の境界内に戻るまでそれが終わらない。領土は地理学的なものだけではなく、歴史的なものでもある。一つの国または民族の過去、現在と未来を内包している。祖国とは、祖先から受け継がれた国のことであり、地理学的と文化的な二重の意味を持っている。

　人民とは、この領土に住んでいる人のことである。単一民族であれ、多民族であれ、この土地で共に生活した歴史を持つ民衆であれば人民である。人民は実は国の創造者と監督者であるが、君権の時代では、住民は君主にとっての臣民であるしかない。革命の時代に至るまでは、住民は敵人に相対して人民になれなかったし、民衆の時代になって初めて、住民は公民になった。いわゆる公民は自由な人である。公民は自分の主人であり、自分の権利と義務を有している。いわゆる権利とは、人間は何ができ、何ができないかということである。いわゆる義務とは、人間は何をしなければならないの

か、しなくてもいいのは何かということである。公民として、人間には国家の政治的公共事務に参加する権利がある。

　国家の主な職能は立法、司法、そして管理である。立法とは国家の法律体系を作り上げることである。その中で、憲法は国家の根本法と他の法律の基礎である。司法とは、国家が全てにおいて法を適用し行うことである。司法機関は法定職権とプロセスによって法律を運用して案件を処理する。管理とは国家権利によって社会を治めることである。政府は社会を治める権利を持つ国家機構である。それは人間を管理する権利、つまり家庭と社会集団を管理する権利を持っている。最高管理者の権力は歴史上、通常暴力または継承によって得られるものであるが、現代では民主的な選挙によって獲得され、選挙民に委任されたものである。管理を通して国家の公共事務は有効的に治められている。現代社会は国家だけではなく、国際をも含めている。国際は国家間の関係及びその関係が構成した全体である。グローバリゼーションの波は国際社会を更に緊密化させ、我々を皆地球村の一員にさせた。グローバリゼーションは経済的のみならず、政治的であり文化的である。

４．個体の独立

　家庭、社会集団及び国家は社会、すなわち人類運命共同体の異なる形態である。その中で、一つの重要な関係は個体と社会全体との関係である。
　いわゆる個体は不可分かつ単一な存在者のことである。もしそれが分割されれば、その生命は傷つけられ、そして死亡し、存在しなくなる。ここで言う個体は無論ほかでもなく、特別な存在者、すな

わち人間の個体である。個体は一人の人間であり、種類としての人間に相対するその中の一つだけである。だが、個体としての人間はただ数の上での一人を指しているのではなく、本質的にも一人の本物の人間、すなわち自由で自主独立の人間を指している。本質的には自由で自主独立でなければ、数の上ではただ一人でも、彼は本物の個体ではなく、偽物の個体である。

　一つの本物の個体はどのように形成したのか。つまり、人間はどのような個体になったのか。

　一人の人間は無論家庭と社会の集団、国家の中で生活している。この種々の社会形態は重なり合った網のようであり、個人はその上での一つの連結点のようである。そのため、個人が社会に関わることは避けられない。社会に関わるだけではなく、社会に依存し、ひいては社会に制約され、社会に埋没し、消されてしまう。個人が個体になるキーポイントはそれ自身の覚醒である。人間は個人という存在と社会という存在との差異、すなわち彼自身という存在の限界と他人の存在との境界を意識し、そして最終的に彼自身を他人から分離させる。

　個体の形成は人間の社会からの分離であり、自身の独立としての表現である。独立の本来の意味は人間が自分の両足で立ち、他人の支えと力に頼らないことである。無論人間はその両足で立つだけではなく、歩きもする。普通に言う個体の独立は人間が社会の絶対的な規定と支配から抜け出し、自分に頼って存在することである。しかし、個体は何によって独立するか。彼は自分で自分の根拠を築けるためである。この根拠によって、彼は自分の存在を展開できる。だが、我々は、この根拠は具体的に何を意味しているかを引き続き問い続けなければならない。普通は人間の独立の根拠は理性だと考えられる。理性を通して、人間に啓蒙を獲得させ、すなわち光を得て明るく照らされる。この光は人間自身も人間の世界も明るく照ら

す。これにより、人間は子供から成人になり、自分によって存在、思惟、言説する。だが、理性には限界がある。それこそ人間の目を晦まし、人間を制限するかもしれない。そのため、人間は理性の対立面を見出した。それは非理性なのである。それは人間の欲望や感情である。理性の枠外にあるものである。人間は非理性によって、理性が知識と道徳などの面において人間にする束縛を打破し、自分に属する独特な存在を見つけた。ただし、非理性は理性と同じように、致命的な危険性を内包しているかもしれない。人間の存在を根拠ありのものから根拠なしのものに変える可能性もある。事実上、個体が独立する根拠は理性にあるのみならず、非理性にあるのでもない、それは真理の中に存在する。この真理は人間と世界の唯一の真相である。その顕現は個体に存在の根拠を与えた。この点から見れば、存在の真理は理性と非理性より一層本源的である。

　真理に存在する個体は自由なのである。いわゆる自由は自ら自分と世界を規定する。人間はもはや他人にも世界にも規定されず、自分が規定するのである。彼は自分で存在、思考、言説することを決定した。自由な存在は最大の可能性の存在である。可能性は存在の自由な状態であり、個体の存在の自由な状態でもある。これは、人間の存在を決定する要素が一元的ではなく、多元的なためである。これらの多元的な要素は異なる時間、場所、条件の元で人間の各種の存在の形態を形成する。したがって可能性の存在は必然性の運命をも打破し、現実性の制限をも超越する。それは不可能性を可能性に、また逆に、可能性を不可能性に変える。こうした、有から無、無から有に変更可能な可能性は最大の可能性であり、有限の存在を無限に豊富的存在に転化させる。

　人間は自由を実現する時、個体の存在の意義はより一層はっきりと目立つようになる。それは世界が絶えず物から人間、他人から個人、外在から内在に還元するためである。この還元は個体の存

在の最も真の規定に至らせる、つまりその存在の唯一性に到達させる。人間は常に、「人間は理性的動物だ」という考えによって個体の存在を理解するが、それは正に個体の真の本性を覆い、否定するのである。なぜか。原因は、理性自身が肉身を持っていないことにある。理性の規定のみを重視すれば、人間は個体の肉身性を忘れてしまう。それと同じように、人間は常に「人間は万物の霊長だ」と言っている。これも個体の存在に対する認識を一面的なものにさせる。霊は心のことを指している。肉体的存在とは異なる。人間が心によって万物より優れていることを強調すれば、人間は個体の肉身性を軽視するようになる。だが、人間は実は身体性を持つ存在である。

　人間と身体とは如何なる関係にあるか。通常、人間は一つの身体を持ち、それは彼が幾つかの身体以外のものをも持つことと同じだ、と考えることができる。そのようであれば、人間は身体を失くしても、身体以外のものを持っていることを想定できる。確かに、身体は、人間が持つ諸要素の中の一つだということが認められている。ただし、身体とそれ以外の要素との関係はどのようなものか。もし身体がそれ以外の要素の基礎であれば、身体が存在するだけでそれ以外の要素は存在できる。一旦、身体が存在しなければ、それ以外の要素は存在できなくなる。だが、身体とそれ以外の諸要素とが平等な関係にあれば、身体が存在する時、それ以外の諸要素も無論存在するが、身体が存在しなくてもそれ以外の諸要素は依然として存在できる。これは正に人々が言うところの霊魂不滅ということである。すなわち、人間の肉体が死滅しても、霊魂は存続し、滅亡しないのである。人間は一つの身体を持っているという観点は人間と身体との関係の実情を正しく把握していない。それは実際に人間が一つの身体を持っても持たなくてもいいということを認めている。人間が身体を持つときだとしても、身体は唯一ではなく、少な

くとも最も重要なものではない。

　実際には、人間は一つの身体を持っているのではなく、人間が一つの身体である。これはすなわち、人間は完全に身体と同一だということである。身体がなければ、人間は人間でなくなる。幽霊、鬼、または神である。ただ身体が存在するときだけが、人間は人間であり、生身の真の存在者である。人間は身体以外の何者でもない。身体と人間は互いに規定し合っている。身体は人間の身体であり、人間は身体としての人間である。

　しかし、人間の身体とは何か。日常と哲学の観点では通常、身体が肉体と等しいものだとされている。人間は身体のことを言う時、実は肉体のことを指している。肉体のことを言う時、実は身体のことを指している。こうしたことが常にある。狭義での肉体は筋肉組織であり、毛髪と骨格に相対するものである。一般的な意味での肉体は人間の生理学的構造であり、精神に相対するものである。だが、人間の身体を簡単に肉体と等しいものだとしてはいけない。なぜなら、身体は生理学的構造を含めているが、それは肉体と霊魂との統合体であり、生命の完全的な全体であるからだ。霊肉二元論は霊魂と肉体を分割し、両者を並列するものだと考えている。こうであれば、肉体がない霊魂と霊魂がない肉体があるはずである。実のところ、霊肉は一体である。しかし、これは肉体によって霊魂が決定され、または逆に霊魂によって肉体が決定されることを意味しているのではない。肉体と霊魂との統一の基礎は人間の存在の活動の中にある。人間の存在の活動の中では、身体としての肉体は霊魂を持ち、それと同時に身体としての霊魂は肉体を持っている。肉体は霊魂の基礎であり、霊魂は肉体の指導者である。両者は存在の活動の中で作用しあい、共に生成する。肉体と霊魂との分離はこの統合体の内部での相対的な分離のみである。通常、人間が身体を言う時、霊魂と肉体の統一を肯定する前提の元で、肉体のほうを特に

第一章　世界

強調しているだけである。そのため、身体は常に肉体の代名詞になる。

　人間の活動は身体の活動である。それは普通に身、口、意という三つの形態に分けられている。身は外在的な身体活動であり、例えば手足の運動などである。静座、歩行、体の姿態、顔表情がそれに含められている。口は口によって思いを伝えることである。例えば独白、対話、グループ会話などである。意は身体内部での意識の行為であり、例えば感覚と思惟などである。三者は普通に言われる人間の活動と言語、思想のことである。差異はあるが、実際は一致している。足の運動は身体的であるだけではなく、話すことは口によって発音する活動であり、思考することは脳の機能的な活動であるため、この両者とも身体的である。より重要なのは、それらは互いに作用し合っていることだ。手足の運動は思想と言語を伴い、言語は胴体と四肢まで動かし、思想にも関連する。思想は身体の活動と口での発音を引き起こす。人間の身体活動は身、口、意という三つの面に分けられるが、実はそれらが常に全体として活動している。

　人間の身体は人間の存在の直接的な現実のみならず、人間を世界の万物へ導く主要な通路でもある。人間と世界の他の存在者との共生は、本源的には人間が常に想定する身体性を持たない思想と言語にではなく、人間の身体に基づいているのである。その原因は人間の身体が最初に世界に存在していたことにある。人と人との出会いは人の身体と他人の身体との出会いである。人間は顔を合わせ、ひいては握手し、抱き合う。時々殴り合ったり蹴り合ったりもする。そして、人間の身体は道具に出会う。道具は人間の手に持たれ、人間が使用する手段である。人間は両手で道具を創造し、使用し、物品を製作する。また、人間の身体は万物に出会う。万物は自然物や社会物などである。にもかかわらず、人間の両手だけではなく、身

体もそれに触れる。最後に、人間の身体は世界全体に出会う。人間は有機的な世界であり、世界は無機的な身体である。人間の身体は世界と共生し、共在する。

人間の身体が世界に出会う活動の中でこそ、人間は身体の感覚器官を通して世界の万物を感知し、そしてそれに作用できる。人間の目は形体と色彩が見える、耳は声が聞こえる、鼻は匂いを嗅げる、舌は味を感じられる、皮膚はものの固さと温かさが感じ取れる等である。また、話すという活動は口で言うと同時に、耳も聞くように働いている。身体活動から出発するだけで、人間は身体感覚を超越して世界を思惟し、語ることができる。あらゆる非身体的な思考と言説は身体的活動に基づいている。

しかし、身体には固有の限界がある。そのため、人間は有限の時間と空間の中でしか生活できない。

人間の身体は空間の有限性を持っている。天地の間では、人間は唯一の存在者ではなく、数多くの存在者の中の一つである。人間の中でも、個体は唯一の存在者ではなく、数多くの存在者の中の一つである。人間の皮膚は天然的な境界を構成した。それは突き破れないものであり、縮小もできないし、拡大もできない。比較するなら、天地は崇高であり、人間は卑小である。人類全体は偉大であり、個人はちっぽけである。

人間の身体は空間の有限性のみならず、時間の有限性をも持っている。全ての存在者の中で、鉱物は生命を持たない物体であり、生きているとも言えず、死んでいるとも言えない。植物は感覚を持たない生命体であり、生長したり枯れたりする。動物は感覚を持つ生命体であり、生き、また死ぬが、死ということを理解できない。人間は生命を持つ存在者であり、自分の生死を知ることができる。人間と関わっているのはまた幽霊と神がいる。幽霊は死なない死者であり、神様は死なない生者である。数多くの存在者の中で、人間

は唯一自分の死を知ることができるものである。人間は誰もが必ず出生から死亡という過程を経験する。実のところ、生きていくことは死んでいくことに等しい。人間には必ず寿命があるため、一日長く生きることは一日死に近づくことでもある。これはいわゆる「生きるは死ぬこと、死ぬは生きること」という奇妙な逆説である。人間は生命に覚醒し始めるとき、生命そのものは実のところ死を伴っていることに気づく。我々はいつも生存と死亡の境界線に立っている。生を望む一方、死を恐れる。

　個体存在の根本規定としての死は数多くの形態を持っている。まず、生き身は死に身。死は生命の終点である。死なない生き物はこの世になく、命あるものは、必ず命絶える時がくる。生命を持つ存在である全ての人間は必ず死ぬ。誰もが死を免れず、それを超越できないのである。違いは、早死にか長生きか、ろくな死に方をしないか意義のある死に方をするか、にすぎない。次に、死は必然的なことであるが、一つの可能性でもある。誰もが最後は必ず死ぬ。ただし、死は現在まだ起こっていないため、生きている人にとって、それは一つの可能性でもある。今日死ぬかもしれないし、明日かもしれない。死が訪れる時期は未定であるが、いつでも可能である。最後に、死の可能性は必ず現実になる。人間が一旦死ねば、心臓と呼吸が止まり、身体は遺体となる。死という事実は逆戻りできないため、復活などはありえない。死は人間が超越できない限界であり、死という特別な瞬間において、人間の有限性は真に完成された。

　個体は身体性を持ち、そしてこの身体性により時間と空間の面において有限性を持つ以上、存在の活動は無限的ではなく、有限的である。彼の生命活動は終始その身体の有限性に規定される。それと同時に、彼の思想にも限界がある。人間は世界の全てを知るはずがない。一部のみ知っている。彼はただその存在の中で発生したこと

のみを知り、その存在の外で発生したことを知らない。世界の多くの部分は神秘的である。また、人間の言語にも限界がある。人間は自分が知っていることのみを言説でき、知らないことは言説できない。神秘的なことに対して、人間は沈黙を保たなければならない。

　有限性に基づき、そしてそれを克服することにより、人間の存在はその無限性、すなわち非有限性を展開できる。それゆえ、個体存在の無限性は無限的なものではなく、有限を否定した無限性である。

　個体の有限性が、個体間の差異性を招いた。正に他人と区別される時にこそ、個人は自身についての規定を獲得し、自身を形成する。したがって、全ての人間は独特な存在であり、全ては「この人」である。いずれの私、あなた、彼であっても、全ての人々は異なる様式の別人であり、全ての人々の存在は異なる様式の存在である。したがって、全ての人間の存在は掛け替えのないものである。人々が互いに交代して何らかの具体的なことをすることは可能ではあるけれど、ただし、生きること、死ぬことはすべて自分でしかできない。他人が自分の代わりに生きたり死んだりすることは決してできない。

　個人は他人と区別されるのみならず、自分とも区別される。これにより、人間は古き自分から新たな自分に変わる。個人の存在は絶えず生成されてゆく。したがって、全ての人間はいつどこにあっても独特な存在である。いつも、「この時この場所にのみいる人」である。また、人間の存在は重複できない。人生は一度限りである。輪廻と転生があるわけがない。というのは、過去世も来世もあるはずがない。それゆえ、現世が極めて重要なのである。そして人生において、過去、現在、未来へといずれも時間とともに移り変わり、あらゆる存在と消えてゆく瞬間は二度と取り返せない。

　個人の尊厳は正にその存在の唯一性に基づいている。人間は皆唯

一の存在であり、人間が存在する瞬間も皆唯一のものである。

5．個体と社会

　以上、社会と個体存在の本性について検討してきた。これから両者の関係を究明してみる。個体は如何に社会に作用し、そして社会は如何に個体に作用するのかを見てみよう。
　個体は社会の基礎ということは疑いの余地がない。家庭であれ、社会集団であれ、国家であれ、全ての社会形態は無数の個体により構成されている。個体がなければ社会もあるわけがない。個体及び個体間の付き合いがあるゆえにこそ、社会が建ち上がった。そもそも社会をビルに喩えれば、個体は一つ一つのレンガと瓦である。社会は個体の組み合わせである。それは個人の存在を超え、その外にある、ある種の独立した存在ではなく、常に個人に関わる体制や組織である。社会は無数の個体により構成されているが、それには二つの、完全に異なる性質を持つ形態がある。一つは真の個体により構成された社会であるが、もう一つは虚偽の個体により構成された社会である。前者には個体があり、後者には個体がない。ただし、真の個体により構成された社会のみが生命力のある社会である。
　個体は社会活動を実現したものである。社会生活であれ、生産であれ、他の活動であれ、いずれにも無数の個体が参加している。これらの活動は異なる形態と方式を持ち、純粋に個体的なものもあり、個体により構成された集団的なものもあり、ひいては国家的、人類的なものもある。ただし、純粋に個体的ではない集団的な活動はいずれも異なる個体により構成されたものである。集団として、それは、組織し、個体間の活動を展開させ、それらを一つの全体に

形成することによって最良の効果を発揮させる。

　個体は社会の目的でもある。社会活動はまるで気ままかつ偶然的なように見えるが、実のところそれは決して無目的ではなく、既定の目的を持ち、しかもその目的を十分知っているのである。当然ながら、社会の目的はその外部にあるのではなく、内部にあるのである。すなわち、社会の存在と発展は主宰神または自然のためではなく、それ自身のためである。しかし、社会というものは抽象的な共同体ではなく、社会の人々と人々の社会である。ここで言う人々は人類全体でもあり、個体としての個人のことでもある。人類全体は、家庭、社会集団、国家の形で存在している。もし家庭の目的が家庭だとすれば、その存在はそれを構成する一人一人の家族のためでもある。もし社会集団の目的が社会集団だとすれば、その存在はそれを構成する一人一人の成員のためでもある。もし国家の目的が国家だとすれば、その存在はそれを構成する一人一人の公民のためでもある。したがって、人類全体を目的とすることは個人を目的とすること、すなわち一人一人の人間を目的とすることに具体化されている。一人一人の人間は生活の目的でもあり、生産の目的でもある。個人の生存、発展、自由が社会発展の唯一の目的である。

　社会は個体に規定されていると同時に、個体も社会に規定されている。この意味で、個人は決して社会性を持たない存在ではなく、社会的存在である。社会性を持たない人間あるいは個体は存在せず、一種の虚構あるいは空想に過ぎない。実際、現代人の個体意識は歴史の推移と発展につれて次第に類似意識から分離してきたのである。個体存在も社会存在から分離してきたものである。社会はまずもって個体間の共同問題、例えば基本的な生存の要求を解決しなければならない。この時、個体は普遍的な存在に埋没し、区別がなく、同一である。個体間の共同問題が解決された後、社会は個体の独特な問題の解決に協力し始める。この時、個体存在は同一性を離

第一章　世界

れ出て、差異性を持ち始める。個体の存在と意識は確立されたが、あらゆる個人は社会の中でしか生きられない。個人の社会的要求は社会に頼るしか満たされないばかりか、個人的要求も直接または間接に社会に頼らなければ実現されない。

　個体は社会から分離されたものであるが、完全に孤立した存在ではなく、他者との関係の中で存在している。個人が社会に同化された時、彼は独立した人間でもなく、他人と関係を持つ人間でもない。彼は個体として真に確立された時にしか、独立しかつ他人と関係を持つ人間になれない。個体が独立した時にのみ、他者と付き合い、関係を持つようになれる。同時にまた、他者と付き合い、他者との関係の中でのみ、個体が真に独立し、それ自体になれる。

　あらゆる個人は社会関係の集合であり、彼の存在、思惟、言語は必ず社会性を持っている。まず、個人の存在は社会性を持っている。人間は誰も家庭、社会集団、国家の中で生きている。彼の生活、例えば衣食住や交通などは全て社会が提供する条件に頼り、生産活動も集団の中でしか展開できない。次に、個人の思想も社会性を持っている。自分自身のみに関わる我が思いを除き、彼の思想は全て他人と世界に関わるものである。たとえ純粋な我が思いだとしても、人間の既成の思想に基づいている。最後に、個人の言語は社会性を持っている。言語はそもそも人々の交流の産物であり、話すことと聞くことにより実現されている。人間は独白もするが、使用している音声、語彙、文法は人類全体の成果である。絶対的な私的言語は存在しない。公的言語が個人により私的な事情に使われる場合のみある。

　社会は個体から離れられず、個体も社会から離れられない。よって、個体と社会はそれぞれ自分自身から出発すると同時に、相手の存在を認め、共に共通規則を守るべきである。一方では、個体はそれ自身の存在と活動の境界を確立する。彼は自分自身を規定し、自

分の存在、思想、言語を支配する。それと同時に、社会とその他の個体の存在を害さず、益する。他方では、社会はそれ自身の存在と活動の境界を確立する。家庭であれ、社会集団であれ、国家であれ、いずれも異なる生命共同体の運行を維持し、そして人々の平等権を保障し、個人の発展をも促進する。

ただし、歴史上、個人と社会の間には満ち溢れるほど数多くの矛盾がある。一方では、社会は個人を抑圧している。歴史の発展の中で、社会全体の利益のためならば、個人の利益は常に無視され、犠牲にされる。他方では、個人は社会に反抗する。とりわけ特殊な個体、例えば先覚者と先駆者たちは社会の圧迫や桎梏を打破する勇気がある。

しかし、個人と世界の最も理想的な関係は相互促進である。一方では、社会は個人を育てている。個人のために各種の条件を提供し、心身が全面的に発展する自由な人間になることを促進する。他方では、個体は社会に貢献している。個体は自身の存在と自由を求めるだけでなく、こうした存在と自由が社会の至る所に存在し、他の個体もそれを享受することを求めている。

こうした社会と個体の調和的な関係により共存・共生社会が形成され、共産主義社会の真の本性が完全に実現される。通常、共産主義社会は一種独特な社会・歴史の形態であると考えられている。歴史の発展段階は社会の性質により、原始共産制社会、奴隷制社会、封建制社会、資本主義社会、社会主義社会、共産主義社会に分けられている。ただし、共産主義の概念に対しては、異なる解釈が与えられている。最も卑俗な共産主義は共産共妻であり、すなわち人々が財産と性行為の対象を共有することである。これと異なり、最も高級な共産主義は「能力に応じて働き、必要に応じて受け取る」のであり、つまり人々は自分の身体と心の能力を最大限に発揮し、そしてニーズに応じて製品が分配される。ただし、この二つの解釈は

両方とも共産主義社会の真の本性に合わない。共産主義は本質的に言えば共生主義だと規定されるべきである。共生主義の意味での共産主義は財産の共有または製品の共通分配だと狭く理解してはいけない。この意味での共産主義社会は物中心社会であり、人間中心社会ではない。物中心を超越した人間中心社会の核心となるのは人間が共に生存することである。すなわち人間は共に一つの世界に生活し、この世界は人類の生命共同体であり運命共同体である。この共同体の中で、人間は共に存在するのみならず、互いに与え合い、共存共栄を実現する。全ての人間は自分なりの独特な道を歩む。同時に互いに生成し合う。他人が自由に存在することは我が自由に存在することを促進し、我が自由に存在することは他人が自由に存在することを促進する。全ての人間は他人を生成する者である一方、他人に生成される者でもある。人間が互いに生成し合う過程の中でこそ、この社会全体が共生社会になる。人間は繁栄した物質世界を創造するのみならず、自由な人間世界をも構築し、自身の身体と心を発展させ、豊かにさせる。こうした共生主義社会では、物のみならず、人間の本性も完全に実現される。ただし、それを簡単に原始共産制社会への回帰として理解してはならず、将来でしか実現できないユートピアとして理解してもいけない。事実上、共生主義社会は我々が所属するこの世界の真の本性であり、その存在は最大の可能性がある。

四、心の世界

1．心自体

　世界全体の中で、自然と社会以外に、心の次元もある。心は自然と社会から切り離せなく、不可分な関係にあるが、それはそれなりの独特な領域と本性を持っている。
　人間は一般的な存在者、例えば鉱物、植物、動物ではなく、特別な存在者、すなわち意識を持つ生命体である。意識を持っていることは人間を他の存在者から区別した。つまり、人間が自分の生命に意識を持たない時、彼は人間とは言えず、自分の生命に意識を持つ時のみ、人間だと言える。のみならず、一つの意識を持つ生命体の中においても、意識と生命は互いに規定し合うのである。その生命は必ず意識を持つ生命であり、その意識も必ず生命を持つ意識である。意識を持つ生命により、人間は自分と世界の本性を知る。これによってしか人間は自分の存在を展開できないし、またこの世界には生存できない。
　意識は広義的な意味と狭義的な意味で区別されている。狭義的な意味での意識は精神活動の一部に過ぎず、潜在意識や無意識などからも区別され、意志や感情などからも区別されている。一方、広義的な意味での意識は精神活動全体のことであり、潜在意識や無意識などを含めれば、意志や感情などをも含めている。しかしながら、心自身とは何なのか。それは他の存在者とは異なり、独立した実体ではない。通常、それは人間の身体機能、心臓の活動、脳活動または心臓と脳の共同活動だと考える。心は如何に意識あるいは思惟するか。意識あるいは思惟する時、心は直接物事に関わらず、頭の中

でそれらに対応する画像、記号、または言語に転換させる。したがって、心が思惟するのは物事そのものではなく、その代替品のみである。この作業に基づき、心は物事の本性を明らかにする。心は心臓や脳と同一視することはできないが、それは人間の身体のように、確かに存在しているものである。人間の身体が生きている限り、心は生きている。身体が死亡するまで心は死亡しない。身体と心は区別がある一方、不可分な統合体である。心を持つが、身体を持たないことなどあるわけがない。それは彷徨う幽霊でしかない。また身体を持つが、心を持たないことなどもあるわけがない。それは生ける屍でしかない。

　心と身体は同一であると同時に、差異もあるのであれば、両者は如何に作用し合うのかを究明する必要がある。一方では、心は身体の一部であるため、身体は心に直接的な影響を与えている。健康的な身体と不健康な身体に伴う心の状態は完全に異なる。同様に身体的快楽や苦痛はそれに応じた心の反応をもたらす。他方では、身体は心を持つ身体であるため、心は身体に直接的な影響を与えている。人間が興奮するあるいは落ち着いている時、体内外の器官はそれに対応する変化が起きる。ただし、身体と心の関係は決して一元的ではなく、多元的である。分離しているか、合一しているか、またはその他の状態にある。心身が分離している場合、身体の行為と精神活動がちぐはぐである。すなわち、身体は身体であり、心は心である。一方では、身体の行為は心に意識されていない。例えば、夢遊状態とか泥酔している時、人間は自分の身体の行為をはっきり意識できない。他方では、精神活動は身体の存在を超越する。例えば、夢見とか体外離脱の時、人間の意識はその身体の居場所から飛び去っていく。極端に心身分離した場合、身体の行為と心の意志は互いにちぐはぐになる。両者は分裂、矛盾、対抗し合う。よって、人間の心身に苦痛を引き起こす。一方、心身合一は完全に異なって

いる。心と身体は親密で少しの隔たりもなく、完全に一致し、唯一の活動に統合している。心が考えていることはまさに身体がしていることであり、あるいは身体がしていることはまさに心が考えていることである。以上述べてきた心身分離と心身合一という二つの状態以外に、もう一つ、心身合一に基づく物心一如の状態がある。無論心は身体に影響され、同時に身体の現状と活動について思惟する。ただし、心が身体以外の物事について思惟する時、身体という存在は隠れて現れておらず、心自体の存在さえも重要でなくなる。思惟されるもののみ現れてくる。ここで言う思惟されるものとはほかでもなく、まさに生活世界の中の人間と万物である。

　心は見えなければ、聞こえもしない、ある実体のように人間に把握されることもないが、それは決して存在しないのではなく、虚無でもない。同時に、それは人間の心臓と脳に潜み、内在的、神秘的で、捉えどころがなく、はっきりと現れ、ある存在者になる。この特別な存在者はほかでもなく、言語である。通常、言葉は心の声かつ思想の表れであると考えられる。現在一般の言語学と哲学の観点によれば、文字は音声の記録、声は心（思想）の表れ、心は存在（事物）の反映である。これは心とそれに関連するものとの一つの固有形態である。存在とは現実の中で起こる全てのことであり、すなわち森羅万象である。存在の反映である思想は、存在を写す一方、存在を導いてもいる。人間の発声としての言語は音節と意義があり、はっきりとした音声である。音声は時間の中に存在し、暫く出現した後瞬時に消えていく。ただし、時間性を持つ音声は文字によって空間性を持つ記号に転換し、保存できるように固定化され、伝わっていく。表音文字はただの音声の記録である一方、表意文字、例えば象形文字などは音声を記録するのみならず、形によって豊富な意味を生み出す。こうした言語、思想、存在に関する形態の中で、心は外的に存在する物事を内在化する一方、内在化した物事

をまた言語として外在化する。したがって、人間は心が思惟している物事と表している言語を通じて心自体を究明できる。また、人間は内省によって心自体の本性を再認識できる。が、ここで言う心は非言語的なものではなく、一種の無声の言語である。これにより、あらゆる精神活動は言語によって、そして言語の中で行われていることが分かる。こうした理解に基づいてこそ、現代哲学において、伝統的な意識の問題と心の問題は言語の問題に転化される。哲学者は言語を思惟することによって、心自体とそれが如何に万物を思惟するかを明らかにしようとする。

２．心の構造

　心は分割できない一つの有機的な全体であるが、その機能で言えば、それは数多くの要素に分けられる。
　人間の思想史上、心に対して最も徹底的かつ詳細な分析を行ったと言えるのは東洋仏教の唯識思想にほかならない。それは万法唯識、三界は一心の作なりと主張している。よって、その思想の核心となるのは心及びその覚悟に関する理論である。人間の意識は八種類に分けられている。それぞれ眼識、耳識、鼻識、舌識、身識、意識、末那識（我執の識）、阿頼耶識（蔵識）である。
　眼・耳・鼻・舌・身は身体の感覚器官であり、その感覚機能により感覚的認識が形成されている。その中で、眼識は視覚である。人間は内的に眼根、すなわち視覚器官により、外的に色境、すなわち物事の形体により、視覚を形成し、形体を見る。耳識は聴覚である。人間は内的に耳根、すなわち聴覚器官により、外的に声境、すなわち声により、聴覚を形成し、声を聞く。鼻識は嗅覚である。人

間は内的に鼻根、すなわち嗅覚器官により、外的に香境、すなわち匂いにより、嗅覚を形成し、匂いを嗅ぐ。舌識は味覚である。人間は内的に舌根、すなわち味覚器官により、外的に味境、すなわち味により、味覚を形成し、味を感じる。身識は触覚である。人間は内的に身根、すなわち触覚器官により、外的に触境、すなわち触る対象により、触覚を形成し、物事に触る。人間の五官の感覚機能はそれぞれ物事の五つの特性を感じ取り、五つの異なる感覚的認識を形成する。それらは別々にそれ自身の独特の領域に属し、相対的に独立性と独自性を持っている。

　前五識とは異なり、第六識は意識である。それは人間が諸法、すなわち一切の存在者に対する認識である。人間は内的に意根、すなわち意識を司る器官により、外的に法境、すなわち法相、意識の対象となる一切の存在者により、意識を形成する。意識は感覚器官を超える思惟の機能であり、概念、判断、推理により構成されている。それにより人間は物事の全体とその本性を把握できる。

　六識以外に、心はさらに細分化される。第七識は末那識であり、その本来の意味は思量することである。それは常に思い量り、その行為の核心的な対象は我（アートマン）であるため、我執の識とも呼ばれている。第八識は阿頼耶識であり、その本来の意味は蔵識である。いわゆる蔵識は多くの意味を内包し、能蔵、所蔵、執蔵という三つに分けられる。まず、それは万法、すなわち一切の存在者、果報を生み出す種子を蔵している。その意味では、蔵識は能蔵である。次に、それは前七識に熏習されている。その意味では、蔵識は所蔵である。それから、それは末那識により、不変な実体（我・アートマン）として誤認され、執着されてしまう。その意味では、蔵識は執蔵である。

　八識の中で、前五識は特別な塵境（認識対象）に焦点を当て、区分をしない。第六識、すなわち意識は一切法、すなわち一切の存在

者に焦点を合わせ、一切法とそれらの関係を区分できる。第七識、すなわち末那識は我・アートマンに焦点を当て、他人と自分を区分でき、阿頼耶識により生み出された我を実我として誤認し、執着し、さらにそれにより我をめぐる様々な思いが生じる。第八識、すなわち阿頼耶識は根本識であり、前七識は全てそれに規定、支配されている。

　仏教は心の活動を解明する学説のみならず、心の改造をめぐる理論もある。仏教は心が覚悟を通じて迷惑を除去し、それにより自分自身の本性を改変することを強調している。すなわち、八識を四つの智慧に転じることである。人間の意識の中での前五識は任運自在の「成所作智」、意識は分別なしの「妙観察智」、末那識は一切諸法が差別なく平等だとする「平等性智」、阿頼耶識は清浄円明なる「大円鏡智」に転じる。これのみにより、心は諸法実相を認識、すなわち一切の存在者に関する究極的な真理を獲得できる。

　東洋の仏教とは異なり、西洋哲学において心あるいは思想は感覚、知覚、理性という三つに分けられている。

　感覚は人間の心が感覚器官によって存在物を認識する個別的な属性である。それは心の最も原初的な様式であり、かつ存在物が心に現す最も原初的な形態である。時間と空間の中で直感的に物事を観察する能力である感覚は、そこに存在する物事の感覚的特徴、例えばその色彩や声などを認識する。感覚は外的感覚のみならず、内的感覚、例えば四肢の動きや心臓の鼓動、呼吸などをも含んでいる。感覚は直接的（このときここでの一つの存在を対象に）かつ単一的（物事の個別的な属性）であるが、それは人間に彼が出会った物事と彼自身を識別させる。

　知覚または知性は心が感覚に基づき、存在者の全体的な特性を把握する働きである。それは人間の感覚の総合的な運用であり、人間の物事全体に対する理解でもある。これにより、それは物事の本性

を判断し、ある物事は何か、あるいは、逆に何ではないかを断定する。

　感覚と知覚とは異なり、理性は心の最高部分である。それは心に本来的に備わっている能力であり、物事の存在の根拠を提供し、説明する。それは思想自身に根拠を築く一方、存在にも根拠を築く。それは二つの質問に回答する。思想はなぜこのように思想するか。存在はなぜこのように存在するか。

　伝統思想において、人間の心は通常、知・意・情、すなわち認識・意志・感情という三つの部分に分けられている。認識は理論理性という能力であり、以上述べてきた感覚と知覚、理性は全て認識の範疇に属している。それが自然に関わり、主題となるのは真であり、それに対応する学問の領域は認識論である。意志は道徳的実践力である。それが道徳に関わり、主題となるのは善であり、それに対応する学問の領域は倫理学である。感情は愉快または不愉快に感じる機能である。それが芸術に関わり、主題となるのは美であり、それに対応する学問の領域は美学あるいは芸術哲学である。心の全体は知、意、情の三者により構成されている。それは伝統の心の哲学の固有形態と概念化機関でもある。三者は異なっているが、いずれも理性に基づき、直接または間接に理性に規定されている。

　しかし、現代思想は更に非理性の意義を強調している。非理性には心の中の理性ではない思想、特に理性と根本的に対立している思想が含まれている。それらは非論理的、無意識的、直感的、更には狂的である。非理性に関する学説によれば、理性には生まれつきの限界がある。一方では、理性は心の最高原則ではない。他方では、存在者の最高本性は理性により現すことができない。理性は無論心に属しているが、非理性も同様に心に属している。理性は心の活動であると同様に、狂気も心の活動である。非理性が表している物事の本性は前理性的かつ超理性的であり、理性より一層本源的であ

り、真実に近づいている。ただし、それは理性に理解されず、論理学上の概念により表現できない。

　非理性に反する方向へ進められているのは思想を分析、計算する作業である。分析哲学としての言語哲学によれば、言語分析こそが思想の最も重要な課題、ひいては唯一の課題である。言語分析によってのみ、人間は心とそれが思惟していることを分析できる。これにより、思想が分析する対象は心から語彙、命題、論理に転じる。のみならず、言語分析にはロジックと数学の計算が取り入れられている。それによって、心の形態とプログラムが算出される。この過程の中で、心自体が分析、計算されるようになり、心の活動も物事を分析、計算することになる。例えば、人間はこのようにすればどのようになるか、人間はこのようにしなければどのようになるかなどを分析、計算する。

3．生命を持つ心

　心を理性化するにしろ、非理性化するにしろ、計算化するにしろ、分析化するにしろ、それらの作業はいずれも心を単一的かつ一面的なものにし、その全体性を喪失させ、本性を見失わせる。したがって、思想の最も根本的な問題は、人間が全体としての心に回帰し、そしてその本性を明らかにしなければならないことにある。

　まず、心へ回帰する際には心自身の分裂を避けることに注意を払わなければならない。我々は、心の全体と本性の代わりに、心のある個別的な部分や機能を用いることはできない。理性は心の本性ではないと同様に、非理性も心の本性ではない。心をコンピューターとして理解してはならない。心は一つの有機生命体であり、生ま

れ、存続し、また消滅する過程を歩んでいる。それ自体は有機生命体であるのみならず、人間という生命体に従属し、その生命体の一つの機能としての役割を果たしている。心は生命を持つ心であり、生命を持たない心ではない。この意味では、心を知、意、情、理性、非理性の中のどれとも同一視してはならず、人間の存在との内的関係を断ち切ってもならない。

　次に、心へ回帰する際には外物にもたらされた制限から抜け出さなければならない。すなわち、心を各種の外物の束縛から解放させなければならない。歴史上であれ現実の中であれ、人間の心は常に外物に遮られ、抑圧され、外物の奴隷になる。こうした心はそれ自身をも万物をも思惟できない。心が外物を超越する時のみ、それ自身の外から内に回帰することができる。

　いわゆる外物には自然的なものがあるため、心は自然の束縛から抜け出さなければならない。心の法則は自然の規律に制限されてはならず、自然の規律を超越すべきである。心は、自然の王国、自然に対する迷信や崇拝に束縛されてはならず、自然の規律を究明すべきである。

　いわゆる外物には社会的なものがあるため、心は社会の束縛から抜け出さなければならない。社会には数多くの規則と制度が設けられ、それらにより心を抑圧するメカニズムがたくさん生じる。例えば言論の自由や思想の自由に対する制限などである。心はそれらの圧迫や束縛を打破し、社会の現実を究明すべきである。

　いわゆる外物には身体的なものがあるため、心は人間自身の身体の束縛から抜け出さなければならない。心は身体の存在に基づいているが、身体の従属物ではない。心は身体の感覚に制限されてはならず、こうした具体的な時間と空間の中での感覚を超越すべきである。

　それから、心へ回帰する際にはその遮蔽物を取り除かなければな

らない。通常、人間が物事を思惟する時、心は既に様々な先入観や偏見などで満ちている。その中には、日常経験の蓄積により自然に身に付いた観念もあり、歴史などから習得した理論もある。ただし、両者とも心の本性を遮り、人間が物事の本性を知ることを妨げている。我々はこの支障から抜け出し、心を白紙状態にし、物事本来の様子に近づき、その本性を明らかにしなければならない。

　心から「有」という遮蔽物のみならず、「無」と「空」という遮蔽物をも取り除かなければならない。心は「有」という遮蔽物に遮られている時、人間は心に様々な遮蔽物があることに気づきやすい。ただし、「無」と「空」という遮蔽物に遮られている時、こうした特別な遮蔽物を識別することが難しい。人間は常に「思惟なし」の状態、すなわち何も思惟しないことを追求している。更に、「思惟なし」のみならず、「言動なし」の状態にもあり、最終的には「無為」な状態になる。しかし、空っぽな心は無意味である。「有」という遮蔽物に比較するなら、「無」という遮蔽物のほうが人間に及ぶ危害が数段大きい。それは心を生ではなく、死に導く。「無」という遮蔽物を取り除かなければ、心は生命を獲得できない。これにより、人間は「思惟なし」から「思惟あり」、「言動なし」から「言動あり」、「無為」から「有為」に転じる。

　これらの作業によってのみ、心は生命を持つ自由な存在になれる。

4．心の活動

　それ自身に回帰した心のみ純粋な心である。すなわち、それはそれ自身のみであり、それ自身以外の何の物事にも汚されていない。

これでしか、心はそれ自身を表すことができない。では、一つの純粋な心は如何にそれ自身を表すか。心は実体を持たないが、それ自身の活動の中で現れている。その活動は、心が思惟することである。これは心の活動に対する最も簡単かつ完全な定義である。我々はまた以下のように追究していく。まず、主語である心とは何か。次に、目的語である思惟の対象は何か。それから、述語である思惟は、如何にしているか。

　以上述べてきたように、心は不可視のため、言語により直接その形象を描くことができない。言語は如何にこの乗り越え難い難題に対応するのか。それは心を不可視から可視に、理解不能から理解可能なものに転換させるほかない。こうした根本的な転換は如何に実現されたか。比喩という常套的な修辞手法により実現されたのである。比喩とは、甲に共通点を持っている乙を借りて、甲を描写、説明し、更に甲の本性を明らかにすることである。比喩の本体である心は隠れている。ただし、喩えによりそれが表され、その意味も喩えに含まれている。したがって、問題の鍵となるのは、喩えが如何に存在しているのかを明らかにすることである。日常言語、詩的言語、論理的な言語の中で、心は色々なものに喩えられている。しかし、最も典型的な比喩は二つある。一つは心を光明に、もう一つは心を鏡に喩える。

　心は光明のようであるという比喩の中で、心は本体であり、光明は喩えである、その意味は光明の特性により心の特性を示すことである。そのため、我々は光明の意義を思惟する必要がある。ここで言う光明は暗闇に相対する概念である。暗闇の現象は至る所にある。深夜は一日で最も暗い時である。昼においても、ある洞穴またはある封鎖された建物の中は真っ暗である。暗闇は何を意味しているのか。万物が消え、自分を現わさないようになる。それと同時に、人間には目があるが、自分が見えないし、万物も見えない。人

間と万物は全て暗闇に同化されている。しかし、光明は暗闇を突き破る。天地の間の最大の光明は太陽と月である。白昼は太陽、深夜は月が明るく照らす。自然的な光明以外に、世の中には人工的な光明もある。松明から灯明、そして現在の電灯まで、これらはいずれも光明をもたらし、闇を除く。闇から光明への偉大な時は東方の夜明けである。この夜明け前の時刻、夜が最も極端な暗闇の状態に達する。また、この時刻こそが、夜明けであり、空がほのぼのとなり、天空と大地が照らされるようになる。光明の元で、万物は自分の本性を現す。それと同時に、人間の目には光のみならず、自分と照らし出された万物も見える。光明に喩えられている心の本性は何なのか。心は照明であり、物事の真実を見抜き、知るのである。喩えである光明の意義により、我々は本体である心に以下のような解釈を下せる。心は意識を持たない状態から意識を持つ状態に、知らない状態から知る状態に変えていく。これは心がそれ自身の覚悟と啓蒙により根本的な転換をした過程である。心が意識を持ちまたは知る時、それは人間自身と世界の万物を知る。いわゆる知るというのは人間の道と万物の道、即ち人間と万物の本性を知ることである。

　心は鏡のようであるという比喩は、心は本体であり、鏡は喩えである。その意味は鏡の特性により心の特性を示すことである。そのため、我々は鏡の意義を思惟する必要がある。ここで言う鏡は鏡でないものに相対する概念である。一般の物体、例えば石と木は外物を映せない。ただし、水、殊に静かな水面は鏡のように物の形象を映せる。歴史上、人間は最初に銅鏡を発明し、その後ガラスの鏡を作り出した。鏡は実在するものであるが、その反射面は空白であり、空っぽである。これによってのみ、鏡は外物を映せる。だが、映すのは物自体ではなく、その形象のみである。距離と角度により、同じものでも鏡に現れる形象は異なっている。また、鏡自体で

言えば、単面鏡、多面鏡、球面鏡などに分けられ、機能はそれぞれ異なっている。大円鏡は実際は球面鏡であり、ある単一な存在者あるいはその一面のみならず、一切の存在者の全ての面を反映する。大円鏡はその上下左右にある全ての物を映し出せるため、森羅万象を包括している。鏡に喩えられている心の本性は何なのか。心は物事の真実を反映し、示している。喩えである鏡の意義により、我々は本体である心に以下のような解釈を下せる。心自体は空っぽであり、万物を思惟しない時、そこには何もない。ただし、それが万物を思惟する時、万物の存在を現す。心の中にある万物はある形象や音声などの形で存在する場合もあるが、主には言語の形で存在している。万物は語彙、文句、更に幾つかの文句の組み合わせに変わる。これにより、心は万物の本性を表現している。

　心の基本的な本性は光明と鏡の比喩により生き生きと言い表されている。照明である一方、反映でもある。光明と鏡という両者の奇妙な結合である。もし光明がなく鏡だけであれば、人間と万物を現すことができず、心は万物の形象を映せない。鏡がなく光明だけであれば、人間と万物は照明されるが、心は万物の形象を映せない。このような事実により、心の光明である性質と鏡である性質は不可分である。心は光明のような鏡、または鏡のような光明だとさえ言える。これは、心の本性は照明された反映、あるいは反映された照明だということを意味している。

　以上、心自身の特性、すなわち光明である照明と鏡である反映について検討してきた。思惟の主体のみならず、その客体として思惟されるものもその中に含まれている。なぜなら、あらゆる心の思惟は思惟されるものに対する思惟だからである。では、この思惟されるものまたは思惟しているものは何なのか。

　この世の中には数多くのものがある。まずは自然的なものがある。それらは既に存在し、授けられたものであり、例えば鉱物、植

物、動物などである。そして社会的なものがある。それらは世界で起きている各種の出来事である。人間にとって、これらは全て外物である。これらと異なり、人間の身体がある。諸器官とその活動はそれに含まれている。当然ながら、もう一つの特別な存在、すなわち人間の心がある。万物、身体、心は全て人間の心の思惟の対象になれる。通常、心の外的な物事に対する思惟は外在意識または対象意識、人間自身に対する思惟は自我意識または自意識と称せられている。その中で、自意識は心自身の覚醒である。それは自分で自分を思惟し、自分で自分を意識する。すなわち、自分で自分を照明し、自分で自分を反映する。ここには一つの奇妙な現象がある。心が自分を意識しようとする時、それは実のところ既に自分を意識したということである。もし心がまだ自分を意識していなければ、それは自分を意識しようとするわけがない。自意識は実のところ、とっくに存在する自意識の事実を再び経験し、無意識のそれを意識化させ、テーマ化するのだとさえされている。

　しかし、自意識は本当にこのようなのか。それが一体如何に生じたかを詳細に分析してみよう。自意識は本質的には自我の確立に基づいている。私は私として、あなたと彼から区別する。私は第一人称である。私は私と自称する時、私は既に自己の存在を意識し、それと同時に自他の差異をも意識したに間違いない。あなたは第二人称としてその場にいる他者のこと、彼は第三人称としてその場にいない他者のことを指している。他者と区別することから、自身に回帰し、自意識が生じた。したがって、自意識は、「私はこれを知る。即ち私は存在する」という文で現れる。ここには、私が存在するという事実が想定される。これに基づき、私の心は私の存在と関係し合う。ただし、ここに二つの可能性が生じる。一つ目は、私は存在するが、自分の存在を意識していない。二つ目は、私は存在するのみならず、自分の存在を意識している。自意識は自分の存在を

意識していることを指している。

　自意識の言語表現である「私はこれを知る、即ち私は存在する」という一文には複雑な内容が含まれている。第一に、私が存在するというのは私の現実世界での活動を指している。例えば、人間との付き合いや物との付き合いなどである。第二に、私が存在するというのは私の思惟を指している。ただし、思惟にも二つの可能性があり、一つは私自身を思惟し、もう一つは私以外の物事を思惟するである。第三に、私が存在するというのは私の言説を指している。私が独白する、または他人と話し合う。以上の分析により、「私はこれを知る。即ち私は存在する」は三つの文に書き換えられる。①私はこれを知る、すなわち私は活動する。②私はこれを知る、すなわち私は私自身または私自身以外の物事を思惟する。③私はこれを知る、すなわち私は語る。

　自意識にこのような言語分析を加えれば、それ自身に関わる活動は決して簡単な同義反復ではないことが分かる。それは同一の中の差異性と差異の中の同一性を同時に持っている。いわゆる自意識の同一性とは、思惟する私と思惟される私は同一だということである。両者は二つの異なる実体ではなく、一つの同一の実体である。ここでは伝統的な主体と客体の関係が当てはまらない。なぜなら、私は主体と対象に二分されず、逆に合一するからだ。いわゆる自意識の差異性とは、思惟する私と思惟される私は異なる活動をしている。思惟する私は思惟しているのみである。一方、思惟される私は思惟する以外に、現実的な活動と言説をもしている。また、思惟される私は、自分自身を思惟する可能性もあるし、自分自身を思惟せずに自分以外の物事を思惟する可能性もある。このように同一性と差異性が同時に存在するゆえに、自意識は既に存在した自我の再経験ではなく、存在しない自我の新たな始まりである。

　以上、心自身とそれが思惟する物事について分析してきたが、こ

のほかに、心は如何に物事を思惟するかを分析する必要があり、それにより心の思惟の過程を明らかにする。心は感覚器官に作用し、感覚器官は万物に作用する。心は万物を照明する一方、万物を反映する。通常、それぞれ感覚認識と知性認識と呼ばれている。いわゆる感覚認識は感覚器官により生じた感覚、知覚、表象であり、物事の現象に対する認識である。これに基づき、知性認識が発展した。それは物事の本性に対する認識である。知性認識には概念、判断、推理という三つの要素が含まれている。概念は物事の本質的な属性を把握することである。判断は物事の本性とその関係を確認し、区分することである。推理は既知の事柄により未知の事柄への判断を導くことであり、例えば帰納法や演繹法などである。ただし、心の真の本性は物事の真実を直接示すことであり、すなわち物事をそれ自身として掲示あるいは顕現することである。したがって、思惟の過程は掲示あるいは顕現する過程だとも言える。根本的に言えば、感覚認識と知性認識は掲示あるいは顕現することに基づき、その過程の一環にならなければならない。

　心の思惟が明示する過程は実のところ語る過程でもある。物事の本性が考え出されることはそれが言い出されることでもある。この現象は如何に起こるか。物事を思惟することはまずもってそれを命名することである。命名とはある無名の物事に名を与えることであり、その本性を確定することでもある。ある物事が無名の時、それは心の中で存在できず、思惟されるわけもない。ある物事が名を取得する時のみ、それは心の中で存在でき、思惟されることが可能である。だだし、一つの孤立した名は物事に意義づけることができない。物事の意義は一つの完全文の中に掲示される。一つの文は一つの物事の存在、すなわちその本性や活動、状態、関係などの表現である。文と文は文句の連鎖を形成し、前後の文脈が関連するテキストとなる。一つのテキストはある物事が起こる過程であり、それに

は始まり、中間、終わりがある。心の思惟する過程はまさにこのようなテキストを創作する過程である。物事はそれ自身として現れている。その物事はそれなりの存在であり、かつそのように存在するものである。

5．心と物

　心が思惟する時、それは常に物を思惟している。ただし、この活動の中で、いったい何が起こっているのか。
　心が物を思惟するのは、本質的に言えば、それが物を照明、反映することを意味している。具体的に言えば、人間社会と自然を照明、反映するのである。通常、心自体は光明を持つと考える。しかし、心は人間の心である。そのため、それは人間の光明である。心がなければ、人間はほかの動物と同じく、闇の中にいる。社会も暗闇のようになり、それがジャングルに転じ、ジャングルの法則に従い、弱肉強食となる。そして、自然も暗闇となる。それは既に存在しているが、隠蔽的、神秘的、理解不能なものになってしまう。心は人間、社会、自然を照明する。だからこそ、人間、社会、自然の真の本性を示しうるのだ。心は光明であるのみならず、光明の性質を持つ鏡でもある。それはまず人間を反映し、人間に自分を知らせる。次に社会を反映し、人間に社会を知らせる。最後に自然を反映し、人間に自然を知らせる。
　心は物を照明、反映できるのみならず、人間が物を創造、改変するように導くことができる。実際には、これは、人間が自身、社会、自然を創造、改変できることを意味している。意識を持つ存在者である人間こそが心によって意識的に自分を創造し、人間性を持

つ人間になれる。それと同様に、人間こそが意識の指導の下で社会を人類運命共同体として築き上げ、自然法則に別れを告げ、正義原則を追求する。そして、人間は自然の規律への認識に基づき、自然を改造し、非人間性を持つ自然を人間化する。これにより、自然も人間の生活世界の一部になる。

　心は物、すなわち人間、社会、自然を照明、反映、創造できるが、心の偉大な作用は気ままな幻想であると曲解してはならず、それを唯心論の一面的な主張へ導いてはならない。心と物質との関係について、唯心論は、心は第一性質、物質は第二性質であると強調している。よって、心は物質を決定し、物質は心に決定されると考えられている。ただし、唯心論は、心が如何にそれ自身に根拠を立てるか、そして如何に物質を意識、創造するかを明らかにしていない。また、我々が一面的な唯心論の主張を否定することは、決してそれに相反する一面的な唯物論の主張に賛成することを意味していない。歴史上の唯物論は、心と物との関係について、物質は第一性質、心は第二性質だと強調している。よって、物質が心を決定し、心は物質に決定されると考えられている。ただし、唯物論は、物質が如何にそれ自身に根拠を立てるか、そして如何に心を決定、支配するかを明らかにしていない。

　実のところ、一面的な唯心論であれ一面的な唯物論であれ、それらの心と物質に関する解釈はすべて間違っている。なぜなら、心と物質は両者とも人間の生活世界に存在しているからである。生活世界には心も物質もある。それ故に、唯心論であれ唯物論であれ、人間の生活世界の真の本性を全面的に解釈できなかった。そのため、我々は一面的な唯心論と一面的な唯物論の硬直した考え方を変えなければならない。

　人間の生活世界は心と物質が誕生する本源地である。人間は既に生活世界の中で万物と出会い、共に存在しているため、心は万物を

意識できる。人間の現実活動と切り離せば、心はただの空っぽな心であり、万物もただの生命力を持たない万物である。人間の心は身体の感覚器官に作用し、感覚器官はまた万物に作用する。これにより万物に対する意識が生じる。照明するにしろ、人間、社会、自然を創造するにしろ、心の機能は一貫して人間の存在活動の中でしか実現されない。現実活動こそが、思惟と存在、意識と物質を同一にさせる。思惟されるものは存在するものであり、それと同時に存在するものは思惟されるものである。この同一のキーポイントは、人間の現実活動により、物質と精神が互いに転換し合うところにある。物心一如である心と物質との同一は実のところ心身合一をも内包している。物質が一般の物質を指す場合、それは人の身体以外のものと人の身体以内のものを含む。すなわち、物質（人の身体以外のもの）と精神（人の身体以内のもの）の同一であり、一般で言う「物心一如」である。一方で、物質がある特別な物質を指す場合、すなわちそれが人間の身体を指している時、物質と精神との同一は心身合一である。ただし、物心一如も心身合一も人間の現実活動の中でしか実現できない。

　人間、社会、自然を創造する以外に、心はそれ自身に専属する領域をも築いた。それは自然や社会と異なり、独特な精神世界である。主に宗教、哲学、文学、芸術などを含んでいる。

　宗教は、人間の自分と世界の究極的本源に対する信仰である。中国語で、"宗"という文字は宗主と根本という意味を持っている。この根本は、通常、神または主だと考える。もちろん神または主は様々な形態で現れている。例えば、自然的、人格的、精神的な形態である。人間は神または主を信じ、畏敬と崇拝の念を抱いている。信仰とは何かを信じ込むことであり、真理を追求することでもある。宗教は人間が持つ最も基本的な問題に回答している。それは、「世界の本源は何か」と「人間の本源は何か」であ

る。宗教によれば、世界のみならず、人間の本源も神または主である。人間の本源についての問題は以下のような三つに具体化される。①我々はどこから来たのか、②我々は何者か、③我々はどこへ行くのか。一つ目の問題は人間の起源に対する追及と回答である。人間は神または主に創造される。二つ目の問題は人間の本性に対する追及と回答である。永生の神とは異なり、人間はいつか必ず死ぬ者である。三つ目の問題は人間の目的に対する追及と回答である。人間は神または主に帰する。信仰する神は形態が異なり、宗教は幾つかに分かれる。アニミズム的な宗教は汎神論的であり、万物は神々に満ちていると主張している。多神教は複数の神々を同時に崇拝し、一神教は特定の一神のみを排他的に崇拝する。現代世界の一般的な宗教は全て一神教であり、例えばユダヤ教、キリスト教、イスラム教である。以上述べた宗教は全て有神的宗教であるが、現代では無神的宗教が盛んになる可能性もある。このような宗教も依然として世界と人間の本源に対して追及し、回答する。ただし、その本源は神以外だとしている。この面においては、禅宗は発展する余地があるかもしれない。なぜなら、禅宗が信仰する仏は神ではなく、人間の本性あるいは本心である。仏は心、心は仏である。心の覚悟により、人間は自分と世界の本源に達する。これにより、人間の生活の究極的関心が解決される。

　宗教の信仰と異なり、哲学は思想である。哲学という言葉は古代ギリシア語においての原義は智慧を愛する、即ち智慧を追求するのである。ただし、西洋の歴史上、哲学は理性の科学になる。理性は人間の思想が根拠を築き上げる能力である。科学は知識学、すなわち体系的な知識である。こうした解釈によれば、哲学は体系化された理性である。理性自身の区分により、それは理論理性、実践理性、詩的理性に分けられる。理論理性は認識の洞察に関わる理性で

あり、実践理性は意志の行動に関わる理性であり、詩的理性は作品の創作に関わる理性である。現代に至り、西洋では、理性である哲学が終結し、存在思想へ転向した。現代哲学は存在、思想、言語を主題としている。

　もしも哲学が理性の科学であると言えば、それは西方のもののみであり、中国のものではない。なぜなら、中国には西洋の理性の科学と完全に同一なものがないからである。しかし、もし哲学が真理に関する思想だと言えば、それは西方のもののみならず、中国、ひいては人類全体のものでもある。この意味では、中国は西洋と異なる独特な哲学を持っている。こうした理由に基づき、我々は儒家、道家、禅宗思想を哲学だと称することができる。

　人間と世界の真理を追究することを目的とする哲学にとって、最も核心的な問題は真理にほかならない。いわゆる真理は存在の真相であり、すなわち如実に存在することである。したがって、それに対応する思想は如実に思惟し、存在の真相を示すことである。それに対応する言語は如実に言説し、存在の真相を言い出すことである。哲学は真理への追究から出発し、その目的を達成するには相応しい方法が必要である。この方法は道、即ち真理に従って進むことである。哲学の方法は真理をそれ自身として明らかに示し、それを説明することである。

　宗教の信仰とも哲学とも異なり、文学と芸術は生命力を持つ記号により審美の形態を構築し、美を創造する。例えば、小説、詩歌、演劇、音楽、舞踊、絵画などである。

　一般的な芸術は感覚的な媒介を借りてそれ自身を表している。主な媒介は色、形、音声であり、人間の視覚と聴覚に訴える。色、形、音声は時間と空間の中にあるため、それらは空間芸術と時間芸術だとも呼ばれる。また、人間の視覚と聴覚に訴えるため、視覚芸術と聴覚芸術だとも呼ばれる。更に現在のメディア芸術はマルチメ

ディア技術により空間と時間、視覚と聴覚を有機的に組み合わせ、総合的な感性世界を構築する。

　あらゆる芸術の中で、文学は独特な地位を占めている。一般的な芸術は空間的な物により人間の視覚に訴え、時間的なものにより人間の聴覚に訴えるが、それは直接に言語により人間の心に訴える。文学的言語は一般的な日常言語でも論理的言語でもなく、詩的言語である。独特な言語である詩的言語は完璧的な真理を創造する言語である。このような理由により、詩歌は文学において独特な地位を占めている。それは一つの文学の表現様式のみならず、一つの文学の特性でもある。そのため、本質的に言えばそれを詩性または詩的なものだと理解すべきである。一つの詩歌でない文学作品は詩的なのかもしれないし、逆に一つの詩歌である文学作品は詩的ではないかもしれない。

　文学と芸術が創造する美は人間の存在の最高目標であり、世界の本性の円満な実現でもある。

五、人間と世界

1．天、人、心

　世界は人間が存在する世界であり、自然、社会、心という異なりながら関わり合う三つの次元を包含しており、これらは一つの分割できない全体を構成している。もし自然を天、社会を人、心を心だと略称すれば、世界は天、人、心の三者の集まりだと言える。これは歴史上の中国の世界観とも異なり、西洋の世界観とも異なってい

る。

　歴史上、中国人が言う世界は天、地、人の三者で構成された世界であり、人間は天地の間で生存する。西洋人が言う世界は天、地、人、神の四者で構成された世界であり、人間は神の導きに従って天地の間で生存する。

　中国人が見る世界と西洋人が見る世界は明らかに異なっている。まず、四つの要素で構成される西洋の世界と比較するなら、三つの要素で構成される中国の世界は一つの根本的な要素に欠けている。それは神または主である。西洋において、神の形態は歴史的変遷を経ている。古代ギリシアで信仰されたのは諸神と彼らの父であるゼウス、中世紀に信仰されたのは主の子であるイエス、近代で信仰されたのは人間の内的な神性、すなわち理性である。現代では、「主の死」が宣告されたが、人々は主宰神に再来と救済を呼びかける。これに対して、中国の世界には諸神と主宰神がいない。中国にも様々な神が存在する。例えば山神と水神であるが、それらの神は独立した神格を具えていない。山神は山の神、水神は水の神であるように、神は天地に属するものだと見なされている。神は山水のように特定の存在者として一種の不思議な機能を持つ。次に、中国人が見る天地と西洋人が見る天地も異なっている。中国人が見る天地は本来から存在するものであり、誰かに創造されたものではない。天地の違いは陰陽にあり、天は陽、地は陰に属している。一方、西洋人の天地はキリスト教から見れば主宰神に創造されたものであり、主宰神は創造者、天地は創造された物である。そして、天と地の属性が異なり、天は神の領地、地は人間の居住地域である。最後に、中国と西洋の世界において人間に対する規定は異なっている。中国では人間が天地の心だということが主張され、西洋では人間が理性的動物だと見なされている。中国では人間と天地の関係が注目され、心の意義が強調されている。心は人間のみならず、天地万物をも覚

知できる。これに対して、西洋では、人間、動物、主宰神との関係が注目され、理性の意義が強調されている。理性は一般的な心ではなく、根拠を構築できる心である。総じて言えば、中国は天人合一、西洋は神人合一を追求している。天人合一は人間が世界の中で天地の境地に達すること、神人合一は人間が天地を超越して神と合一することを求めている。

　天、地、人、神という四つの要素で構成された世界と比較するなら、天、地、人という三つの要素で構成された世界は自分なりの独特な本性を具えている。まず、天地は合一している。両者には違いがあるが、分割できない全体になっている。そして根本から言えば、天は地を規定し、地は天に従属している。天地は神の創造物ではなく、自然的な存在者である。次に、人間は依然として世界の中の一つの重要な要素であるが、天地の心と理性を理解する動物であるのみならず、一つの独特な存在者だとも見なされている。全体としてのみならず、一つの個体としても存在し、自分で自分の根拠を築く。最後に、この世界には主も神もなく、心のみがある。心は人間の心であるが、自分なりの独特な本性を具えている。光明と鏡として、思惟活動により人間の生活を導ける。

　天、人、心の世界において、自然、社会、心はそれぞれ三つの次元に属しているが、それと同時に一つの全体に属し、互いに離れることなく、作用し合っている。まず、自然は社会の中で人間と関わり、人間化の自然になれる。それは心に明るく照らされなければ、それに覆われる遮蔽物を取り除き、本性を現すことができない。次に、社会は自然に基づいて築かれなければならない。さもなければ、源のない水、根のない木、すなわち基礎がない物になる。そして、心は社会を正しい道、方向へと導ける。最後に、心も自然と社会に関係しなければならない。一方では、自然を思惟し、自然の規律を発見すべきである。他方では、社会を思惟し、社会の法則

を確立すべきである。さもなければ、それは空虚かつ静寂なだけなのである。このような意味で、世界は自然、社会、心、すなわち天、人、心の三者の集まりである。

　天、人、心の世界で最大に可能な世界は共生の世界である。まず、天と人間との関係において、人間が追求する最高の境地は天人合一でも神人合一でもなく、天人共生である。つまり、天は人間の主人ではなく、人間も天の主人ではない。天は人間の生成を促進し、人間も天の生成を促進する。天と人間は共に生成する。次に、他人と自分との関係において、我は他人の敵人ではなく、他人も我の地獄ではない。我は他人の生成を促進し、他人も我の生成を促進する。他人と我は共に生成する。最後に、心と物の関係において、世界は唯物的存在でも唯心的存在でもなく、心と物は共生する。心は万物の生成を促進し、万物も心の生成を促進する。心身共生もその中に含まれている。人間は心身分離ではなく、心身合一である。

2．人間と世界

　世界は天、人、心の三者の集まりであるが、人間はその中で極めて重要な役割を果たしている。本質的に言えば、世界は人間の世界であり、人間以外の存在者の世界ではない。人間及びその存在こそが自然、社会、心を一つに集めることができる。人間の存在活動は、人間を自然と関連させ、自然を人間の生活資料と生産資料にし、人間の生活の一部にする。人間の存在活動により、異なる人間と集団は一つの生命共同体を形成し、同じ世界で共生し、共在する。また、それにより、心は思惟の本源と運行の方向を見つける。

のみならず、それは自然、社会と心を互いに生成し合う。

　人間と世界は同じ存在の両面である。世界からすれば、それは人間の世界である。人間からすれば、それは世界の人間である。世界が存在せず、または人間が世界でない空間に存在することは、人間にとって、想像もできないことである。人間と世界を引き離すことはできず、終始共に存在している。だからこそ、人間は主体、世界は客体、両者は主客関係を形成するなど人間にとって想像もできないことである。人間は最初は世界と別々であったが、人間が世界を認識し、改造することにより、世界と合致するようになった。人間はもともと世界と合一しているため、本来が自然的、社会的、心的である。自然、社会、心という異なる次元の中でこそ、人間は自分の存在を展開する。世界は人間の故郷であり、来る所と帰る場所である。人間はこの故郷の建設者、住民、管理人である。

　人間は既にこの世界に存在するのみならず、この世界でしか存在できない。世界は唯一である。これは、世界は奇数の世界であり、偶数の世界ではないことを意味する。ただこの世界のみがあり、もう一つの世界は存在せず、複数の世界は更に存在しない。空間の面から言えば、この世界の下に地獄は存在せず、この世界の上には天国も存在しない。時間の面から言えば、この世界の前に前世は存在せず、この世界の後には来世も存在しない。性質の面から言えば、この世界よりよく、憧れに値する世界は存在せず、この世界より悪く、我々の救いを待っている世界も存在しない。世界は唯一であるゆえに、独特かつ貴重である。それは取り換えられないし、選べないものである。

　世界は唯一であるため、それ自身が起源であり、それ以外に起源はない。世界は主宰神に創造されたものでもなければ、神に開闢されたものでもない。それ自身が生成したものである。また、世界は唯一であるため、それ自身が目的であり、それ以外に目的はない。

人間がこの世界を放棄し、ほかの領地を見つけ、それを自分の帰属先にすることは不可能である。

　この世界は起源も目的も持たないゆえに、人間には自分の存在の土台としての外的な根拠がない。根拠がなければ、人間はあたかも深淵、すなわち虚無の上にいるようである。自分自身が根拠を築き、すなわち起源と目的を見つけなければならない。

　人間こそがこの唯一の世界で存在、思惟、言説する。

　人間が存在するというのはこの天、人、心の世界で自分の存在活動を展開することである。人間は天地の間の自然万物と関わり、栽培、牧畜、建築し、自然を自分の生活する場所に変える。人間は他人と関わり、協力し合い、争い合う。人と人の間には愛も恨みもある。斯くして対立と統一の中で生命共同体を形成する。人間は心と関わり、暗闇から光明へ、迷いから覚悟へと向かい、それにより心が純潔かつ自由な境地に達する。各種の活動により、人間は自分の存在を確立する。

　人間は世界の中で存在するのみならず、それを思惟する。思想は人間自身にしか関わらない、つまり人間自身のみに関われるものだというが、根本的に言えばそれは世界の中で生成し、世界に関わるものである。思惟されるものこそ世界の存在であり、逆もまた然りである。思想の発する根源は世界の存在である。また、思想は世界の真理に到達できる。したがって、世界に関する思考は一般的に言う世界観とは違う。世界観は世界を眺めることにより築かれる。なぜ世界を眺めることが可能なのかと言えば、眺める人と眺められる世界が分離しているからである。人間は主体であり、世界は客体である。この分離に基づいてこそ、人間が世界を眺められる。こうした眺めは世界の凝視であり、そしてそれにより世界の改造が引き起こされる。認識である世界観に強烈な意欲が混じりこんだがゆえに、世界の本性が捻じ曲げられた。一方、世界に関する思考の源は

世界自身にある。それ故、思想は世界の本性を示し、世界の本性は思想によりそれ自身を現している。

　人間は世界を思惟するのみならず、世界を言説もする。言語は人間自身にしか関わらない、つまり人間自身のみに関われるものだというが、根本的に言えばそれは世界の中で生成し、世界に関わるものである。思想と同様に、言語は世界を示す一方、世界を導く。世界は言語の出発点であり帰る場所だと言えよう。

　人間と世界は異なるが、本質的には合致している。この統一の土台は人間の世界での存在活動、すなわち彼の生存、思惟、言説である。この活動により、人間は自分自身を展開する一方、世界を創造する。それは人間を世界に転化させる一方、世界を人間に転化させる。これは人間と世界が共に生成することである。

3．非人、非世界とその克服

　世界における人間活動は人間と世界の生成であるが、それは自分の対立面にもなりうる。すなわち、非生成と反生成である。これは人間を非人、世界を非世界にさせる。そうであれば、世界は人間の故郷でなくなり、人間には帰る場所がなくなる。

　人間が非人に変異するのは人間が自分の本性を喪失することを指す。まず、生活世界の中で、人間は自分の主人でなくなる。人間は自分の主人にならなければ、非人が彼の主人になる。この非人は自然、国家、神などである。いずれにしても、こうした主人は人間を奴隷にし、人間は自由に発展できなくなる。次に、人間が奴隷になれば、彼の存在活動はその本性の展開でなくなり、本性が剥奪されるようになる。これにより、人間の人格と心身活動は彼自身でな

く、自身以外のものになる。最後に、人間活動により生産された製品は人間への肯定でなくなり、否定になる。のみならず、それは人と物との調和、共存でなくなり、物が人に対する抑圧と傷害になる。

　人間が非世界に変異するのは世界が自分の本性を喪失することを指す。生活世界において、世界は世界でなくなり、非世界になる。世界における様々な存在者と領域も変異し、それらは全て自分に疎く親しみがないもの、すなわち自分に相反する対立面になる。自然は破壊される。天は天でなくなり、地も地でなくなり、天が崩れ、地が裂ける。社会は活気がなくなる上に、バラバラに崩れる。人と人は恨み、争い、殺し合う。国家には平和がなく、戦争のみがある。心は愚昧であり、自覚できない。したがって、人間の精神は空虚、苦痛、支離滅裂になる。

　世界における存在者のみならず、世界全体が変異する。自然、社会、人間の三者の関係は調和のとれた共生でなくなり、対抗、破壊し合うようになる。それ故、世界は秩序ある全体でなくなり、砕かれた破片あるいは支離滅裂な混沌になる。

　世界の本性も変異する。世界は人間と万物の生成であるため、生命を持つ。ただし、変異した世界の本性は無生命、ひいては反生命である。それには生命がないのみならず、生命の可能性を扼殺し、その誕生を妨げる。

　当然ながら、その一方、非生成と反生成という活動自体は生成活動になりうる。つまり、非人は人間、非世界は世界になれる。こうした転換は根本的対立に見えるが、実のところ、それは生成、すなわち世界での人間活動の中で発生するのである。なぜなら、人間が存在する限り、世界も存在し、世界での人間活動は生成し続けるからである。非生成と反生成は生成活動から派生した様式にすぎない。生成はそれ自身の活動の中で非生成と反生成を克服し、それら

を生成活動の大道に回帰させる。これは、人間が、帰る場所がない運命の中で郷愁を抱いて故郷を再建し、再びそこに住むようになることを意味する。

第二章

欲望

第二章
欲望

一、欲望とは何か

　世界における人間の存在は人間による生成でもあり、世界による生成でもある。では、人間と世界の存在は一体如何に生み出されたのだろうか。それは本源的には世界における人間の欲望の衝動とその実現として現れている。例えば、生の存在は生の欲望の衝動とその実現、死の存在は死の欲望の衝動とその実現、愛の存在は愛の欲望の衝動とその実現である。したがって、人間の存在は欲望の存在であり、欲望は人間の存在の欲望である。

　欲望は人間の生命活動の過程全体を貫いている。人間は欲望から来て、欲望を経験し、欲望に回帰する。人間は性欲のため配偶者と結合し、子女を産み、父母となる。そして、子女たちもそれぞれ自分の配偶者と子女を産み、それで子孫が生まれ続け、代々続いていく。全ての人間の性欲の産物であり、また性欲により子供を産むと言えよう。のみならず、全ての人間は食欲により生存していく。飢えと渇きのために飲食し、それにより生命を保存し、発展させる。人間は飲食できれば生命を保て、飲食できなければ生命を保てない。食欲が満たされれば、また新たな飢えと渇きが湧いてくる。斯くして循環し続ける。

　簡単に言えば、人間は生きている限り、欲望を持ち、死んでしまえば欲望がなくなる。

1．欲望自体

　欲望とは何か。日常語でも哲学用語でもよく登場する言葉である。欲望には多様な定義があるが、通常、その基本的意味は人が本能により何かの目的を達成しようと思う心だと考える。狭義の意味では、欲望は本能により何かを欲しがる心であり、広義の意味では、それは本能もしくは非本能により何かを欲しがる心である。狭義の欲望は本能的であるが、広義の欲望は本能的な物も非本能的な物も含んでいる。欲望の定義をより明確化するために、狭義の欲望とそれに関連する幾つかの言葉を検討する必要がある。

　欲望は常に人間の意欲と同一視される。意欲とは、人がある物事をしようとする気持ちである。それは人間の心の活動であり、明らかに物事を積極的にしようとする意志を持つ。また、それは人間が計画的にある行為をすることのみならず、喜び、楽しんでそれをするのである。欲望と同じく、意欲も人間がある目的を達成しようと思う心である。ただし、欲望は本能的である一方、意欲には本能的な物も非本能的な物も含まれている。そればかりか、欲望は気持ちの域に留まらずに現実へ向かう一方、意欲はまだ実現していない気持ち段階に留まりながらも、ある目標達成に向けて進もうとする志である。

　欲望は意欲のみならず、意志とも関連している。意志とは、人がある物事をするのを決めたことである。当然ながら、意志も人間の心の活動であり、意識的な行動である。それは意欲のみならず、決断の一種でもあり、すなわちある目的を実現するのを決めることである。決断は二つのことに基づく。一つは内なる道徳律であり、もう一つは外なる倫理規範である。したがって、意志は人が何かの物事をするのを決めたことのみならず、それを決めなければならな

いものでもある。欲望、意欲と同じく、意志も人間がある目的を達成しようと思う心である。ただし、欲望は本能的である一方、意志は非本能的である。道徳律と倫理規範により、意志はある欲望を実現させるかもしれないし、逆にそれを制御し、ひいてはそれを否定し、抹消するかもしれない。

　欲望は常に人間の要求と密接に関係していると捉えられる。要求とは、人間は、何かしら物事を必要とするということである。人間は、ある物が欠けると、それを欲しがる。欲望と要求には確かに一つの共通点がある。それは欠乏である。ただし、欲望は人間の身体の本能から生み出された物である一方、要求は身体からも身体以外のものからも生み出される。

　目的達成の点で言えば、欲望と意欲、意志、必要、要求とは同一性を具えている。ただし、欲望はまず身体的な物であるが、意欲、意志、必要、要求は一般的に言えば身体的ではない。よって、欲望は意欲、意志、必要、要求から区別される。しかし、人間の生活世界において、欲望は意欲、意志、必要、要求の土台である。意志であっても、本質的に言えば、ある種の欲望を肯定もしくは否定するものである。また、人間は身体的な欲望に基づき、非身体的な欲望、例えば物質的、社会的、精神的な欲望をも発展させる。したがって、欲望はそれ自身を豊富にし、拡大し続ける。上記の分析によれば、我々が言う欲望は実際には小さな欲望ではなく、大きな欲望である。それには本能的な欲望も非本能的な欲望も含まれている。ただし、一般的な言語活動において、狭義と広義の欲望は常に混在している。

2．欲望の本性

　以上、欲望の語義に対して分析を加えた。たが、それに関する種々の誤解と偏見は除去しなければならない。こうした誤解と偏見は日常観念のみならず、哲学思想にもある。中国と西洋思想史上、欲望の本性に対する論議が常にあるが、主に欲望を肯定的ではなく、否定的に捉えるものが多い。

　第一に、欲望は肉体的性質のみで構成されている。欲望ときたら、人間は通常直接に肉体的な需要を連想する。人間の基本的な欲望、例えば食欲、性欲などはいずれも肉体的な欲望であり、肉体の機能と活動である。ただし、人間は肉体に対して常に誤った認識と消極的な見方を持つ。心身二元論の枠において、身体は心を持たない肉体であり、心は肉体を持たない心である。この理論は肉体と心を分割するのみならず、両者を完全に対立させる。心は純潔であるが、肉体は不潔である。肉体から来た欲望も邪悪で恥ずかしいものである。こうした理由によってこそ、人間は欲望を制御し、ひいてはそれをなくそうとする。

　第二に、欲望は消費的性質のみで構成されている。欲望の根源は欠乏にあり、欲望を満たすには欲しがっているものが必要である。それ故、欲望を満たす過程においてはその対象を獲得し、奪い取り、そうして消費するのである。例えば、食欲は食品を消費することであり、性欲は他人の身体を占有することと自分の生命エネルギーを発散させることである。欲望を実現するには物が消費されるのみならず、人間をも消費する。欲しがる物が消費されると同時に、欲望の主体である人間自体も消費される。消費の意味での欲望は占有と利用にすぎず、個人に負担をかけるのみならず、社会に危機をもたらす。負担を軽減し、危機を回避するために、人間はできる限

り欲望の衝動を制御しようとする。

　第三に、欲望は私的性質のみある。欲望とは常に公的需要に相対する個人一人一人のものである。欲望は私的なものであるため、自己中心的である。それは常に秘密的であり、その主体である人のみがそれを意識でき、他人に知られてはならない。プライバシーである欲望が他人に知られれば、人は恥ずかしく感じる。また、個人の欲望は自己中心的であるため、排他性を持つ。己の欲望は他者の欲望とは違い、その逆も然りである。ただし、複数の人が同じ物を欲しがる場合がある。人々が同じ物、例えばある異性や財産などを欲しがり、それを奪い合うことにより、矛盾と衝突が引き起こされる。したがって、公共生活において、私的な欲望は肯定されず、受け入れられない。

　第四に、欲望は欲張りにすぎない。人間は一つのみならず、数多くの欲望を持つ。そして、一つの欲望を満たした後でも、もう一度それを満たし、何度でもそれを満たし続けていかなければならない。それ故、欲望は有限ではなく、無限なのである。それを調節しなければ、適度なものではなく、貪欲になってしまう。貪欲は常に罪悪の根源となり、それにより人が他物と他人を侵す。

　上記のような欲望に関する種々の誤解と偏見は、人間が欲望の真の本性を正確に認識することを妨げる。そのため、我々はそれを捨て、欲望自身に基づいてその本性を明らかにすべきである。実際、欲望には身体的、消費的、私的、欲張りな性質のみならず、精神的、創造的、公的、適度な、などといったような性質も持ち合わせている。

二、欲望の仕組みと生成

1．欲望の仕組み

　欲望は人間のある種の属性または状態のみならず、基本的な存在活動でもある。それは人間があるものを欲しがり、欲望のまま求める活動である。欲望には二つの基本的な要素があり、それぞれ欲望者と欲望の対象である。両者とも欲望の活動の中でそれ自身を形成する。では、欲望者と欲望の対象、欲望活動を順番に分析してみよう。

　欲望者は誰か。それは欲望を持つ存在者である。ここで言う欲望者は無論何かの物、例えば鉱物、植物、動物などの類いを指すのではなく、ある特別な存在者、すなわち人間のことを指す。

　人間のみならず、動物も欲望を持つ。ただし、人間と動物の欲望には根本的な違いがあり、両者を区分する必要がある。動物は欲望を持つのみならず、それ自体がその欲望である。つまり、それはその欲望以外には何も持たない。欲望を意識することさえできず、欲望との同一性を保つにすぎない。動物の活動は欲望の活動である。例えば食べ、交配するなどである。生まれてから死ぬまでは主に食欲と性欲を満たす本能活動をする。

　動物とは違い、人間と欲望はより複雑な関係にある。一方では、人間は欲望である。すなわち、人間と欲望は同一である。他方で、人間には欲望がある。すなわち、人間と欲望は分離することができる。

　人間は欲望である。これは何を意味するのか。人間の存在活動は彼の欲望の活動に等しく、その逆もまた然りである。何故なのか。

生活世界において、人間は特別な存在者である。他の存在者とは異なり、人間は意識を持つ生命体である。その生命は生長と生成の過程である。人間は石のように、永遠に自分との同一性を保つのではなく、自分の生命を保存し発展させるのである。自分をも世界をも生成する。この生成の過程は、無から有、旧から新、有限から無限への過程である。人間は常にまだなっていない存在になっていく。したがって、人間の存在はそれ自身を否定し続ける過程である。こうした否定により、既になり得た存在から、まだなっていない存在に変えていく。そうでないものをそうであるように、他物と他人の存在を自分の存在に変化させてしまう。人間はその存在活動により自分の有限性を超越し、世界の無限性を目指す。世界全体、天下万物を欲しがる。総じて言えば、人間は一つ一つの無限の他者を欲望する自我である。一つの自我が己のために他者を占有する生成活動は欲望そのものである。

　したがって、欲望は人間存在の最も原初的な活動なのである。人間は生命がない存在者のように欲望を持たないのではなく、宋明理学における「人欲を去りて天理を存す」という主張のように、欲望を完全に制御し、除去することもできない。自分の欲望を言い表し、実現する。当然ながら、人間と動物の欲望には根本的な違いがある。動物はその欲望を意識できないが、人間はそれができる。人間がある物を欲望するとき、自分が欲望者であることを自覚する。

　人間存在の原初的な活動である欲望そのものは善とも悪とも言えない。それは一つの事実であり、ある形で存在し、必ずともそのように存在しなければならないものなのである。それは善でもなければ悪でもなく、善悪を超越したものである。それが他人に有利または有害な時のみ、善または悪になりうる。欲望の善悪の特性は完全に人間の生活世界の中で規定、区別されるのである。

　人間は欲望であり、その活動は欲望の活動であるが、彼本人が自

ら何かに対し欲望を抱いていると意識するとき、欲望との分離を始め、自分自身が欲望である状態から欲望を持つ状態へと転じる。欲望を持つということは、当人が簡単にその欲望と等しくなくなり、その活動も単なる欲望の活動でなくなる。欲望の活動をすると同時に、他の活動をもする。欲望を持つ可能性もあり、持たない可能性もある。それを制御できる可能性もあり、制御できない可能性もある。

　実のところ、人間は欲望する者と欲望を持つ者という二重身分を有する。欲望する者である時、欲望に規定され、欲望を持つ者である時、欲望を規定する。人間と欲望の関係は三つの段階を経る。まず、人間は欲望だという段階である。人は己の欲望と同一無差別性を保つ。ただし、同一の中で差異が既に生じるとき、すなわち人間が自分を意識し、他者に意識を向けられるようになる。次に、人は欲望である状態から欲望を持つ状態へと転じる。人間は欲望から自分を区別し、欲望の限界を定めようとし始める。欲望は人間活動に完全に等しくはなくなり、数多くの人間活動の中の一つのみとなる。最後に、また人は欲望である状態に回帰する。人間は存在活動をする全精力を欲望の追求に投じ、それを実現し、満足させる。欲望する者と欲望を持つ者という二重身分を転換する過程の中で、人間はその人格の規定性を豊富にし、発展させる。欲望である人のみならず、欲望を超越した人でもある。

　欲望者は人間であるが、欲望の対象は人間である可能性もあり、物である可能性もある。物自体で言えば、他の物と関わり合うが、主に任運無作であり、自ら生まれ、自ら消滅する。人間にねらいをつける欲望者ではなく、人間にねらいをつけられる欲望の対象でもない。欲望者の欲望に駆けられる時のみ、欲望者と関係づけ、欲望の対象となる。これにより、欲望の対象は、それ自身の存在の独立性を喪失し、人間の欲望として欲求され、満たされる。こうした過

程の中で、欲望の対象は自分のために存在する物から他の物、すなわち人間のために存在する物になる。他者として、欲望者自身の活動に参加する。

　なぜ一つの特定のものは欲望の対象となるのだろうか。それはある種の有用性を具えているためである。それ自身で言えば、そもそも人間と関係がなく、有用だとも無用だとも言えない。ただし、欲望者の欲望と関係する時、有用性または無用性という異なる特性を持つようになる。欲望者が利用でき、その存在と発展に有益な物は全て有用な物であり、そうでないのは無用なのである。物は欲望者にとっての有用性により欲望の対象になる。したがって、欲望の対象は手段、欲望する者は目的となる。欲望の対象は欲望者に奉仕し、欲望実現の過程の中でそれ自身を消耗し、最終的に完全に消耗しきって消えてしまう。

　欲望の対象には様々な種類がある。自然的な存在者、例えば鉱物、植物、動物などは人間の肉体のみならず、精神の欲求をも満たせる。社会的な存在者、例えば人間及びその被造物などは、異なる面においての欲望の対象になりうる。また、精神的な存在者は人間の霊魂の渇望を満足させる。

　欲望の対象は他者、すなわち他人、他物のように見えるが、実のところ最後にはやはり人間自身である。他人と他物は欲望者の欲望により作り出されたものであるゆえにこそ、欲望の対象になれる。そして、欲望活動の過程の中で、欲望者の有機的な一部になる。また、他人と他物が役に立ったゆえにこそ、欲望者の生命は保持できるのみならず、発展もできる。この意味では、欲望の対象は他者である自我と自我である他者にすぎない。他者である自我とは自我がそれ自身を他者に転化させることであり、自我である他者とは他者が自我に転化することである。それ故、欲望者は他者を欲望すると同時に、それ自身をも欲望する。

欲望活動は、欲望者が欲望の対象を占有することにより構成される。欲望活動は、欲望者と欲望の対象の外にあるのではなく、正にそれらがそれ自身を形成する過程である。この過程の中でこそ、欲望者は欲望者となり、欲望の対象は欲望の対象となる。一方では、欲望者は欲望の対象を占有する。他方では、欲望の対象は欲望者に占有される。欲望は占有、そして占有される過程である。

２．欲望の生成

　欲望者と欲望の対象に対する分析により、両者は内的には不可分な関係にあることが分った。欲望の対象が存在する故に、欲望者の占有がある。欲望者の占有がある故に、欲望の対象が存在する。この中で双方は独特な関係を成立するのである。一方では、人間は物に心を向け、物を欲望の対象に変えさせる。他方では、物も人間を刺激し、人間を欲望者に変えさせる。よって、物は人間のため欲望の対象に変わるのみならず、人間も物のため欲望者に変わる。欲望活動の過程は欲望者と欲望の対象が相互に作用し合うのである。一方では、欲望者から欲望の対象に向かい、他方では、欲望の対象から欲望者に回帰する。人間は欲望に襲われる時、それを満たさざるを得ない。欲望の対象に刺激される時、それを占有しようとする。欲望が実現されれば、人間はすっかり満足し、得意満面になる。実現されなければ、心身ともに苦しく、憂鬱な気分になったり憤ったりする。また、人間は自身の欲しいものがほかに占領されないよう、自分とそれを奪い合う敵を駆逐しなければならない。一つの欲望が満たされても、また新たな欲望を満たさねばならない。要するに、欲望には限りがなく、それは谷のように埋めようがない。欲望

は果てのない連鎖であり、永遠に回る車輪のようなのである。

　では、欲望者と欲望の対象が共に生成する過程の中で、一体何が発生したのであろうか。欲望は生命の創造になることにほかならない。

　欲望は欠乏に見えるが、実のところ生命の豊かさを表している。欲望を持たない人間の生命は何かを欠乏しているのではなく、豊富なのでもない。それに対して、強烈な欲望を持つ人間の生命は欠乏しながら豊富なのである。まさに、生き生きとした樹木にこそ豊富な栄養が必要なのと同じように、生命が豊富なため人は欠乏するのである。したがって、欠乏と豊富さは表裏一体であり、欲望は豊富な欠乏もしくは欠乏した豊富さだと言えよう。

　豊富な欠乏である欲望は消極的なものではなく、積極的である。あらゆる積極的な現象よりも積極的だとさえ言える。なぜなら、それはある種の原動力だからである。人間は欠乏するゆえにこそ生活を営み、欲しいものを消費することによって自分を豊富にさせる。それ故、欲望は消費のみならず、創造でもある。内的動力である欲望は人間の生命力の源泉であり、人間世界が生成し続けることを促す基本的な要素の一つでもある。人間自身の生産と物質の生産はこの創造性の明白な証明となる。欲望の生成過程の中で、欲望者は創造者となる。彼は欲望の対象を創造する。と同時に、欲望の対象も創造者となり、欲望者を創造する。実のところ、欲望者と欲望の対象は交替で創造者と被造物になるのである。

三、欲望の種類

　欲望は人間存在の欲望であるため、人間存在には数多くの種類の形態と様式があると同様に、欲望にも数多くの種類の形態と様式が

ある。人間存在は複雑かつ多様なため、欲望も複雑かつ多様なのである。人間には一つのみならず、数多くの欲望がある。欲望の形態により、それは本能的、物質的、社会的、精神的なものに分けられる。

1．本能的な欲望

1.1　身体の本能

　欲望には数多くの種類があるが、それはまずもって身体的である。なぜなら、人間は本質的には身体的な存在者であり、そして身体的な欲望を持つからである。身体を持つ限り、欲望を持つ。欲望は身体の基本的な規定であり、身体的な人間の存在の基本的な規定でもある。人間の身体は存在するのみならず、生長もする。したがって、身体も欲望も存在するのみならず、生長もする。身体は常に欲望し、そしてそれには常に欲望が必要である。

　人間の身体の欲望は実のところ人間の本能である。本能とは何か。それは後天的な学習、経験を経ずに、先天的に備えられた能力である。例えば食べること、寝ること、声を出すこと、歩くことなどが挙げられる。人間の身体の存在と変化の過程には生老病死が含まれ、その基本的な本能は生と死の本能である。両者は二つの基本的な本能にすぎないが、根本からあらゆる人間の身体の欲望を規定する。

　生の本能は人間が生存しようとする欲望である。人間は存在しようとし、すなわち、生きようとし、そして子孫を残そうとする。これにより、人間の二つの基本的な本能もしくは身体的な欲望が決

められる。それぞれ食欲と性欲である。食欲は生きるためにあり、性欲は子孫を残すためにある。中国の儒教の経典である『礼記』には「飲食男女は人の大欲存す」という言葉がある。これは、食欲と性欲はほかの欲望より優位性を持ち、ほかの欲望の土台だからである。それらが満たされた後でしか、人間はほかの欲望を持てない。それらが満たされなければ、人間の生命とほかの欲望は実現できないのである。

1.2　食欲

　食欲は人間の食品に対する欲望である。身体的な存在である人間の最も直接な欲望は死なずに生き、育ち、生長しようとすることである。ただし、人間はそれ自身のみでは生きてはいけず、自身以外の他者に頼らなければならない。他者と人間自身により、生存の必要十分条件が形成される。その中には、空間、空気、陽光など自然により人間が満たされるような条件もあれば、衣食住眠など人間がそれ自身を満たせるような条件もある。これらの条件が完全に満たされる時にのみ、人間は生きられる。その中のある条件が満たされなければ、人間の生命は死亡の危険に向かうこととなる。
　あらゆる生命存在の条件の中で、最も重要なのは無論食事である。通常、自然により満たせる条件には特別な配慮が要らない。なぜなら、それらは既に存在しているからである。そして、人間が自身を満たせるような条件の中で、飢えを満たすことに比べれば、衣服を纏うことや睡眠を取ることは、そこまで緊急に満たされなければならないものではない。人間の身体は夜に、または疲れて眠くなるとき、自ら睡眠状態に入ることができる。人間が異なる季節に着

る衣服もそれぞれ一定の時効性を持つ。しかしながら、食欲はこれらとは状況が異なり、身体の中で毎日定時的に発生する。長期的な飢餓により、人間は衰弱し、病気にかかり、ひいては死亡してしまう。その意味では、食欲を満たすための食事をする行為は人間の最も原初的かつ重要な欲望活動である。食欲が満たされなければ、人間は生命力を喪失し、飢餓のみ感知できる。人のあらゆる活動は食欲を満たすために力を尽くし、苦労するものとなり、ほかのことに完全に関心を払えないようになる。彼には様々なほかの生活問題もあるが、目の前にある食欲の問題のみ考慮できる。

　身体の食品に対する欲望は直接に飢えと渇きとして表現される。それは人間の自在な状態を打破し、不安や苛立ちにより様々な症状を引き起こす。例えば、口がカラカラに渇いたり、慌てて心が乱れたり、お腹が空いてグーグー鳴ったり、手足がだるくなり、脱力したりする。飢えと渇きにより、人間は食べよう、飲もうとする。飲食をする行為は一種の状態でもあれば、一種の意志でもある。それは食品を目的とする。ただし、この時、食品は身体の中ではなく、その外にある。それは人間の身体とは一定の距離がある可能性もあれば、その場にない可能性もある。また、物を食品に変えるには加工過程が必要であり、ある食品がある人の身体の中の食べ物に変わるにあたっても転化過程が必要である。食欲が満たされる過程は食べる過程そのものであり、唇、歯、胃腸の運動である。食べることにより、身体の外にある食物はその中にあるようになる。食べ終われば、食欲は満たされ、人間は食物を欲しがらなくなる。食物は人間の身体を満たし、それにエネルギーを注ぎ、生命を維持する。食物により、人間の気血の巡り、筋肉、骨が強くなる。

　身体は食物の栄養により成長するため、食物は人の身体を造り、変成させる。植物であれ、動物であれ、あらゆる人間の食物の生長は天地万物に頼る。それらは土壌から養分を吸収し、陽光や雨露を

浴び、万物の匂いと香りを身に着ける。それ故、全ての食物は孤立した存在ではなく、天地万物の集合体である。食物が人間の身体に入ることは、実際のところ天地万物が人間の身体に入ることでもある。ただし、地域により、天地万物は異なる。「気候風土によって育つ人はそれぞれ異なる」という諺がある。気候風土とはある地域で生まれ育った植物と動物である。それらによりその地域の人が育ち、その地域にある天地万物と類似するような特性を持つようになる。

　食物は通常、菜食と肉食に分けられる。菜食とは植物性食物であり、肉食とは動物性食品である。それに加え、人間は更に食物を細かく分類する。例えば、中国人が言う"葷腥"である。中国語の"葷食"は強烈な匂いと刺激性を持つ植物を指す。例えば葱や大蒜などである。そして、中国語の"腥食"は生臭いものを指す。例えば肉、魚、卵などである。中国古代思想によれば、菜食主義者と肉食主義者には大きな違いがある。前者は智慧と才能を持ち、後者は勇気と力を持つと見なされる。人間と食物は相関関係にあるのである。一方では、人は何を食べるかによってあり方が変わる。他方では、ある人の在り方はその人の食物を変える。勇気を持つ者は肉料理を食べ、智慧を持つ者は野菜料理を食べる。

　食物の歴史によれば、人間は野菜も肉も摂取してきたことが分かる。人間は収穫もすれば狩猟もし、栽培もすれば牧畜もする。ただし、人間は菜食主義者になるべきか、それとも肉食主義者になるべきかについては、歴史上にも現実の中にも激しい論争がある。菜食主義者は以下のような理由に基づいて菜食主義を主張する。まず、菜食主義により殺生は避けられる。人間は植物性食物のみ食べ、動物性食物を食べない。それにより、動物を殺し、それを人間の食品にすることは避けられる。こうした主張は生命の平等を強調し、人間の生命のみならず、動物の生命をも尊重する。次に、菜食主義により、地球環境は保護される。動物性食物を食べるために、人

間は大規模な牧畜をしなければならない。これにより大量な水と植物が消耗され、生態危機が引き起こされる。それに対して、植物性食物のみ食せば、牧畜する必要がない。それ故、生態危機を克服できる。それから、菜食主義は人間の身体に利益をもたらす。動物性食物は消化しにくく、食べると気血の巡りが不暢になる。一方、植物性食物は消化しやすく、食べると気血が滑らかに流れるようになる。そのようにして、人間の健康は保護され、病気にかかることも減少するようになる。最後に、菜食主義により智慧は高められる。動物性食物を食べることにより、人間の欲望は膨らみやすくなる。それに対し、植物性食物を食べることにより、人間は落ち着き、心が穏やかになるため、智慧が生じやすくなる。

1.3 性欲

　食欲と比較した場合、性欲は完全に異なる特性を具えている。それは個体存在のためではなく、種族を存続させるために存在する。個体である人間はいずれ死亡するため、有限な生命である。ただし、人種や民族の生命は存続していかなければならない。いずれ必ず死亡する人間は如何に子孫を残し、種族の存続を確保するのであろうか。その方法は一つのみである。それは生殖により子孫を繁栄させることである。しかし、人間は無性生殖、すなわち自分の身体のみによって生殖の使命を果たすことができない。異性助け合い、男女の性行為によってしか子孫を産めない。したがって、生殖は性欲の最も原初的な意義になる。

　性欲は性に対する欲求でもある。人間は幼児期から生まれつき漠然とした性意識と欲望しか持っていないが、性衝動が生じるのは性

の成熟期、すなわち第二次性徴の開始時期になる。性的成熟とは、身体発育の外在的な特徴が明らかになり、例えば男性の髭が生え、女性の胸が生長することなどのみならず、生殖器官と機能の発達、成熟、すなわち男性が精子、女性が卵子を排出できることでもある。精子と卵子は人間の身体が成熟した結果でもあれば、生命が形成される始まりでもある。したがって、生殖の欲望である性欲は既に存在している人間がまだこの世に来ていない人間を産む活動である。

　人の性欲の客体は自然的な物でも人工的な物でもなく、一人の人間である。それ故、性欲は人と物との関係ではなく、人と人との関係である。ただし、対象としての人は自分と同性の人ではなく、自分と性別が異なる人、すなわち男性とは異なる女性、または女性とは異なる男性である。性行為は通常異性間のものである。同性間の性行為、すなわち男性と男性との、女性と女性との性行為は少ない。異性愛と同じく、同性愛は古来より存在する。それは罪と恥だと見なされたが、現代では次第に理解、許容されるようになり、法律上でさえ認められるようになってきた。同性間の性行為が可能である原因は、その主体はそれ自身の性別を変えることにある。例えば男性が女性、女性が男性になる。こうした変化には生理学上の原因もあれば、生活や心理的原因もある。異性愛者と同性愛者のほか、両性愛者もいる。両性愛者は異性愛者であると同時に、同性愛者でもある。こうした多様な性の在り方があるが、主導的な地位を持つのはやはり異性愛である。

　人はそれ自身の外的及び内的な条件、例えば、年齢、外見、身分、人格、気質などにより、他人の性的対象になる。これらの条件は性的魅力を形成する。性的魅力により、人は他人を惹きつけ、あるいは他人に惹きつけられる。こうした惹きつけは一方的な要求ではなく、双方共通の願いである。一種の契約でもある婚姻は、男

女関係を保護するものである。人間は配偶者との性行為のみでき、配偶者以外の人との性行為ができない。それは、人間が配偶者のみを対象に性欲を生み出し、実現することが許容されることを意味する。

　性欲の欲望者も欲望の対象も共に人間である。したがって、両者とも二重の身分を持つ。つまり、一方では、欲望者は欲望の対象を欲望すると同時に欲望の対象にも欲望され、欲望者であると同時に欲望の対象でもある。他方では、欲望の対象は欲望者に欲望されると同時に欲望者をも欲望し、欲望の対象であると同時に欲望者でもある。これは、性欲における男女関係は主体と客体の関係でもなければ能動と受動の関係でもなく、互いに生成し合う不可分な伴侶関係にある。欲望者と欲望の対象は同一でもなければ、対立するのでもなく、互いに補い合う関係にある。男性は女性に、女性は男性に補われる。互いに相手の欠けた部分を埋め合わせる。また、欲望者と欲望の対象は互いに影響し合う。性欲は一方的な行為により実現できず、その実現には双方の協力が必要である。一方がいなければ、もう一方は性欲を実現できない。男性は女性に作用し、女性も逆に男性に作用する。あるいは、その逆も言える。こうして作用し合う過程の中で、男女は同一体となる。男性は女性の大切な伴侶となり、女性も男性の大切な伴侶となる。両者は差異を持ちながらも親密関係にある。差異は消えないが、親密関係により互いの一部になる。

　性欲は特別な欲望である。その欲望者と欲望の対象は人と物との関係にあるのではなく、人と人との関係にある。ただし、この人と人との関係は一般的ではなく、特別なのである。それは一人の身体ともう一人の身体との関係である。性的行為は身体の一般的な活動、例えば脳による心理活動や口による言語活動などとは違い、赤裸々な肉体活動である。それが人間の胴体、手足、感覚器官、特に

性的器官と生殖器官により行われる。肉体を中心とする性欲は狭義の性行為、すなわち性交に限らず、広義の性行為、すなわち抱擁、接吻、愛撫などをも含む。性行為を達成した時、性欲が満たされる。ただし、男女の身体は依然として存在し、その中には新たな性欲が潜む。

1.4　生と死の本能

　食欲と性欲は、人間の生の本能の主な内容を構成している。ただし、生の本能以外には、死の本能もある。生の本能は創造的な本能だとすれば、死の本能は破壊的な本能である。死亡は生命の根源的特性である。生命がなければ死亡もない。生命があれば必ず死亡がある。死亡により生命の限界が決められ、生命はやり直せない唯一なものになる。死の本能は実のところ、生の本能のもう一面である。

　死の本能は自傷と自殺を含む。自傷は人間が自分の生命を傷つけることであり、自殺はそれを終わらせることである。人間はなぜ自傷するかと言えば、彼の生命は打撃と挫折を受け、あるいは何かの間違いをして自分を罰しようとするからである。人間が自殺をするのは、彼の生命の存続は彼にとって単なる苦痛と恥であり、意味がなくなるからである。

　死の本能は自分のみならず、他人をも対象にする。他害は人間が他人の生命を傷つけることであり、殺人はそれを終わらせることである。他人を死亡させる行為には、殴り合いや謀殺などの個人行為も含まれるし、国家間戦争も含まれる。それらの行為が発生する原因は、主に人間が生の本能を実現しようとする時、他人との間に矛

盾と紛争が生じることにある。人間にとって、他人に対する最も原初的な判断は、相手は食品を分かち合ってくれる人かまたは奪う人か、性的対象なのかまたは競争者なのか、という問題をめぐる。自分の食物と性的対象を奪う敵が現れるとき、人間は生の本能により食品と性的対象を守ろうとし、死の本能により敵人を消滅させようとする。

　身体の基本的な本能である生と死の本能は身体的なもののように見えるが、実際、そこには数多くの非身体的な要素が含まれている。例えば、食品の生産、分配、交換、消費は社会的な問題である。また、性欲の実現による生殖は個人と家庭のみならず、社会と国家にも関わる。よって、身体的な欲望により、非身体的な欲望がたくさん生み出される。例えば、物質的、社会的、精神的な欲望などである。ただし、それらは身体と直接の関係を持たず、間接の関係のみ持つ。

２．物質的な欲望

2.1　身体内外のもの

　人間の物質的な欲望とはいわゆる物欲であり、物を占有しようとする心である。

　身体的な存在は肉体と霊魂を含む。肉体自体は物質的な存在であり、骨格、筋肉、毛髪により構成される。霊魂は非物質的であるが、物質である大脳の特殊な機能である。そのため、肉体的な欲望の本質は物質的な欲望であり、非物質的な欲望の土台である。た

だし、人間の身体の物質的な欲望は多数あり、それらは同一ではなく、差異を持つ。それらは単純に、身体内と身体外の欲望に分けられる。

身体内の物質的な欲望は直接に肉体自身の内的欲求を源として、欲望の対象物も直接に身体の中に入る。こうした欲求は上記に述べた食欲と性欲であり、それによる活動は直接に身体の中で行われる。食欲を満足させる食品は物質的なのである。それは口に入り、食道を通り、胃腸に到達する。性欲を満足させる性的対象も物質的なのである。それは特殊な物質、すなわち肉体である。性的器官により、男性と女性は性行為をする。食欲と性欲の対象物は欲望の主体である人間の身体に入り、その一部になり、直接かつ間接にそれ自身を変える。

身体外の物質的な欲望も肉体自身の内的欲求を源として、欲望の対象物は直接身体の中に入れない。食欲と性欲以外に、人間には他の欲望も数多くある。まず、人間は自分の身体を暑さと寒さから守ろうとする。それゆえ、衣服により身体を包み、寒さと暑さ対策をする欲求がある。そして、人間は風雨を遮り、野獣と敵人からの傷害を防止してくれるような安全な空間を欲しがる。それゆえ、茅葺き屋根の小屋であれ高級マンションであれ、人間は住む場所を欲望する。また、人間は一つの場所からもう一つの場所へ移動しようとする。それゆえ、道路と交通用具、機関が必要である。例えば、馬車、汽車、汽船、ジェット機などである。

こうした身体の外にある欲望は身体を源とする限り、身体から切り離せず、身体と無関係になるわけがない。それは終始身体を中心とし、その中心をめぐって広がり続ける。身体外の物質的な欲望は、実のところ身体自体の欲望の延長線にあり、その拡張と展開なのである。そのため、欲望の対象物は人間の身体に入る物でなくなり、身体の外にある物にすぎない。例えば、衣服、部屋、車などで

第二章　欲望　　113

ある。ただし、それらは一旦身体から切り離せば、意味がなくなる。それらの存在は身体に占有、利用されることによって価値を持つのである。

2.2　生活と生産資料

　物質的な欲望の欲望者は物質である人間であり、欲望の対象は物質である物である。物は欲望者と欲望の対象の根本的な規定になる。その本性で言えば、それは物質的であり、精神的ではない。物である欲望者、物である欲望の対象によってしか満たされない。ここで言う物は一般的な物ではなく、物資である。物資も物質であるが、人間と完全に関係がない物質ではなく、人間の欲望の実現に役立てる物質である。したがって、特別な物質である物資は、実のところ物質的な資源である。一方では、人間の身体はこうした物を欲しがり、他方では、こうした物は人間の欲望を満足させる。欲望活動においては、物資は自分の存在を目的とするのではなく、人間に奉仕することを目的とする、手段と道具にすぎない。欲望の対象としての物の存在は一般的な意味での存在ではなく、有され、占有されることである。それを有し、占有する者は正に欲望者としての人間である。

　欲望の対象である物には二種類がある。自然的な物と人工的な物である。前者は既に自然に存在する原材料であり、後者は人間が自然に加工と改造を加えることにより作り出した産品である。

　自然的な欲望の対象で言えば、それはそれ自身の存在を維持する可能性もあれば、人間に占有、消費される可能性もある。ただし、実際に欲望の対象になりうるのは人間の身体の欲望と不可分な関係

にある物質である。それは例えば、陽光、空気、水である。陽光は人間に明るさと暖かさをもたらす。空気により人間は呼吸でき、古いものを吐き出して新しいものを取り入れ、気血が新陳代謝する。水は人間の渇きを潤し、その身体をも清潔にする。陽光、空気、水は既に自然に存在するものであり、元々人間はそれらを得るには努力も苦労もする必要もないが、現在では問題となる。スモッグや高層ビルにより、人間は陽光を浴びられなくなり、大気汚染により、人間は新鮮な空気を吸えなくなる。産業と農業廃棄物により水質汚染が起き、人間は汚染された水を飲めず、その中で泳ぐこともできない。これらの自然的な欲望の対象は人間に破壊され、実のところ既に欲望の対象でなくなる。したがって、人間はそれらに既に行った破壊の影響を取り除き、それら自身の本性を取り戻させるために努力しなければならない。そのようにして、それらは再び欲望の対象になる。

　自然的な欲望の対象で言えば、それには自然を加工することにより作り出した産品をも、人工のみにより作り出した非自然的な産品をも含まれる。人間の物質的な欲望には数多くの種類があるが、その対象は主に生活・生産資料である。

　生活資料とは人間の一般的な生活の欲望を満足させるものである。人間の生活は大まかに、生存、発展、享受の三つの面に分けられる。これに対応して、生活資料も生存資料、発展資料、享受資料に分けられる。

　生存資料は人間の基本的な生存上の欲求、例えば衣食住などの面の需要を満たす用品である。身体的な存在である人間は、最も直接的な欲望は生きようとすることであり、すなわち生命を維持するために基本的な物質資料を欲しがることである。飢えを満たす食品以外に、人間には何種類かのほかの物質資料も必要である。人間は身体を包み、住む、移動することをしたがる。こうした基本的な欲望

に基づき、衣服、部屋、交通用具が必要である。そして、人間は内的または外的要因により病気にかかり、健康が破壊され、死亡の危険さえに臨む。よって、病気を治し、健康を回復させるために薬が必要である。また、自分を野獣や敵の攻撃から守るために、武器などのような護身、攻撃に使える用具が必要である。

　人間は動物と同じく生きようとするのみならず、それに基づいて自分を発展させようとする。いわゆる発展とは、人間はそれ自身の存在をより大きく、高く、遠く、よくすることである。具体的に言えば、人間の発展は主にその心身を改変することである。身体をより強くし、心をより豊富にする。人間は自分を発展させるためには、その身体能力と心を高める発展資料が要る。こうした発展は、異なる形態の教育により実現される。教育とは、豊かな人間性を養うことであり、人間をより良い人間にすることである。体育、知育、徳育、美育などはいずれも人間の発展をめぐる基本的な活動である。

　発展の行程で、人間は享受し始める。人間は生の欲望を満たさなければならない、発展をしなければならない状況にあるのではなくなる。自分の生活を享受しようとする。こうした欲望は人間の基本的な欲望の上にある欲望であり、欲求の上にある生活を楽しもうとする心である。欲望の対象を楽しもうとする心でもあれば、欲望自体を楽しもうとする心でもある。楽しむ過程の中で、区別、判断、新たな欲望の生成などが行われる。人間が欲しがるのは、よいもののみでなくなり、よりよいものさえでもなくなり、最もよいものである。それは円満したものであり、その本性にある最大の可能性に達した存在である。一方では、それはそれ自身の最も完璧な特性を表す。他方では、それは人間の最も完璧な欲望を満たす。日常生活の領域では、贅沢品は人の生存の必要範囲を超えた非必需品である。非日常生活の領域では、芸術品は非功利性と超功利性を具え

る。人間の基本的な欲望にとって、それらは余分かつ無用なものである。ただし、人間の心身の享受に関する可能な最大の欲望を満足させることができるのである。

　人間には生活資料のみならず、生産資料も必要である。欲望の客体である生活資料は、人間の消費欲を満たす産品である。ただし、産品は既に自然にあるものではなく、人工的に生産されたものである。したがって、まず生産資料があり、そして生活資料がある。生産資料は生活資料を生産した。生活資料に比較するなら、生産資料はより一層重要である。「魚を与えるのではなく、釣り方を教えよ」という格言がある。食品である魚はある種の生活資料である、魚を釣る道具と方法である釣り方はある種の生産資料とその運用を含む。当然ながら、一定の条件の下で釣った魚はいつか必ず食べきるが、釣り方を司れば魚を獲得し続ける。この意味では、生活資料の有限性に対して、生産資料は無限性を持っている。

　生産資料とは、労働者が生産する過程の中で使う資源と道具である。農業の生産資料であれば、土地、耕牛、種子、肥料、農薬などであり、工業の生産資料であれば、工場、設備機器、原料である。生活資料に関する欲望が身体の直接的な需要に起源するとすれば、生産資料に関する欲望はそれから遠く離れる。それは物と人との関係ではなく、物と物との関係である。例えば、道具と原料との関係である。そうは言うものの、生産資料に関する欲望は直接的に生活資料に関する欲望から派生したものである。もしも生産資料が生活資料を生産しなければ、人間はそれに関する欲望を持たなくなる。それは直接または間接に生活資料を生産でき、人間の生活の欲望を満たせるゆえにこそ、人間に欲望される。欲望の対象である生産資料は直接に人間に消費されないが、人間に占有され、人間の財産になる。占有者は個人である可能性もあれば、国家である可能性もある。これにより、異なる所有制が形成される。例えば、私有制と公

有制などである。生産資料に対する欲望活動の過程の中で、欲望者と欲望の対象との関係は占有するものと占有されるものとの関係である。

2.3　特別な物である人間

　生活と生産資料である物以外に、もう一つ特別な物、すなわち人間、または人間である物が存在する。人間は本来ならば人であり、石や植物などのような一般的な物でもなければ一般的な動物でもない。ただし、欲望活動において、欲望の対象である人間が欲望される時、彼は単一化かつ極端化され、物となり、話せる動物もしくは器機となる。欲望者と欲望の対象である人間はそれぞれ主人と奴隷になる。主人は自主独立した人であるが、奴隷は主人に従属、服従した人である。主人は奴隷に命令し、奴隷は主人に奉仕する。主人と奴隷との関係には二種類の可能な形態がある。一つ目は、奴隷が直接に主人の欲望を満足させる。奴隷は体力と知力により、主人に異なる形態のサービスを提供する。その中で最も主要なのは身体的なものであり、例えば性的サービス、按摩、付き添い、介護、伺候などである。二つ目は、奴隷が間接に主人の欲望を満足させる。奴隷は直接に主人に接さずに、主人に占有される物と接する。生活資料と生産資料の生産に関する仕事をすることにより、主人の欲しがる物を提供する。
　歴史上、欲望者と欲望の対象の主奴関係の形成は主に暴力、権力、奴隷売買による。欲望者である人間は主人になろうとするが、欲望の対象である人間は奴隷になろうとしない。つまり、欲望の対象は欲望の対象になろうとしない。奴隷である人間は苦しくて主人

に反抗し、自主独立するように一生懸命努力しようとする。

　しかし、現代社会では、欲望者と欲望の対象である二人の人間は主奴関係にあるのではなく、一人の自由人ともう一人の自由人との関係にある。彼らの関係は自由人の間の約束により確立される。契約により、一方は欲望者になり、もう一方は欲望の対象になる。一定の時間、場所、条件の下のような約束した範囲内で、欲望の対象である人間は特別な物、すなわち人的資源として、欲望者に体力と知力によるサービスを提供する。欲望の対象である人間は完全に物となるのではなく、ある側面のみで物となる。彼は欲望者である人間を恐れ、憎むことなく、それどころかサービスする過程の中で、快楽を感じる可能性さえある。

2.4　金銭

　人間の物質的な欲望の中で、欲望の対象には一般的な生活と生産資料、人間自身以外に、貨幣（金銭）も含まれる。貨幣も物ではあるが、ある種特別な物である。それは一定の価値を持つ財産である可能性がある。例えば、金や銀などの貴金属である。また、財産としての記号である可能性もある。例えば紙幣と電子貨幣のような、それ自体は価値を持たないが、一元または百元などを代表できるものである。貨幣は特別な物であるのみならず、特殊な商品でもある。それは財産の価値を保蔵し、通貨単位と交換の媒介となる。物質とサービスとの交換が行われる時、同価値の物を代表する。金銭は富の代名詞、金銭欲は物欲あるいは財欲の最も典型的な形態だと言えよう。

　現在のような市場経済時代において、金銭に対する欲望は人間の

最大及び最も強烈な欲望である。なぜなら、市場で金銭は万能であり、欲望の主体が客体を占有しようとする時、全ての障害を排除できる通行許可だからである。ただし、金銭に対する欲望は人間の最も原初的な欲望ではない。人間に必要なのはまず生活資料であり、そして生産資料である。金銭自体は生活資料でも生産資料でもなく、直接に人間の身体的な欲望を満たすことができない。ただし、金銭の不思議さはそれは全ての生活資料と生産資料を買うことができ、それにより人間の全ての欲望を満たせることにある。

　人間は金銭を欲しがる。遺産と贈り物を獲得することを除けば、人間は自分でお金を稼がなければならない。ただし、人間は直接に金銭を獲得できず、富を作り出すことにより間接にそれを獲得する。人間は生活の需要を満たすために富を占有しようとするのではなく、金銭と交換するためにそれをする。また、人間は直接に他人に体力もしくは知力によるサービスを提供し、富を生産することにより、他人から報酬を貰い、金銭を獲得することができる。人間は金銭を手に入れたのち、必要な物を買うこともできれば、余った分を増価の手段にすることもできる。こうしたお金を産出できるお金は資本である。それにより、人間はより多くの金銭と欲しいものを獲得できる。

　欲望の対象である金銭は直接に人間の欲望に奉仕するのではなく、媒介として人間の欲しいものを購入する。この媒介がなければ、人間は欲しいものを買えない。この意味では、金銭がなければ、欲望の実現ができない。したがって、金銭により、欲望の対象でないものは全て対象に転化できる。この意味でこそ、金銭は万能である。それは、金銭が人間の全ての欲望を満たせることのみならず、金銭により実現できない欲望が全て実現できる欲望に転化できることをも意味する。金銭は、虚偽を真実、悪を善、醜を美に転化させることができる。それと同時に、真実を虚偽、善を悪、美を醜

に転化させることもできる。

　人間の物質的な欲望には様々な形態があるが、その核心となるのは物質的な欲望者である人間は、物質的な物を欲望の対象とする。人間の物に対する占有と消費により、自然の物は人間の物、他人の物は我が物となる。これにより、人間の欲望は満たされる。この過程において、物質的存在は人間的存在に転化する一方、人間的存在は物質的存在に転化する。こうした転化のため、人間と物は等価なのである。物の価値の上昇は人間の価値の上昇であり、物の価値の下落は人間の価値の下落なのである。それ故、物の価値は人間の価値の証となる。

3．社会的な欲望

　物質的な欲望に基づき、社会的な欲望が生み出される。もしも物質的な欲望を物欲だと略称すれば、社会的な欲望は人欲だと略称できる。こうした欲望の中で、欲望者である社会的な人間が強調され、欲望の対象は社会的な人間に限定される。それは一人の社会的な人間がもう一人の社会的な人間に対する欲望であり、人間間の社会的な交流において実現される。

　人間の社会的な欲望には、まず尊敬がある。それは人間が自分と他人の存在に対する二重承認である。次に、権力がある。それは人間が他人をコントロールしようとする心、または他人がコントロールされることを望む心である。最後に、愛がある。それは与えること並びに与えられることである。

3.1 尊重

　人間は世界の中に存在するため、尊厳欲求を持つ。人間は個体的な存在のみならず、社会的な存在でもある。社会との全ての関係を断ち、孤独で生活できない。社会における全ての人間は独特な人格を持つ。人格とは人間の存在の規定性であり、それにより人間は自分自身となり、他人から区別される。人間は人間として存在するが、人格を具える可能性もあれば、それを喪失する可能性もある。そして、二重人格または多面人格を持つ可能性もあり、分裂かつ矛盾した人格を持つ可能性さえもある。これにより、人格自体は否定される。にもかかわらず、一人の人格は彼の社会の中での身分証明証であり、基本的な役割と位置を示す。それは唯一で掛け替えのないものであり、他人の人格と重なる可能性がない。これにより人格の尊厳の基礎が築き上げられる。人間は自分の人格が承認、肯定されるように望む。他人に尊重されようとし、軽視あるいは侮辱されようとしない。

　人間の尊厳に対する欲望は彼は自分自身の尊厳を追求することのように見えるが、実のところ他人からの尊重を欲しがるのである。したがって、欲望の対象は尊厳自身のみならず、他人からの尊重でもある。他人からの尊重とは、独特な存在者として他人に承認されるのである。他人の尊重の中でしか、人間の尊厳は実現できない。一方で、人間は自尊心、すなわち自分を尊敬する心を持たねばならず、自分の人格を守らねばならない。他方では、他人、すなわち欲望の対象をも尊重し、他人の人格を守らねばならない。欲望者と同じく、欲望の対象も自分を尊重し、それに基づいて欲望者をも尊重すべきである。欲望者と欲望の対象は同時に尊厳を持つという前提の下でのみ、欲望者は欲望の対象に確実に尊重される。他人に尊重

される時にこそ、人間の尊厳に対する欲望は本当に実現される。

3.2　権力

　尊厳とは違い、権力に対する欲望はある種の制御と命令である。その最も典型的な形態は政治領域にある。政治とは一人一人の存在者の存在者全体の中での位置、すなわち権力の境界が確定されることである。これは必ず矛盾と争いを引き起こす。合法的な活動による権力を獲得する人もいれば、非合法な活動による権力を獲得する人もいる。また、特定の政治領域のみならず、一般的な社会生活の中においても権力が存在する。人間がいる場所である限り、そこには必ず権力が誕生する。例えば、家庭と社会の中である。この意味では、権力は特別な政治的な欲望ではなく、人間が普遍的に持つ欲望である。
　権力により、社会生活の中で、人間は区分、序列化され、上下関係が形成される。権力を持つ者は支配者、持たない者は被支配者である。中国伝統社会には権力関係が三種類ある。皇権、父権、男権である。皇権は皇帝が臣民を支配する権力であり、父権は父が子女を支配する権力であり、男権は男性が女性を支配する権力である。現在では、これらの伝統社会における特権は全て廃止された。現代社会において、人々の契約を締結し、ゲームのルールを決め、それにより権力を獲得する。凡そ合理的な権力は正義に基づくものであり、非合理的な権力は不正義によるものである。
　権力に関する欲望活動の中で、人間は欲望者であり、権力は欲望の対象である。ただし、権力は主に人間が他人をコントロール、命令することであるため、欲望の対象は実のところ権力に支配される

人間である。こうした解釈により、権力の本性は欲望者が欲望の対象をコントロール、命令することにある。

　欲望者である人間は、特別な力を持ち、すなわち他人に影響を与える能力を具える。ただし、権力は主に言語または言葉が持つ力の形で現れる。権力の現れとしての言葉はある認識を述べるようなものではなく、ある種の特別な言語である。それは命令と強制であり、ある体制もしくは機構を通して現実における人間と物を支配できる。したがって、権力は命令を下す発言権である。欲望者である人間は本質的に言えば命令を下す発言権を持つようになろうとするのである。欲望の対象である人間は権力を持たず、発言権が剥奪され、他人の命令に従わなければならない。そして、彼は受け取った命令を現実に実行させ、物事を変えさせなければならない。権力に関する欲望は欲望の対象の中に実現されなければ、それは真の権力ではなく、空虚なものである。権力現象において、二つの命令の様式がある。一つは、言語は現実を規定する様式である。もう一つは、人間は他人をコントロールする様式である。

3.3　愛

　尊重と権力とは違い、愛は与えることである。人間は生まれつき社会的な欲望を持ち、肉親の情、友情、愛情を欲する。これらは広義の愛欲に含まれる。心に留まる内的感情のみならず、現実的な交際関係と活動である。愛欲は一方的なものではなく、相互的なのである。欲望者である人間は欲望の対象を愛し、欲望の対象の愛を欲しがる。それと同時に、欲望の対象も欲望者を愛し、欲望者の愛を欲しがる。一方的ではなく、相互的な愛の中でのみ、人間の愛欲は

誠かつ完全に実現できる。

　愛欲の一つ目の形態は、肉親の情である。肉親の情とは肉親間の情愛である。肉親は主に血縁関係にある人を指す。例えば親子、兄弟などである。血縁関係である肉親の情はある種の自然的な関係、すなわち当たり前の関係である。人間はそもそも最初に家庭内で生活し、肉親の情の中に存在する。家族同士は共に生活あるいは存在し、互いに守り合う。人間は欲望者として肉親の情を求め、肉親を愛し、肉親に愛される。一方、彼の肉親も欲望の対象として愛され、彼を愛する。

　二つ目の形態は友情である。友情とは友人間の情感である。友人は友情を持ち、志を共にする仲間を指す。彼らの関係は血縁関係ではなく、社会活動に基づくのである。生活世界の中で、人々は共通の存在関係により集まる。したがって、友情は友人の友情ではなく、友人は友情の友人である。つまり、友人が友情を規定するのではなく、友情が友人を規定する。人間は欲望者として友情を欲しがり、友人を愛し、彼らに愛される。一方、彼の友人は欲望の対象として愛され、彼を愛する。

　三つ目の形態は愛情である。愛情とは恋人または夫婦間の情愛である。恋人は互いに愛し合う人、すなわち心身を捧げ合う人である。愛情は肉親の情とは違い、血縁関係ではなく、友情とも違い、非身体的な関係でもない。愛情は男女が身体と心の面において、互いに相手に与え、与えられることである。したがって、愛情は愛し合う二人の愛情ではなく、愛し合う二人は愛情による二人である。つまり、愛し合う二人が愛情を規定するのではなく、愛情が二人を規定する。人間は欲望者として愛情を欲しがり、恋人または配偶者を愛し、彼に愛される。一方、彼の恋人または配偶者は欲望の対象として愛され、彼を愛する。

　社会的な欲望に含まれる尊重、権力、愛は全て人間関係に基づく

ものである。自我は欲望の主体、他人は客体である。こうした人が人に対する欲望は人が物に対する欲望と異なるが、それと切り離すこともできない。実際には、人が人に対する欲望は人が物に対する欲望を通じてしか実現できない。例えば、尊重は単なる賛美ではなく、生活と生産資料の占有権への承認でもある。権力は単なる命令ではなく、人権、物権、財産権、すなわち人間、物、財産に対する支配権に具体化される。愛は単なる非現実的かつ空虚な感情ではなく、現実性を持つ生命体の共存でもある。人間はそれ自体のみならず、物をも他人に与える。

　人が人に対する欲望の中で、欲望者と欲望の対象は単なる主体と客体、能動と受動の関係ではなく、伴侶のように互いに作用し合う関係にある。ただし、尊重、権力、愛という三種類の欲望は異なる関係により現れる。尊重は自分と他人の人格を承認することであり、平等な関係である。権力は他人をコントロール、命令することであり、等級の差がある上下関係である。愛は人が他人を愛することであるため、不公平な関係である。だが、それと同時に他人に愛されることでもあるため、平等な関係でもある。人が人に対する欲望において、人間はそれ自身の本性を示した一方、その生活を豊富にし、多様化にする。

4．精神的な欲望

　本能的、物質的、社会的な欲望に基づき、人間は精神的な欲望を生み出した。当然ながら、この欲望は本能的、物質的、社会的な欲望とは関わるが、本質的にはそれらと分離し、人間の心が心に対する欲求である。心の欲と略称される。

4.1 日常的な精神

　日常生活において、精神的な欲望は主に名誉を追求することとして表現される。名誉は人間の姓名と名声に関わる。人間には姓名がある。それにより、彼が属する宗族とその個体性が示される。人間は姓名を持たない状態から姓名を持つ状態へ変化し、それにより彼は単なる身体的な存在でなくなり、言語的な存在でもある。姓名は中身のないものではなく、人間の全ての活動の中で彼を代表できるものである。それだけではなく、それは人間の現実的な存在を超越さえできる。つまり、現実的な人間は既に存在しなくても、彼の名前は存続できる。人間の身体が死亡した後、彼の名前は依然として存在し、すなわち時間と空間の制限を超越し、良きまたは悪き名声を長く後世に伝え残す。人間の活動の凝縮と代表である姓名は社会で他人に評価される。讃賞、もしくは讃賞されない。これにより、人間の声望と名声、すなわち名誉が形成される。名誉とは人間の世界における言語的な存在様式である。それは単なる姓名ではなく、その姓名が持つ名声である。名誉は、個人の姓名という基盤に基づき、その全ての存在活動を内包する言語的な集まりである。

　欲望者である人間は名誉を追求する。名誉に関する欲望は身体的、物質的、社会的な欲望と異なる。これらの欲望は身欲、物欲、人欲であり、実在したものを対象とし、直接に物質に関わる。これに対し、名誉に関する欲望は実体のないものを対象とし、直接的に物質には関わらない。人間は名誉を追求するのは無名から有名になろうとする為である。これは、姓名を持たない状態から姓名を持つ状態へではなく、姓名を持つ上で名声を持たない状態から名声を持つ状態になろうとするのである。人間は如何に有名になるか。単なる存在ではなく、行為、すなわち何かをすることによるのである。

人間は事件によって有名になる。この事件が有名になる時にのみ、人間は有名になれる。事件の名声が大きいほど、人間の名声も大きい。無論、名声には良きものもあれば、悪きものもある。美名もあれば、悪名もある。有名になるために手段を選ばず、悪名の高い有名人にさえなろうとする人もいるが、より多くの人は有名人のみならず、美名を持つ有名人になろうとする。また、より大きい、高い、よい名声を追求し続ける人もいる。ただし、名誉のために名誉を追求する行為は虚栄の追求へと転落してしまう。

　欲望の対象である名誉は人間にとって一体何を意味するか。名誉は個体である人間が世界に存在する言語的な様式であるため、それは無論直接に彼の言語的な反応を引き起こす。彼は自分の名声を知った上で言説し、自分の栄誉と恥について話す。ある種の言語的な様式である名誉自体は評価のみならず、行為に対する要求でもある。すなわち、それは人を褒め、あるいは貶すことであり、人が斯くして存在し、あるいは存在しないように要求する。よき名声は人間の存在に対する肯定であり、悪しき名声はそれに対する否定である。これにより、言語的な様式である名誉は直接に人間の言語的な存在のみならず、間接にその現実的な存在にも影響を与える。名誉自体は無論実在したものではないが、それは人々をそれを持つ人に注目させ、彼はそれより名誉以外のもの、すなわち身体的、物質的、社会的なものを獲得できる。この意味では、名誉は単なる名声ではなく、現実的な存在であり、利益に関わるものである。

4.2　超日常的な精神

　日常生活の精神的な欲望以外に、人間は非日常の精神的な欲望を

も持つ。それは主に真善美を追求することとして表現される。

　欲望者である人間は真を追求する。人間は生まれつき知識欲を持つ。本来ならこの世界に来た人間は無知であり、天地万物と共に存在し、それらを見たが、それらが何かを知らなかった。人間は天地万物の存在、すなわちそれらが斯くして存在することに驚く。また好奇心がそそられ、それらが如何に、そしてなぜ存在するかを問い詰める。これにより、人間は強烈な知識欲を生み出した。彼は知識を求め、仮象という遮蔽物を除去し、真理を追求しようとする。人間の真理に対する欲求は知識学である科学的活動に具体化される。

　人間の真を追求する欲望の対象は知識そのものである。知識は人間が知ったものであり、そして知ったのは物事の本性であるため、知識は常に物事に関する知識である。それは、物事は何か、如何であるか、なぜそうなるかを明らかにする。それにより、人間は自分の知識欲を満足させる。人間は知識を持つようになり、世界万物を知る。当然ながら、知識は実用性を持ち、人間の現実的な活動に直接に役立てることができる。ただし、より多くの知識は実用的ではなく、無用であり、人間は利用できない。こうした状況下で、人間は知識のために知識を追求し、知識以外のもののためにそれをするのではない。

　欲望者である人間は善を追求する。人間の生まれつきの本性は善でもなければ悪でもない。なぜなら、彼はそもそも善悪を超越する存在だからである。善悪の区別はその存在がほかの生命に利するか、または害するかによる。人間もそれによってこそ善悪の区別をつける意識を持つようになる。これに基づき、人間は悪を除去し、善を追求しようとする。ただし、それは人間の本能的な欲望とは違い、意志的な行為である。善を求める意志は本能的な欲望を肯定する可能性もあれば、それを否定し、ひいては失くす可能性もある。人間は善を追求する際、よい心持ち、よい言葉、よいことを通して

第二章　欲望　　129

表現する。

　善に関する欲望の対象は善そのものである。善はよきものであり、人間の存在に利する物事の本性である。一般的な善以外に、至善、すなわち最高善がある。それはすべての善の究極の規準であり、最高という存在自体である。人間は善を追求し、獲得すれば、彼は善を持つ人、または善良な人になる。善は人間の道徳、すなわち徳性と徳行になるように内在化する一方、倫理、すなわち人が行動する際の規範となるように外在化する。しかし、最も根本的なのは、善は人間の存在自体を規定するという点である。人間は至善の地に達する時、彼は最高の存在状態に達する。

　欲望者である人間は美を追求する。人間は真と善のみならず、美を追求する欲望をも持つ。人間は一般的な欲望を満たしたのち、美を追求する衝動が生じる。例えば、人間は身体の本能的な欲望を満たす対象のみならず、美的な身体の欲望の対象を求め、物質的な欲望を満たす対象のみならず、美的な物質的な欲望の対象を求める。社会的な欲望を満たす対象のみならず、美的な社会的な欲望の対象を求める。などといったことである。人間の美的な物事に関する欲望の衝動の典型的な形態は芸術の創作と鑑賞である。

　美に関する欲望の対象は美そのものである。美は物事の本性の円満な実現であるが、それには多種多様な領域がある。まずは自然美がある。例えば、日の出と日の入り、山水、万物である。また、社会美がある。例えば、よい人物や事柄である。そして、芸術美がある。例えば、文学、音楽、絵画などである。人間は美の世界に暮らし、常に美的な物事と関わるのみならず、自身も美的な人間となり、完璧な存在になる。

　その他に、宗教も人間の精神的な欲望である。ほかの精神的な欲望に比較すれば、宗教的な欲望は最も強烈であり、全てのものを超越し、他に比べるものがない。宗教は、人間の人間と世界の究極的

な本源に対する信仰である。人間は物質的な食物を欲するように、精神の糧である信仰を欲する。それは彼の精神の生命を維持する上で不可欠の活動になる。人間はこの欲望のために、俗世を捨て、家庭と集団から離れ、精神世界に献身できる。心身が二分する場合、人間は身体を捨て、精神を追求し、生命を捨て、死亡を追求しようとする。ここでの欲望の主体は敬虔な信者である。

　宗教的な欲望の対象は、信仰の対象である。それには天、仏、主宰神、諸神などが含まれる。天は人間の頭の上にあり、見えるものでもあれば、見えないものでもある。仏は歴史上の覚悟した者である人間のみならず、広大無辺な法力を持つ聖者でもある。主宰神は世界の創造者と主宰者である。諸神は世界と人間を支配できる。信仰の対象は何であれ、最高かつ最も完璧な存在者であり、真善美の集まりである。人間は信仰の中で信仰の対象と合一する。いわゆる天人合一と神人合一のようである。信仰の対象である欲望の対象物は人間の精神の故郷となり、彼の言語、思惟、活動を規定する。

四、欲望の表現

　欲望は欲望者が欲望の対象を目指す活動である。それは静的な状態でもなければ、内的な特性でもなく、意志的な活動であり、常にそれ自身を表し、実現しようとする。その顕現の形態には、身体的、心的と言語的、社会的なものがある。

1. 身体性

　欲望活動の形態はまずもって身体的なのである。それは前意識的、前言語的である。本能的な欲望のみならず、非本能的な欲望も身体的なものだと表現される。

　欲望には様々な表現がある。例えば、身体的な欠乏と欲求、そしてそれにより生まれた不安、焦燥感、興奮感などである。一方では、それは外的な身体的な兆候に表現する。例えば、顔面表情、手足の動き、体全体の変化などである。他方では、内的な身体感覚に表現する。例えば、呼吸と心臓の鼓動が穏やかであるか、または速いかなどである。これらの身体行為によりある人が欲望者であることのみならず、ある物がそれに対応する対象であることをも露呈される。

　欲望の衝動は人間の身体を活気に溢れたものとする。人間の身体は生命体であり、それは存在、活動、休憩、睡眠、覚醒する。欲望を持たない時、身体は穏やかで落ち着き、いつものように機能する。ただし、欲望を持つ時、身体が騒ぐようになり、いつもと違うような行為をする。人間には強烈な意志のみならず、能力もある。能力がなく、意志のみあれば、欲望は実現できない。意志と能力を共に持つ時のみ、欲望は実現できる。欲望の衝動の下で、人間の能力はその生命の限界を突破し、可能性の最大限、すなわち不可能だとされる可能性に達する。最終的には、人間は不可能を可能にし、現実にすることができる。

　また、欲望の衝動は人間の感覚をより鋭く、豊かにする。人間の身体には目、耳、鼻、舌、身などの感覚器官がある。欲望を持たない場合、身体は器官を持たないようなものになり、物を感じられなく、それに対応する感覚も生じない。ただし、欲望を持つ場合、身

体は実に器官を持つ身体になり、それにより感覚器官も物を感じ、それに対応する感覚が生じる。例えば、目が色彩を見ることにより視覚、耳が声を聞くことにより聴覚、鼻が匂いを嗅ぐことにより嗅覚、舌が美味を感じることにより味覚、体が物を触ることにより触覚が生じる。感覚器官は感覚の対象物に自身を開き、対象物も感覚器官にそれ自身を示す。感覚の主体である人間とその対象が集結するのである。

　人間の欲望の衝動が満たされる時、彼は快感を覚える。人間の感覚には異なる種類があり、快感、苦痛、それに加え両方でもない感覚がある。身体が傷つき、出血すれば、人間は痛みを感じ、苦痛を感じる。それに対し、満足と慰めを得れば、人間は快楽を感じる。その他、快楽でもなく苦痛でもない感じがある。傷つけられなく、そして満足も得なければ、人間は苦痛でも快楽でもない、中性的な感覚を覚える。それは日常生活における最も普遍的な感覚である。人間は害を避け、利に走るような原則に従い、常に苦痛を避け、快楽を追求しようとする。快感も通常、身体的なものと心的なものに分けられる。実際には、両者は不可分な関係にある。身体的な快感に伴い、心的な快感が生じ、それと同時に、心的な快感に伴い、身体的な快感も生じる。欲望による身体的な快感は心的なそれとは異なるが、それに伴い心的な快楽が生じる。身体的な快感は欲望者が欲望の対象に満たされることによる感覚である。欲望の対象は身体的と物質的な物である可能性もあれば、社会的と精神的なものである可能性もある。まず直接に人間の身体に入る欲望の対象がある。例えば、美酒と美味である。そして、身体に触るものがある。例えば、異性の皮膚である。また、身体の反応を引き起こすものがある。例えば、ある物質的、社会的、精神的なものなどである。異なる欲望の対象は異なる方式により人間の感覚器官を刺激し、人間に快感を与える。例えば、五色は目を、五音は耳を、五味を舌を満足

させるのである。人間の身体的な快感の表現も様々がある。例えば、手は舞って足は踊ったり、沸き立つようになったり、歓声と笑い声を上げたりするなどである。

　欲望の満足の極端な形態は身体の陶酔である。すなわち、欲望者である人間は欲望の対象を享受する快楽に陶酔するのである。陶酔とは何か。それはそもそも人間が飲酒して酔っぱらうようになることを示すが、その意味は次第に人間の存在と活動におけるある種の極端な状態に広がっていく。例えば、人間が山水または巨大な喜びに陶酔するなどである。では、陶酔状態において、人間には一体何が起こったか。人間の身体は極端に矛盾状態にある。彼は興奮しながら落ち着く。その興奮状態により身体に形のない巨大な力が注がれ、支配されることだと表現され、彼は全てを創造でき、創造するとともに全てを破壊できる。一方、その落ち着きは身体自身が落ち着き、瓦解並びに溶解していくこととも表現できる。身体は満たされ、身体が要らなくなる。そのようにして、落ち着くようになるのである。

　陶酔は感情的でもあれば、意向的でもある。その意向性は欲望者が欲望の対象に対する活動である。それは一方では物我一体、もう一方では心身出離だと表現される。物我一体とは欲望者と欲望の対象が完全に合一することである。欲望者と欲望の対象の間には本来なら距離があるが、陶酔によりその距離が除去され、両者は親密かつ昵懇な間柄になる。欲望者は欲望の対象となり、欲望の対象は欲望者となる。心身出離とは欲望の対象に陶酔する欲望者はそれ自身の心身の存在と活動を忘れることである。人間は自分のみならず、自分がいる世界とその中の万物を全て忘れる。ただし、欲望者の心身が忘れられても、彼は依然として存在し、活動するのみならず、欲望に駆られ、新たな世界を構築する。これは陶酔の欲望により作り出されたあらゆることが可能な世界である。

２．心理性と言語性

　欲望活動は身体的なものだと表現されると同時に、心的な物とも表現される。無意識的な可能性もあれば、意識的な可能性もある。
　人間は通常、欲望は無意識の状態で現れると考える。しかし、欲望自体は意識を完全に持たない、単なる身体的な存在や活動状態ではなく、意識を持つ身体的な行為である。人間自身に意識されていないにすぎない。つまり、欲望は身体に伴い、意識という状態で現れるが、人間自身はそれを意識していない。彼は欲望が身体に現れると同時に意識にも現れることを知らない。しかし、無意識的な欲望は人間が覚醒する際、彼の意識の領域に入る。彼は自分の無意識的な欲望を知り、それにより無意識的な欲望は意識的なものに転化する。それと同時に、意識的な欲望も逆に無意識的なものに転化する。欲望は意識にも現れるが、それが現れる瞬間、内在する様々なメカニズムの検査を通らねばならない。社会の法律的、道徳的、宗教的な規則も、個人の経験もそのメカニズムに含まれる。これらは欲望を許可する可能性もあれば、それを禁止する可能性もある。禁止された欲望は意識領域から無意識領域に移る。そうは言うものの、欲望は消えることなく、無意識の形態で存在、活動し続けていく。
　欲望の無意識の活動の方式は数多くある。欲望はそれ自身を変形させ、すなわちもう一つの形態で自分を変え、偽装するのである。そして、それは自分を移す。すなわち、欲望者がある欲望の対象に対する欲望をその他の対象に移すのである。また、それは昇華する。本能的な欲望の性質を変えさせ、それを非本能的な欲望に昇華させる。例えば、ある種の抑圧された性欲は強烈な芸術的な衝動に転換できる。芸術は性欲の無意識的な昇華だと考える人は少なくない。

欲望の本源的な性質は無意識的であるが、それは意識的なものに転換しなければならない。なぜなら、意識の光に照らされなければ、無意識は露呈されないからである。意識されない場合、欲望者はそれ自身の欲望を知らないのみならず、欲望の対象もそれ自身が欲望されることを知らない。したがって、いわゆる無意識的な欲望は実のところ意識されていない無意識ではなく、意識された無意識である。より一層重要なのは、人間の欲望が知られる時のみ、彼は真の欲望者であり、欲望の対象が真の欲望の対象である。これに基づいてこそ、人間の欲望は実現できる。

　正に意識は常に物に関する意識であるように、欲望の意識も常に欲望者の欲望の対象に関する意識である。欲望の意識の仕組みの中で、人間は欲望者が誰か、欲望の対象が何か、そして如何に欲望を実現できるかを意識する。ただし、こうした欲望の意識は存在者の存在のみを意識する一般的な意識とは違い、ある種の欲求であり、欲望者が欲望の対象を欲しがる活動である。したがって、欲望の思想は欲望者を規定する物でもあれば、欲望の対象を構築するものでもある。欲望の意識は常に欲望者が欲望の対象を獲得、占有しようとするものである。その為、それは行動と無関係な純粋な意識ではなく、行動を起こすような現実的な意識だということが決定される。その意味では、欲望の意識は欲望を解説するもののみならず、それを実現しようとするものでもある。

　人間には欲望が生まれた時、身体的な行為のみならず、意識と言語活動も行われる。欲望ははじめは無意識的であるが、言語を持たないものではない。それは言語と同じような仕組みを持ち、例えば能記（シニフィアン）と所記（シニフィエ）である。ただし、欲望の言語は一般的なものではなく、特別なものである。最初的には象徴記号のような無意識的な言語だと表現される。ただし、最終的には無意識的な言語も意識的な言語に、言説できないものから言説で

きるものに転換する。これによってのみ、欲望は実のないものから意味のあるものへと転化し、現実化できるようになる。

　欲望の言語的な表現は、我はものを欲する、である。我は主語であり、欲望の能動者である。ただし、我は単一ではなく、多様なのであり、変化し続け、定めていないものである。ある物は目的語であり、欲望の受動者である。それは我に規定されるものであり、我によりその役割が絶えず置き換えられ続ける。例えば、身体的、物質的、社会的、心的なものなどである。欲するという言葉は述語であり、自動詞ではなく、他動詞である。我からある物に及ぶ動作を表すのである。欲望は名詞のみである時、それ自身にとどまる。欲しがるという動詞に転換する時にのみ、現実的な存在となる。欲望は欲望する。欲望者が欲望の対象を欲しがり、すなわち我がある物を欲しがる。

　欲望の言語の本質は欲望者が欲望の対象に発する呼び声である。それは無論独白の形で現れることができる。例えば、呟き、寝言、自白などである。こうした独り言は欲望者が欲望の対象に対する欲求を自分に伝え、そして逆に自分の欲求に耳を傾けることである。ただし、欲望の言語の形は独白から会話に転化しなければならない。すなわち、欲望者は欲望の対象に、我はものを欲すると大声で呼ぶ。一方では、欲望者は欲望の対象にその欲望を知らせる。これは伝えることのみならず、欲望者が欲望の対象を占有、消費するように求めることでもある。他方では、欲望の対象は欲望者の欲望に耳を傾ける。これは聞くことではなく、従うこと、すなわち欲望者の占有と消費に服従するのである。こうした呼びかけと応答の会話においてこそ、欲望の言語はその現実的な言説活動を展開する。

　欲望の言語には二種類の形態がある。間接的な言語と直接的な言語である。言語学の一般的な見解によれば、言語記号には、能記と所記がある。欲望の言語の二種類の形態において、両者の関係が異なる。

欲望の間接な言語は曖昧である。その能記と所記は朦朧としている。一つの能記には数多くの所記があり、一つの所記にも数多くの能記がある。それ故、両者の関係は多元的に多様なのである。所記を持たない能記さえもある。一つの能記には所記ではなく、もう一つの能記が対応する。これにより、能記の連鎖が形成される。したがって、欲望はこうした言語の中で変形、転移、昇華する。間接的な形態でそれ自身を表す。人間の欲望の表現は遠まわしなのである。こうした曖昧な欲望の言語は主に人間の原初的に無意識的な言語と意識に抑圧され、無意識領域に回帰する言語である。

　欲望の間接な言語とは違い、その直接な言語は素直なのある。一つの能記には一つの所記が対応する。両者自体が明晰であるのみならず、その関係も単一なのである。そのため、欲望の持つ意義も確定されたものである。欲望者の身分が置き換えられないのみならず、欲望の対象も役割も厳格に限定される。また、欲望の実現の過程、手段、方式も全て公開され、隠れているものではない。こうした素直な欲望の言語により、無意識的な欲望が十分に示される。それは意識的な欲望になり、完全に明らかになる。

3．社会性

　欲望活動の表現形態は身体的、心的、言語的なのみならず、社会的でもある。それ自体は欲望者が欲望の対象を欲しがる活動であり、人と物との関係のみならず、人と人との関係をも含む。それにおける人と物との関係は人と人との関係から切り離せず、人と人との関係の中でしか構築できない。したがって、欲望活動自体は社会的である。欲望の身体的な表現は孤立した身体的な活動のみなら

ず、社会的な事件でもある。それと同様に、欲望の心的、言語的な表現も現実的な物になる必要があり、そうでなければ、それは空虚なもの、実現できない白昼夢と寝言にすぎない。実際には、欲望の身体的、心的、言語的な表現は社会的な表現を前提ともすれば、その完成をも促進する。それらは互いに因果的な影響を及ぼし、作用し合う。

欲望の社会的な表現は生活世界のあらゆる面にあるが、最も根本的なのはその社会的な生産と消費である。

欲望は人間の生産の原動力となる。性欲のために、人間はそれ自身の生産に従事する。それにより、子孫を残し、人口を絶えず増やさせる。食欲とその他の物質的な欲望のために、人間は農業と工業生産に従事し、それ自身に生活と生産資料と提供する。それにより、物質的な欲望が直接かつ間接に満たされる。これに基づき、人間は物質的な生産も精神的な生産も発展した。人間はそれ自身の異なる欲望により異なる生産に従事する。生産には数多くの形態があるが、その本質は物に対する改造により新たなものを製作し、すなわち産品を生産するのである。それは生産の完成と結果であり、欲望者の欲望を満足させる欲望の対象でもある。

総じていえば、欲望者である人間は産品の生産者のみならず、占有者でもある。彼の産品はその欲望の対象である。ただし、個体から言えば、人間は同時に産品の生産者と占有者ではない。彼は産品を生産するのみであり、それを占有しない。または、産品を占有するのみであり、それを生産しない。すなわち、産品はある特定の人の欲望の対象である可能性もあれば、そうではない可能性もある。こうした現象がある原因は、異なる所有制度が存在することにある。産品に対する分配の様式は財産に対する所有権により決定される。私有制によれば、産品は生産資料の所有者に所有され、所有者でない生産者は一定の労働報酬を受け取るのみである。それに対し

て、公有制によれば、産品は集団と国家に所有される。人々は能力に応じて働き、労働に応じて受け取る。異なる分配様式により、人間は一定の商品、またはそれと同じ価値がある金銭を獲得する。

　しかし、分業のため、人間が生産した単一の商品は彼の単一な欲望しか満たせず、もしくは、彼は自分を欲望を満たす産品を一つも生産できなかったような結果になりうる。多様な欲望を満たすために、人間は事情で欲望の対象を買わなければならない。人間は市場で購買する以上、そこには販売もある。したがって、市場は終始売買する場所である。市場で売買される産品の特性が変えられ、商品となる。実のところ、物のみならず、人間も商品となる。人間は金銭により商品を獲得し、あるいはまず商品により金銭を獲得し、そしてまた金銭により商品を獲得する。市場は金銭と商品の交換活動が行われ続ける場所である。そこで、欲望者は欲望の対象を獲得する。

　無論、市場での交換活動の最終的な目的は消費である。それは欲望者である人間が欲望の対象を占有する活動である。消費は商品が人間にその有用性を尽くすまで発揮させる。商品には最終的に無用性のみが残るため、ゴミとなる。完全にそれ自身を消耗し、物質的には完全に残らず、虚無となる商品さえもある。ただし、商品を消費することによってこそ、人間は物をも他人をも自身の一部に変える。これにより、人間は自分を満足、充実させるのである。

　欲望が満たされた後、新たな欲望が生まれる。それ故、新たな生産が起こる。これにより、欲望に促進される人間の生産、分配、交換、消費の循環が形成される。欲望者である人間は新たな欲望の対象を生産するのみならず、逆に欲望の対象も新たな欲望者である人間を生産するのである。

第三章

技術

第三章
技術

　人間は、自分の欲望を実現しようとする時、本能、すなわち生まれつきの能力のみに頼ってはならず、それを超越した技術、すなわち人間の生産、労働、及び実践にも頼らなければならない。技術は、人間が道具を生産、使用して万物を作る活動である。人間の生活世界において極めて重要な役割を担っている。欲望の対象のみならず、欲望者自身も技術によって生産されたものであり、更に欲望そのものが占有された過程も、技術にコントロール、支配されたのである。技術は人間の欲望が実現できるかどうかを決定するのみならず、欲望がどれほど実現できるかをも決定できる。技術は人々の既存の欲望を満たせるのみならず、まだ生まれていない欲望を喚起することもできる。

一、技術とは何か

1．技術思想

　人間は通常、技術というものを現代以前ではなく、現代のみにあるものだと捉える。また、技術というものは機械技術や情報技術のみに限定し、一般的な技術、すなわち道具を生産、使用して物

を生産する活動に規定するというわけではない。これにより、前現代社会が非技術的な社会であり、現代社会こそが技術の社会だと見なされる。実のところ、そうではない。技術は常に人間の存在に伴い、そして人間の存在を作っているため、人間の存在において非常に重要で看過できない次元にある。技術がなければ、人間も存在しない。技術があってこそ、人間が存在する。人間は最初から技術性を持つ存在者であり、基本的生存領域での物の製作方法を司る。生産に関する技術には、植物の採集と動物の狩猟が含まれる。生活に関する技術には、衣食住・交通が含まれる。例えばそれは、食生活における調理及び鍋釜類の使用であり、衣服における紡織と針仕事であり、住居面における建築と住居であり、交通における道路の開拓、馬や車両の乗りこなしである。

　歴史上、人間は現実において技術活動に従事するのみならず、理論の面においても技術の本質、及び人間の存在が演じる役割を探究する。こうしたことから見れば、技術思想または技術哲学は現代人が「技術哲学」を命名した後で生まれたものではない。技術に関する思惟には長い歴史がある。中国の歴史において秦の統一以前に道家の老子と荘子は既に技術に関する思想を持っていた。彼らは技術の本質を明らかにしたのみならず、技術と人間の生活世界との関係、人間の存在にもたらしうる利害をも明示した。また、古代ギリシャには技術に関する完備した哲学理論がある。アリストテレスの四原因説（質料因、形相因、作用因、目的因）は物に関する理論であり、それは主に自然物ではなく、人工物を対象とする研究である。なぜなら、自然物には質料因と形相因のみ含まれるからである。それに対して、人工物のほうには質料因、形相因のみならず、作用因と目的因も含まれる。人工物こそが技術製造の産物である。

　中国と西洋の伝統的思想には技術に関する思惟があるが、専門化した論題は形成されず、またそれは重要な主題として確定されなか

った。これは否定できない事実である。なぜなのか。原因はさまざまあるが、主に存在と思想といった二つの面の要素が含まれる。存在の面において、歴史上の技術は人間が両手により道具を操作して物を製作する活動だと表現されるにすぎないが、人の生活世界を主導してはいなかった。世界のルールを決めるのは、中国では天道、西洋では諸神と主宰神だされている。天道の偉大に比較するなら、技術はちっぽけである。神の万能性と比較するなら、技術は無能である。思想の面で言えば、中国では道とは何かが思惟されるのに対して、西洋では理性とは何かが思惟される。それは通常技術である詩的創作の理性ではなく、理論理性と実践理性として理解される。したがって、技術も思想の中心領域には入らなかった。

確かに、ある種の主題化した「技術哲学」、あるいは「技術思想」は現代以来のものである。その理由も存在と思想といった二つの面から探れる。一方では、中国では天道が衰え、西洋では主宰神が死んだ。技術は天道と主宰神に取って代わり、次第に我々の時代の新たな主宰となった。また、技術は世界の万物を作れる偉大な力を絶えず示した。技術を前に、主宰神も自然も死んだ。つまり、彼らの歴史使命は既に終結するようになり、人の存在にとって根本的な規定性を備えなくなる。もう一方では、思想の主題はもはや理性ではなくなり、存在、すなわち人間の現実生活となる。人間は存在を思惟する時、技術に視線を向ける。なぜなら、技術は根本から人間と世界の存在を設定したからである。したがって、「技術哲学」または「技術思想」は当代著名な学説の一つとなる。

人間は技術に対して技術的な分析を行い、その原理や方法、歴史発展の規律と周期を明らかにする。また、技術を人類学と文化学の視角から解釈し、人間存在の根源と文化構築の特性を見つけ出す。それから、社会と政治の視角から技術に批判を加え、技術の社会化と政治化、社会と政治の技術化について分析する。ただし、技術に

技術性的な分析を加えるにせよ、人類学と文化学の視角からそれを解釈するにせよ、あるいは、社会と政治の角度から批判するにせよ、まずもって、以下のような問題に答えなけれならない。技術とは何か。すなわち技術の本性とは何か。

2．技術、自然、人類

　当然ながら、技術は自然運動ではなく、人間活動である。そのため、本質的に言えば技術は自然と相対するものである。すなわち、技術は自然ではなく、自然も技術ではない。まず、自然現象を見てみよう。例えば雨が降りだすことや、風が起こるのは、天気自身の変化である。植物は季節の変化に応じて開花し、実を結び、枯れる。動物は本能により飲食、繁殖、死亡する。これらは全て天地の造化であり、自然的なことである。また、人間世界の現象も見てみよう。人間は、直接に既に存在したままの自然世界で生存することができず、自分が創造した世界にしか住めない。人間は既に物があったところで物を加工し、物が無いところで物を作る。技術は自然の中にまだ存在しなく、そしてそれ自身と異なる物を生産する。それを人工物と呼ぶ。人間は自然を土台とし、技術に関する仕事に従事し、そして技術により自然から区別される。自然世界には技術がないが、人間世界には技術がある。技術性は人の生活世界の根本的な特性の一つである。

　技術は人間活動の特性であり、人間の全ての活動に浸透し、影響することができるものであり、人間活動の中の一つでしかない。一般的な分類によれば、人間活動は思想と現実活動、理論と実践活動に分けられる。思想と理論活動は人間が人と世間万物の活動を思

惟する活動であるのに対して、現実活動と実践活動は人が両手により万物に影響を与える活動である。技術は思想と理論の活動に属さず、現実と実践活動に属するのは明らかである。当然、歴史上、人間活動には様々な分類がある。ただし、技術は人の万物に対する一般的な作用する行為ではなく、ある種の生産活動である。古代ギリシャ人は人の理性活動を理論理性、実践理性、詩的創造理性に分ける。理論理性は見ることである。これは盲目や意見から区別され、洞見、すなわち物事の本性を見抜くことである。実践理性は人の意志である。一方では人の内的道徳であり、もう一方では人の外的論理である。いわば詩的創造理性は技術そのものである。理論理性の洞見とも実践理性の意志とも異なり、生産的、創造的である。中国思想において、通常、人間の活動は道に関する活動と技術に関する活動に分けられる。道は物を超越したものであり、人間はそれを体験、思惟、言説する。技術は物に関するものであり、人間が道具を生産、使用して物を作ることである。

3．技術、科学、工事

　技術、自然、一般的な人間活動を区別した後、技術とその周辺にある科学と工事について検討する必要がある。この三者は密接に関わっているからである。それ故、人間がこれらを同時に使用する場合もあれば、その中の二つの単語を合わせる場合もある。例えば科学技術、技術工事などである。さらには一つの語彙と凝縮する場合もある。例えば「科技」などである。この三者の間には内的関連性があるが、それらは決して同一ではない。したがって、人々はこれらを区別する必要があり、混用または置き換えることができない。

中国語における"科学"は分科して学ぶことを意味している。すなわち異なる領域の存在者の本性あるいは真理に関する研究である。それにより学科が形成される。例えば数学、物理、化学、生物などである。しかしながら、西洋の科学の本来の意味は知識学であり、知識に関する系統的な表現である。いわゆる知識は万物に関する知識であり、万物の真相と法則である。いわゆる系統は有機的な統一体であり、それには発端、中間、結尾がある。したがって、科学は断片化した経験ではなく、ある種の系統的な知識である。この意味では、科学は西洋のものであり、非西洋のものではない。

　しかし、現代において「科学」という単語には極めて多様な用法がある。最も広い意味での「科学」は人間の系統的な知識の全ての類型を含む。科学は知識学として万物に関する知識である以上、それには自然科学のみならず、社会科学、ひいては哲学も含まれる。なぜなら、いわゆる万物は自然物のみならず、社会物をも統括するからである。こうした理由に基づき、自然科学と社会科学はいずれもそれ自身が合理的だと宣言できる。人々は万物の存在の根拠を問い詰めるとき、哲学はその身を隠せず、登場しなければならない。これまでの長い間、哲学は知識学としての科学のみならず、科学としての科学ともみなされてきた。すなわち全ての科学の土台と見なされてきた。なぜなら、哲学はそれ自身の世界観と方法論を構築したのみならず、自然科学と社会科学にも世界観と方法論を提供したからである。哲学は人々にこの世界とは何か、なぜこうなるかというのを言い表すのみならず、如何にこの世界を認識し、改造できるかをも語っているのである。

　こうした自然科学、社会科学、哲学を全て含んだ広い意味での科学観は、現代において危機に遭い、崩壊していく。人間は、科学は自然科学と社会科学でしかなく、哲学はもはやそれに含まれていないと考える。それは、自然科学と社会科学は実証学の道に走った

からである。哲学は非実証的であるから、科学とは見なされなくなり、無論科学的科学と見なされることがなおさら無い。一般的な意味での科学は自然科学と社会科学のみを指しているのである。

当然ながら、現代ではもう一種の、さらに狭く厳密な科学の概念がある。それは哲学や社会科学をも排除し、自然科学のみを指している。科学は自然界に関する「分科して学ぶ」学問だと限定され、自然界に関する系統的な知識だと見なされる。例えば数学、物理学、化学などである。また、実証性は科学または自然科学の唯一の標識となる。それは自然科学全体を規定したのみならず、社会科学の広い領域にも影響し、ひいては哲学研究の部分的領域にも浸透する。実証主義哲学もそれにより生じたのである。

現在我々は科学と技術との関係について検討する時、主に自然科学と技術との関係を検討する。技術は科学とは違う。一つの根本的な差別として、科学は認識であり、技術は製作である。もしも科学は主に自然界の原理を発見すること、そして事物は何か、なぜこうなるかを知ることを目的とするのだとしたら、技術は主に何の事物を作るのであろうか。そして如何に作るかという問題をめぐる作業である。それはある種の製品を製造する系統的な知識と活動である。

技術や科学とは異なり、工事は科学と技術に対しての応用であり、それらの完成した形態である。工事は具体的項目だと表現され、人工製品の過程であり、ある器物に具体化される。研究、開発、設計、施工、生産、操作、管理などはいずれも欠かせない一環である。したがって、工事には技術的な要素も含まれれば、非技術的な要素も数多く含まれる。

以上の比較によれば、科学、技術、工事の三者の関連性が分かる。科学は技術に知識学の原理を提供するのに対して、工事は技術の完成形である。その中で、技術は極めて重要な意味を持つ。なぜ

なら、技術は人が万物を作る活動として、人の万物の本性に関する系統的認識を先行する。科学はそもそも技術活動に基づき、当然ながら、ある種の完備した科学原理は技術製作を導ける。通常、純粋もしくは理論科学である科学は応用科学に転向すれば技術化した科学が形成できる。また、全ての工事は必ず技術を主導とし、技術的な工事となっていく。技術化された科学と工事は、世界中の全面的な技術化推進の土台となる。

二、技術の起源、本性、仕組み

1．技術の起源

　技術起源と人間起源の時間は同時に起こった。なぜなら、人間は自然的な存在ではなく、技術的な存在だからである。全体的に見ると、人間が道具を製造、使用して物を生産するのはその存在の始まりである。個体から言うと、人間は道具を利用して自分の欲望を実現できる時こそ、それ自身なりの独立した生活を始められる。しかしながら、問題は技術が精確にいつ起こったかを確定することではなく、技術の発生となったきっかけを明らかにすることにある。
　技術の起源の動因に関して、「人間の生理本能欠乏論」という観点がある。人間は生まれつき、幾つかの特別な能力を持つ。それには飲食と性行為のような人間の欲望も含まれれば、手足の活動能力のような、欲望に伴い、欲望を実現する手段も含まれる。しかし、人間の持った本能的な力は有限なのである。例えば手足は採集や狩猟をする時、その元来の不足が明らかとなる。それは人間が自分の

欲望を十分に満たす活動を妨げる。動物と比べれば、人間は多くの面において本能の力が弱い。人は虎狼のような鋭い歯を持たないため、敵や獲物を噛み殺すことができない。また、鷹のような眼を持たないため、遠くにある標的が見えない。あるいは犬のような鼻を持たないため、物事の存在と活動における僅かな匂いを弁えられない。猛獣のような爪を持たないため、それを武器として攻撃に使うこともできない。はたまた、飛ぶ鳥の羽を持たないため、空を飛ぶことができず、山や海を飛び渡ることもできない。以上のようなことなどである。それ故、人間が動物のように本能により自然の中で自給自足的に生存することはできない。こうした本能が欠如したが為、人間には技術が必要なのである。人間は道具を製作と使用して万物と世界を生産し、そしてその世界の中で生活する自分を造り出す。

　動因に関してのもう一つの観点は「人間の心的エネルギーの余裕論」がある。一般的な見解によれば、いわゆる人の身体的な存在には肉体のみならず、霊魂も含まれる。人間生理本能欠乏論は肉体の面のみを考慮に入れるが、心的エネルギーの余裕論は霊魂の面をも考慮する。人間の生理的な本能は欠如するが、心的エネルギーは豊かである。それは巨大に無限なのであり、並外れた創造力を持つ。こうした心的エネルギーが身体の内部から外部に現れる形態は符号であり、すなわち精神的意義に満ちた物質的基盤である。人間は世界を想像することにより構築もすれば、自身を理想により造ることもできる。これにも基づき、人間は符号を道具に変え、精神を物質に変え、現実的な物事を造る。技術は人間自身に対しての改造である一方、世界と万物の形を作る手段でもある。

　ただし、人間の生理本能欠乏論であれ、心的エネルギーの余裕論であれ、必ず人間の欲望に基づかなければならない。欲望こそが技術の発展を促した。人間は欲望者として欲望の対象を欲求するが、

その対象は人間が直接に獲得できる出来合いのものでも、人間が本能により改造できるものでもない。道具を製造、使用することにより生産するのである。人間の欲望の衝動は彼の生理的本能の欠如を反映する一方、心的エネルギーを増やしてきた。もしもそれがなければ、人間の生理的本能の欠乏も、心的エネルギーの余裕も存在しない。無論、道具を製造、使用して物を生産する人もいない。

２．技術の本質

　欲望は人間の技術活動の原動力であり、すなわち技術の根本的な起源である。ただし、欲望の本性は技術の本質に取って代わることも、技術の本性を規定することもできない。欲望の本性は占有と消費であるが、技術の本性はそうではなく、製作と生産である。技術の本性は欲望の本質の枠を超える。これについてより深く詳しく説明する必要がある。
　第一に、技術は人間性を備える。製作活動である技術は動物学的ではなく、人間学的である。従来より、道具を製作、使用して物を生産する活動は人間が動物から区分される目印であると見なされてきた。大多数の動物は道具を使用できず、身体の器官のみを道具として使う。例えば爪、歯などである。ある動物はたまに木の棒と石のような自然にある材料を道具として使い、食料を得たり、巣を作ったりするが、それらは生活を組織立てる根本的な手段とはならない。個別性のみ持ち、普遍性を持たない。そして最も重要なのは、動物は完全に道具を発明、造ることができない。一部の動物は既に自然にあるものを利用できるだけで、自然に存在しなかった道具を生産することはできない。したがって、動物は遺伝により獲得した

本能の中に制限され、それを超えて道具の製作と革新に従事することはできない。

　動物と違い、人は既に自然にある道具をより多く使用できるのみならず、自分の需要に応じて、自然になかった道具を発明、造ることができる。これに基づき、人は絶えず道具を改良、革新することができ、それによりそれ自身の自然を改造する能力を高め、歴史の進歩を促進する。人間はそれ自身を動物から区別し、己が人間性に満ちた人間と成るのみならず、それ自身を歴史上の自身から区別し、旧歴史の人を新歴史の人に変えさせる。こうした理由に基づいてこそ、道具の歴史は人類の歴史の物化した形態となる。人類の歴史を区分するには数多くの基準があるが、最も重要な基準は道具である。我々は常にある時代に使われる主要な道具によりその時代を名づける。例えば、石器時代、鉄器時代、機械時代などである。

　人間は道具によって動物と異なるという特徴を具えているとするならば、道具は人間と関係している特性を持つ。すなわち、道具は自然ではなく、文化である。そのため、道具は人の存在と力の証であり、歴史の発展の記録でもある。こうした意味では、道具は人間の外的な無機的な身体であり、物化した人間自身である。

　第二に、技術は製作性を具える。技術はまず一つの特別な物、すなわち道具を造り、そしてそれを使って他の物を生産する。

　技術の製造には幾重にも意義がある。まず、覆い隠されたものを顕現させる。自然はその自身の法則により存在、運行され、人間の意志により変わらず、人の意識に知られない。しかし、技術は自然の隠された本質を顕現させる。技術は発明の天性を持つとよく言われる。それはある種の道具に対する発明のみならず、ある自然の本性に対する発明でもある。人間は自然の奥義を知ったのみならず、それを運用して非自然的な物を生産した。技術活動において、自然は人間にその本性を示し、また人に向けて生成し、自在な自然から

人間化した自然に変えていく。

　次に、技術は存在を変化に変えさせる。技術の活動は既に存在したもの、すなわち自然物に基づく。それがなければ、技術の活動が展開されることもできない。自然物こそが技術製造の材料を提供する。それはそもそも固有した質料と形を持つが、技術の加工により自然の存在が変えられ、新しい質料と形を持つもの、すなわち新しい物となる。技術は自然をそれ自身として存在させるのではなく、それを変化させ、天然物から人工物に変えさせるのである。

　最後に、技術は虚無を存在にする。技術の製作は革新のみではなく、ある種の創造である。すなわち無から有を生み出し、まだ存在しないものを存在するものと為す。直接かつ間接に自然物の質料と形式を借りたが、単なる自然に対する加工と複製ではない。技術が製作した物は自然に存在するものではなく、完全に存在しないものである。したがって、それは自然を中断するのであり、それを再構築し、または改めて開始させるものなのである。

　技術の本性は物を作ることである。技術は世界を作った一方で、人間をも作った。したがって、技術は存在の生成とも言える。

　第三に、技術は手段性を持つ。技術活動の核心となる要素は道具である。道具は当然一つの物であるが、一般的な物ではなく、特別な物であり、自然に由来し自然を超えた物である。こうした理由に基づき、人間は通常、道具に名をつける時、純粋に天然な物ではなく、自然物とは異なる人工物に名をつける。

　しかし、人間が作った人工製品の種類は様々ある。その中には道具のみならず、芸術作品もある。芸術作品は道具と同じ、一つの物のみならず、一つの人工物でもある。ただし、それらの本性の間には根本的な差異がある。芸術品はそれ自身のために存在するものであり、その存在は他物を目的とするのではなく、それ自身を目的とするのである。一方、道具はそれ自身のために存在するものではな

く、その存在はそれ自身を目的とするのではなく、他物を目的とする。したがって、道具にはそれ自身と他物との関係、すなわち手段と目的との関係が含まれる。

　道具の存在は手段であると表現される。それはいつも、自身以外の動機に由来し、自身以外の目的へと向かう。いわゆる動機は人間の欲望である。それは人間が道具を製作、使用することを促す。いわゆる目的は欲望の対象である。道具は人間が欲望の対象を獲得し、占有することに役立てる。道具により、人と人、人と物、物と物の間には多様に複雑な関係が築かれる。欲望の手段である道具にとって、それと関連する全ての人と物は目的のようである。道具は人間のために存在するものでも、物のために存在するものでもある。つまり、それは人間の手段でもあり、物の手段でもある。手段と目的との関係の中で、一番重要なのは道具ではなく、目的である。なぜなら、目的が実現される瞬間、手段は無用になるからである。人間は道具を利用もすれば、捨てもする。道具はその自身を生成もさせれば、消耗もさせる。そのため、道具は更新する必要があるのみならず、革新させる必要もある。ただし、動機と目的は短期的なものと比較すれば、手段である道具はより長期的な意義を持っている。

　第四に、技術は目的性を具える。単に技術そのものから言えば、それは手段性のみ持ち、目的性を持たない。ただし、技術と人間の生活世界との関係全体から言えば、人間は既に直接または間接にその目的を手段の中に入れたため、技術は手段性のみならず、目的性をも持つ。

　手段性を持つ技術は如何に目的性を獲得するか。人間は勝手に道具を作るのではなく、欲望のために道具を作る。道具を使うのは欲望の対象を生産して自分の欲望を満たすためである。これは道具自身が意向性を備えることを決定したのだ。手段である道具は、ある

予め設定された目的に奉仕する。それはある物に向け、ある物のためである。農具が農業栽培のために存在し、兵器が殺人のために存在するようである。農具と兵器は手段にすぎず、自動的に栽培し、殺人することができない。人間に利用される時にのみ、それらはその自身の目的を実現できる。農民は農具で植え、兵士が兵器で人を殺す。にもかかわらず、農具と兵器自体にも既に潜在的に異なる目的が含まれる。例えば、種まき機は種を撒くことのみでき、爆撃することができない。それに対して、核兵器は爆撃することのみができて、種を撒くことができない。人間は通常、道具を使用する人が持つ目的性のみに目を向け、道具自体が持つ目的性を無視する。実のところ、道具自体の目的性は、それが造られた時に既に設定され、それが使用される時に現れるものである。そうは言うものの、手段である道具と目的との関係は確定していないものである。すなわち、一つの手段により複数の目的が実現でき、一つの目的を実現するには複数の手段が使える。重要なのは道具を製造、使用する人である。人間はある道具を作る可能性もあれば作らない可能性もある。使用する可能性もあれば使用しない可能性もある。

　手段である技術は外的な目的のみならず、内的な目的をも持つ。それは人間によって創造、使用されるが、単なる人間に従属したものではなく、自主的であり、自ら発展するのである。技術は自分なりの原則を持つ。それは無限的に製作するのである。それ故に、それはより新しく、より高く、より遠く、より早く、より良くなり続けなければならない。すなわち絶えず効率を高めなければならない。したがって、創造と革新は技術の運命である。

　以上分析してきたように、人間と技術の関係は非常に複雑であり、終わりのない議論のようである。技術は人の道具である一方、人間は技術の道具となる。つまり、一方では、人間は技術の目的であり、技術は人間の手段である。もう一方では、技術は人間の目的

であり、人間は技術の手段である。

3．技術の構造

　技術は人間が道具を製作、使用して物を生産する活動である。これには二つの面が含まれる。一つは道具の製作とその工芸であり、もう一つは道具の使用とその方法である。これらは多くの部分に分類できる。例えば、技術の原理、道具の製造と使用過程、検査と修理などである。ただし、道具の製造であれ、使用であれ、三つの核心的な要素を含む。人間、道具、物である。
　まずは人間である。人には多様な規定がある。例えば欲望的な人、技術的な人、知恵的な人である。ただし、技術の生産過程において、人は主に欲望と知恵に規定されるのではなく、技術に規定され、技術的な人のみとなる。こうした関わりの中で、人間はある種の人力資源に単一化され、道具により万物と交わる存在者である。一方では、人間は道具の製造者として、特別な物である道具を人間と万物との媒介にする。人間は直接または間接に道具の製作に参加する。人間は道具を発明、改造、創造するのは、道具を便利的かつ効果的である武器にするためである。これによってこそ、道具はより強く、より早く、より良くなり、より適切的に物を加工できるようになる。もう一方では、人は道具の使用者であり、万物を探求し、製作する。人間は道具の類型と特性を熟知し、操作の流れを把握する必要がある。これによってこそ、人間は道具を使いこなすようになり、技術的な人になりうる。人間は技術を規定すると同時に、技術も人間を規定する。これは、人間は道具を創造、使用する時にのみ、一般的な動物ではなく、それ自身になる。技術的な存在

者である時にのみ、自然的な存在者ではなく、それ自身になる。したがって、人と技術は互いに規定し合うのである。

一般的に言えば、全ての人間は技術的な人間である。人間はそれぞれ異なる方式で道具を創造、使用して万物を生産し、生存を維持する。生産の領域と方式により、人間は異なる種類の技術的な従事者に分けられる。例えば、農業技術者、エンジニア、職人、現代技師などである。

次に、道具である。狭い意味での道具は、人間が活動する時に創造、使用した器具、用具である。それに対して、広い意味での道具は、人が道具を創造、使用して万物を作る時に使用した全ての手段である。器具である道具は一つの物であり、一つの現実の中に存在する物であり、一般的な物質の属性を具える。それは時間と空間の中に存在する感性的な特徴を持ち、人間の感覚器官はそれを感じ取る。この点において、それは石や木材のような自然物とは同じである。また、道具は人間の身体に使われる。人間の生産と実践活動は根本的に、道具を使用して事物を改造する活動である。ただし、道具は自然物とは異なり、人工物である。当然ながら、それは自然を源とする。自然物がなければ原材料もなく、道具の製作には基礎はない。しかし、一つの自然物は直接一つの道具にはなれず、精緻な道具にはなおさらなれない。それ故、人間は自然物を加工、改造しなければならない。一方では、道具は具えた自然物が自然的な属性をより強くさせる。もう一方では、それをより人間の需要を満たすように機能させる。通常、道具は人間の身体と脳の代替品とその延長線にあるものだと見なされる。実のところ、そうではない。道具が備える可能性はちょうど人の身体と頭が持たない可能性である。道具ははるかに人の身体と脳の制限を超え、身体と脳の不可能性をそれ自身の可能性に転化させた。非人間的な身体と脳である道具は人が万物に通じる道となる。一方では、道具は人を万物に向かせ

る。もう一方では、万物を人に向かせる。

　作られたものである道具は、人に使用される過程の中でのみその自身を実現できる。一方では、それは人と関わり、その身体と脳のより広い範囲での運用となる。もう一方では、物とも関わり、物を加工、改造する。

　人間が製造、使用した道具には多様な形態がある。例えば、石器、青銅器、鉄器、機械、情報などである。もしも機械を一つの境界線とするならば、道具は非機械的な、機械的な、ポスト機械的なものといった三種類に分けられる。非機械的な道具は手作りの道具であり、人間の身体に司られる。蒸気機関と内燃機関のような機械的な道具は人力により動くのではなく、それ自体の動力に駆動される。ポスト機械的な道具は情報技術である。例えばコンピューター、インターネット、人工知能などである。それは情報の輸出、フィードバック、コントロールである。

　最後は物である。人間は道具という特別な物を製造、使用するのは、道具そのもののためではなく、それを利用し、ほかの一般的な物に作用させ、異なる形態の物を生産するためである。道具と関わる物は二種類に分けられる。一つは原料としての物である。自然物、あるいは一次加工されたが、さらなる加工が必要である人工物である。もう一つは商品としての物である。すでに出来上がり、人間に奉仕できる物である。

　道具が使用された生産活動において、物は一つの加工材料でしかない。それは自給自足、自由自在的でもなく、閉鎖的で隠れたものでもない。技術にはその有効性を持つ面を明らかにする。人間は道具を利用して物の有効性を向上させ、それを一つの製品に作り上げる。物は技術生産過程の完成した形態であるため、技術的な存在者である。当然ながら、全ての製品は最終的に人間に消費され、直接または間接に人間の欲望を満す。

原料であれ、商品であれ、物である。ただし、これらの物は異なる存在の形態を持つ。作られた物の種類に応じて、技術も異なる形態に分けられる。物は時間と空間の中に存在するため、技術はそれに応じて時間技術と空間技術に分けられる。前者には時計、後者には測量と宇宙飛行技術などがある。また、物は人、自然、社会などに分けられるため、それに応じて、技術も人間の身体技術、思惟技術、自然技術、社会技術などに分けられる。当然、現代技術は異なる物を組み合わせることができる。したがって、それは総合的な技術となる。

三、道具の歴史

　技術活動の三つの核心的な要素（人、道具、物）の中、道具は根本的な位置を占める。技術的な人は、道具とは異なるが、道具の創造者であり、使用者である。一方では、道具の製造、使用方法はそれを利用する人間に対応する。もう一方では、人間は道具自体により、その使用方法を決める。したがって、道具は人間存在の顕現と証明だと言える。道具は人間と関わる一方、物とも関わる。道具の影響の元でこそ、物は材料、そして商品となりうる。道具は物を製造するものであるため、物の本性と形態を規定するものでもある。道具は技術活動において重要的な意義があるため、それが如何に生成、変革、発展するかを分析する必要があるだろう。道具をめぐる検討は、それ自身に対する説明のみならず、それと関わる人間への分析、またそれにより製作された物への思考でもある。

1. 身体的な道具

　最初の道具は人間以外の如何なるものではなく、人間の身体である。身体そのものは欲望的であり、技術的でもある。なぜなら、それはそれ自身の欲望を満足させる欲望の対象を製造するからである。当然ながら、身体も物であり、他の物と同じく生活世界の中に存在する。ただし、道具は静的な物ではなく、動的である。身体の活動は意識的な生命活動である。活動により、身体は万物と交わることになる。のみならず、それは物に作用して、また物を改造し、自然物を人工物に作り上げる。原始的な道具である身体は以下のような意義を持つ。まず、それは外的な道具を利用せず、既に持っている道具、すなわち身体器官により直接に物を把握し、そして生産により物を欲望の対象にし、欲望を満足させる。次に、原始的道具である身体は非身体的な道具を製造する。身体は道具の一番初めの道具であり、道具の道具でもある。最後に、それは道具を使用して、間接に物を変え、製造する。

　人間の身体は有機的な統一体であるが、頭、胴体、四肢に分けられる。身体の他の部分と比較するなら、道具である人間の両手はとりわけ重要な意義を持つ。手は、掌と五指から構成され、腕を通して胴体と繋がる。手は人類にとって特有な触覚器官であるが、他の動物はそれを持たない。一部の動物の前肢は手の機能を持つが、簡単に物を掴んで取ることしかできない。しかしながら、人間の両手はそれと異なり、鋭い感受性と器用な活動性を持つ。すなわち、人間の手は肉体の特性のみならず、心の特性も持つ。中国語には"心灵手巧"（利口で手先が器用である）といった言葉がある。この言葉は、両手と心は異なるが、内在的な関連性を持つことを表す。鋭敏な心があると、それに対応する器用な手も持つ可能性が高い。更

に、手は人間の第二の脳だとされる。大脳は思惟できる器官である。両手は大脳の指示に従って行動し、大脳と相互的に作用し合う。手の活動は手を動かすこと、すなわち手で物事を操作することだと表現される。人間は直接に手で物と接触し、あるいは間接に道具を通して物と接触する。手により、人間は物と出会う。手との関係性により、人間は異なる物を区別できる。例えば、手の前にある物と手の上にある物などがある。手の前にある物は既にあった物事である。鉱物、植物、動物などのような、人間が手を動かす前に既に存在したものである。すなわち、自然物である。一方、手の上にある物は人間に造られた物である。石器、陶器、鉄器などのような、人間が手を動かしてから存在した物事である。すなわち、人工物である。手が触れる物事は多様である。人間は自身のみならず、他者にも触れる。例えば、他人と握手したり、抱擁をしたり、他人を撫でたりするなどである。そして様々な物体にも触れる。いわゆる「手段」は字面から見れば、手で機械を持つことを意味する。すなわち、人間が目的を達するために使う方法と技術である。したがって、手段は道具、道具は手段である。その方法と技術は多様であるが、手段は大きく二種類に分けられる。一つは手をかけること、もう一つは手放すことである。手をかけるのは人間が力を尽くして事物を捕らえ、変え、また占有しようとし、自分の欲望を満たすことである。手放すのは人間が事物との密接な関わりを諦めることである。なぜなら、事物が既に自身の欲望を満たしたか、またはそれが人間の欲望を満たせず、ひいては欲望の満足を妨げるからである。

　手と同様に、足も人間の非常に独特な道具である。体の一番下端にあり、足の裏と五本の指から構成され、脚を通して人間の躯幹と繋がる。足は身体の中で最も重要な重荷を背負う器官と運動の器官である。従来、直立二足歩行は人類が動物から区別される最も顕

著な身体活動の標識の一つだと見做される。なぜなら、動物は直立することができず、這って進むことしかできないからである。直立することができても、偶然に発生した行為に過ぎない。動物とは異なり、人間は直立し続けられる唯一の動物である。直立によってこそ、人間が這えるのみならず、立ち上がれることができ、それにより両手が形成し、大脳が発達するようになった。足の活動は足を動かす、あるいは足で移動することである。人間は歩くのみならず、走ることもできる。一つの場所からまた別の場所へ移動できる。すなわち、目的地に着くことができる。人間が直立し、または歩く時、足は身体の重量を負担する。それどころか、身体に他人あるいは他の物が載せられれば、足はその重量をも負担する。また、足は闘争、武術格闘、芝居などの活動において重要な役割を果たす。人間の身体と身体以外の物を負えるのみならず、身体を守ることもでき、自分の身体を傷つけるような人間と物を蹴っ飛ばしてしまう。さらに、足の道具的な意義はより一層拡大され、人間自身の存在の土台に喩える。人間は自分の両足により立ち、走ることを宣言するのは、他人や外的な道具に頼らず自分のみに頼り、すなわち独立して生活することを意味する。

　四肢のほか、人間の感覚器官も道具として異なる役割を果たす。人間は物の中で生活し、物と接触するため、その身体は常に物とつながる。人間は目、耳、鼻、舌、身などの感覚器官を持つ。それぞれは万物の色、音、匂い、味、形と対応し、それにより視覚、聴覚、嗅覚、味覚、触覚が形成される。感覚により、人間は万物との関係を築く。一方では、人間の感覚は万物に投射する。もう一方では、人間は感覚により万物を受け入れる。人間の感覚において、万物はその本性を示すのみならず、感覚に作用する。実のところ、感覚は人と万物は互いに生成することを促す。異なる種類の感覚の範囲と性質は異なる。通常、視覚と聴覚は理論的な感覚と称され、嗅

覚、味覚、触覚は実践的な感覚と称される。なぜであろうか。目と耳は、見る、聞く過程の中で直接に色と音を占有せず、それ自身の本質をそのまま保たせる一方、鼻、舌、皮膚は、嗅ぐ、味わう、触る過程の中で直接に匂い、味、形を占有し、それらを消失、変形させるからである。

　人間の身体的な道具の中で、言語は特別な意義を持つ。その本性から言えば、それは様々な性質を持つが、最も顕著なのは道具性である。言語の道具性は主に反映、交流などに表現される。したがって、人間は陳述や疑問、命令することができる。人間の具体的な言説の行為も多種多様である。例えば、独白、会話、多人数対談などの形がある。言説は話すことのみならず、することでもある。つまり、言説はあることを述べることのみならず、実行することも意味する。そのため、言説は心の活動のみならず、現実活動でもあろう。言説の現実的な意味は、様々な領域において現れる。まずは人間についての言説である。人間は、言語により、他人が何かをする、またはしないようにと命じる。次に、動物についての言説である。人間は動物を召し使い、追っ払い、労働させる。人や物をその上に載せる。そして動物の行動を訓練し、動物にパフォーマンスをさせる。最後は一般的な物についての言説である。伝統社会において、人間は巫術により物と交流し、物を人間の意志に従わせる。一方、現代社会においては、人間は情報技術により機械と交流し、そして機械により物をコントロールする。

2．手作りの道具

　道具である人の身体には、生まれつきの制限がある。手足などの

身体器官はある程度の力のみを持ち、そして時間と空間に制限される。すなわち、身体器官により生産できない物は数多くある。身体的な道具の力不足に気づいた時、人間は身体以外の道具を探し、その力を借りようとする。身体以外の道具は常に石や木などのような既にあった自然物である。自然物が他物の加工に使われるとき、その身分が変わり、自然的な道具となる。それにより、人間はその身体機能の制限を超え、より一層物事に作用できる。また、それにより目的に達する。ただし、身体的な道具と同様に、自然的な道具にも生まれつきの制限があり、人間はそれにより多様に複雑な欲望を満たすことはできない。したがって、自然的な道具の使用のみによっては、人間を動物から区別されることができない。

　火の利用こそが物質的な道具の使用の始まりである。火の基本的な特性は燃料の燃焼である。燃料は草木と化石を含む燃える物質材料である。その燃焼により、火が起こされる。自然において、火は草木が落雷に打たれることに、または高温気候などの特定の条件の下で燃焼が自ら燃えることにより起こされる。火は明るさをもたらす一方で、熱エネルギーも提供する。ただし、燃料は燃える過程で、灰燼になり、無くなる。人間は次第に自然の火に慣れるようになり、それに驚き、それを恐れ、それから逃げようとせず、それを自分の生活に役に立たせるように利用した。さらに、自然の火を利用するのみならず、それを火種として保存し、一定の時間燃え続けさせることもできるようになる。しかし、自然の火には生まれつきの制限があり、時間と空間に制限される。既にあった火を利用、保存するのみによってはその制限を克服することができい。それを克服するために、人為的に火を起こさなければならない。つまり、火を起こす道具を作って使用しなければならない。人間はまず、人工的に火を起こすのに適する材料を選ぶ。様々な材料を比較した後、最適な材料として枯れた木を選定した。次に、火切りの道具、すな

わち硬い物体で研磨された錐を発明した。高速かつ持続的に木を擦り合わせることにより、木は熱を発して火を起こす。火起こしといった技術の応用により、火は、時間と空間に制限されずに人間の生活に入り、いつでもどこでも人間に使われるようになった。

人工的な火の発明と使用は人類文明史において一つの幕開けである。火は、夜を照らし、それにより、人間と万物は光明の中に現れ、他者に見られるようになった。火は、獣と化物を追い払い、人間とその家を守る。火は、神に呼びかけ、人間の命を守る。概して言えば、火は人間生活に新天地を切り開き、新しい世界を造ったのである。

そればかりでなく、火は人間を形作る。火の熱エネルギーのおかげで人間は寒さを凌ぎ、身体の暖かさを保ち、凍死せずに長々しい冬と寒い夜を過ごせる。最も重要なのは、火は人間の飲食習慣を変え、革新した。人間は火をもって料理をし、生ものを加工する。生ものと比較するなら、加工したものの方がより美味しく、健康的で、消化しやすい。火は、人間の飲食を変える一方で、人間の身体と心理をも変え、人間を動物の動物性から更に遠ざけさせ、人間の人間性に近づかせる。人類学の意味において、原始人のように火を使わずに生ものをそのまま食べることと、生ものに火を通してから食べることとの差異は、動物と人間との対立だけではなく、野蛮と文明との対立でもあるため、自然と文化との対立ともなる。

火の使用は、基本的な欲望を満たすことに新しい手段を提供するだけでなく、人間がさらに自然材料を加工することを促進した。すなわち、火により人間はより便利に物を作れる。なぜなら、火は不思議な機能を具えているからである。一方では、火は有を無に転じさせる。すべての燃える物は火の中で燃え尽くし、燃え尽くされ、自身の存在の本性と形態を変える。またもう一方では、無を有に転じさせる。すべての燃えない物は火の中でもともと持たなかった

特性を生み出し、新しい物を生成する。火は物の存在形態を変えられる。例えば、もろく弱い物を堅固な物に、また堅固な物をもろく弱い物に変えさせる。固体物質を液体に、また液体を気体に転化させる。焼成によってこそ、人間は陶土を硬くさせ、陶器を生産できる。製錬によってこそ、人間は銅鉱から銅を抽出し、青銅器を生産できる。これらの器具は人間の日常生活と生産において不可欠な道具、または敵と獣から自分の身を守るための武器である。

　火の使用に基づき、人間はより広い範囲で人工的道具を製造、使用する。それは長い歴史を経て発展してきたものである。道具の材料的な特性により、人間はそれを石器、陶器、青銅器、鉄器などに分ける。石器は既にあった石で磨かれた器具である。ある石が石器になるかどうかはその硬さと形によるのである。それに基づき、人間は加工の難しさと加工品の自分にとっての使いやすさを考慮しなければならない。石器利用ののち、人間は陶器を発明した。人間は陶土により様々な容器を製造し、かまどの中に入れ、高温で陶器を焼き上げる。石器と比較するなら、陶器はより一層人間の期待を満たせ、人間に広く利用された。陶器の後、人間は青銅器を製造した。人間は、赤銅を製錬した時錫鉱物を入れて、赤銅をより溶けやすくし、またその産物、すなわち青銅をより硬くした。こうした青銅の特徴に基づき、人間は数多い金属製品を製造した。例えば日常生活用具、礼器、兵器などである。青銅器と比べると、鉄器はより普遍的である。鉄鉱はより多く、鉄器はより鋭い。したがって、鉄器は次第に青銅器に取って代わり、人類の歴史において最も主要的な道具となった。日常生活、農業、工業領域に普及したのみならず、主要な軍用兵器ともなったのだ。

　これらの道具は異なる材料を使うが、共通点を持つ。自動では動かず、他者によって動くため、使いこなされる必要があるといったことである。最も直接的な外力は人力である。人間は自分の身体に

より道具の運行を推し進める。人力の負担を軽減するために、人間は畜力をも使う。道具の駆動には人工的に飼いならされた牛と馬は最も主要な動物である。そのほか、人間は自然の力も借りる。例えば水力と電力などである。最も目にする道具は水力と風力で推進された製粉所の研磨用具である。人力の道具であれ、畜力の道具であれ、また自然力の道具であれ、それらの道具は結局、人間の両手によって把握される。したがって、本質的に依然として手作りの道具である。道具を製造、使用する過程において、人間は自然の物質を発見し、生産する一方で、技能と力を発展させる。

3．機械的な道具

　道具の歴史において、手作りの道具から機械的な道具への変革は画期的な意義を持つ。

　実際には、我々が毎日使う箸、ナイフ、フォークなど食器を含む全ての道具は機械と称してよいだろう。ただし、機械は単一的機械と複雑機械に分けられる。単一的機械は簡単な機械であるのに対して、複雑機械は二種類または二種類以上の単一的機械により構成される。機器こそが複雑機械である。それは様々な部品により組み合わせられて動く装置であり、人間自身以外の物体に影響を与える。人間が機器を使うのは、道具を使うことでもあるが、ある特別な道具、すなわち自動装置をコントロールして物を生産することである。

　簡単な機械と違い、機器は根本的に部品で構成された集合装置である。それは通常、動力部分、動力伝送部分、実施部分、制御部分により構成される。動力部分は機器のエネルギーの源であり、それ

は様々なエネルギー源を力学的エネルギーに転化させ、動力学的エネルギーとなる。動力伝送部分は中間装置であり、動力部分の動力を実施部分に伝送する。実施部分は物体を作用、加工、生産する部分である。制御部分は機器の起動、停止、転換の部分である。機器の部品はそれぞれ決まった形で相対的に運行するが、密接につながり合う。ある部品が運行する時、それに対応するほかの部品も運行する。

　機器は、複雑性のみならず、自動性も具える。一般的な手作りの道具は人間の身体に操作されるため、絶対的に受動的である。それに対して、人間は絶対的に能動的である。道具は自動的ではなく、他動的である。外力を借りなければ動かない。通常、軽い道具の操作は直接に人間の体力、すなわち手足の力による。一方、重い道具の操作には人間の体力では堪えられず、牛と馬の力、水力と風力などのような人間以外の力を借りなければならない。ただし、蒸気機関と内燃機関のような現代の機器は自力的であり、すなわちそれ自身に動力を具えている。機器は特別な設備により、蒸気エネルギー、熱エネルギー、電気エネルギーなどの様々なエネルギー源を機械的エネルギーに転換し、自ら運行する力を獲得し、また他の設備の加工と生産を推進できる。機器の歴史において、エネルギー革命が二度起こった。第一次エネルギー革命は蒸気エネルギー革命であり、第二次は電気エネルギー革命である。

　機器が自動的に運行するようになるにつれ、それを使用する過程においての人間の役割も根本的な変化を遂げた。人間は道具を推し進めることから道具をコントロールするようになった。人間は身体的な道具を使うとき、手足そのものが道具となり、直接物を生産する。手作りの道具を使用するとき、直接道具を持ち、道具により間接的に物を生産する。手作りの道具には様々な種類がある。人間の手により操作されるもの、足により推し進められるもの、または身

体全体により操作されるものとがある。手作り道具は媒介として、人に製作された物と間接に関連させる。実のところ、それこそが人を物とつなぎ合わせるのである。人間は道具により物を変える一方で、物は道具により人間に改造される。ただし、身体的な道具と手作りの道具とは異なり、機械的な道具は主に人間にコントロールされて使われる。一方では、人間は製作された物から離れ、それと直接に関わらない。もう一方では、人間は道具と合一しないため、機器は比較的に自主独立である。人間は機器に作用するのは主にそれをコントロールすることである。これは三つの面に表現される。第一に、人間は機器を発動し、それ自身を運行しはじめさせる。第二に、機器をコントロールし、その機能を最大限に発揮させたり、最小限に発揮させたりする。その速度を早くさせたり、遅くさせたりする。第三に、機器を停止し、その運行を止める。機器をコントロールする活動において、人間は物の製作を完全に機器に託す。すなわち、人間は機器をコントロールするのみであり、直接的には物を管理しない。また、機器は人間に従うのみで、物を製作する。

　機械的な道具の発明と使用は無論人間そのものを変える。それは人間の手足に取って代わって労働し、物の製作を完成する。これにより、機器は人間の身体を大いに解放した。人間は道具を手に取って物を生産しなくてよい。足で道具を推し進めて物を製作しなくてよい。また身体で重い荷物を担わなくてよい。これにより、人間は疲労、苦痛及び過度の肉体労働により引き起こされた病気、ひいては死亡を防止する。機器を操作する過程において、人間は却って身体の気楽さを感じられる。

　機器は人間の身体に取って代わったのみならず、人間の身体の枠を超えた。血と肉により構成される人間の身体には、生物学と生理学の面において生まれつきの制限がある。一方、常に鋼鉄により構成された機器は人間の身体よりも手作りの道具よりも一層強く物に

作用する。例えば、掘削機、クレーン、輸送機などが持つ力は人間の手よりずっと強い。自動車、汽車、汽船、飛行機などは運行速度が人間の足よりずっと速い。水の下、洞穴の中、極寒と極暑の環境で仕事ができるような特殊な機器の荷重は人間の身体より高い。そればかりか、機器は人間の想像以上、人間の身体が完成できない事を実現できる。人間の身体は空を飛ぶことができないが、飛行機により空を旅することができる。人間の身体は深水の中にもぐることはできないが、潜水艦により深水で航行できる。以上のようなことなどである。

　機器は人間の身体に取って代わり、その枠を超えるものの、身体から離れるわけではない。身体と密接に関わり、その一部分となる。機器は人間にとって無機質であるが動ける身体であり、感覚を持たないが活動できる器官である。現代において、人間は機器から離れると、実生活を展開できない。人間が機械化され、その身体は機械によってのみ世界万物と付き合うことができる。例えば、人間は日常生活で様々な家庭用電気機器を使う。固定電話と携帯電話により遠くにいる人と連絡する。車などの交通手段により、一つのところからもう一つのところへ移動する。

　機器は根本から人間を変えるのみならず、世界をも変える。人間の身体的な道具と手作りの道具に比較するなら、機器は人間が物を加工と製造する可能性を広げる。機械により人間がより多くの物を加工、製造することができる。

　現代的な機器は人間の生活世界のすべての領域で普及する。個人や家庭に使用される機器のほかにも、様々な種類の機器がある。まずはエネルギー生産、変換する機器である。一方では、人間は熱エネルギー、化学エネルギー、原子エネルギー、電気エネルギー、流体圧力によるエネルギーなどを機械エネルギーに変換させる。もう一方では、機械エネルギーを別のエネルギーに変換させる。様々な

エネルギーがあってこそ、世界は回っている。次に、産品を生産する機器である。例えば、農業機械、工業機械など重機械と軽機械である。様々な農業と工業の産物を造る。生活資料となったり、生産手段となったりする。それから、様々なサービス用機器である。例えば、家庭での日常使用、運輸、環境などにおいての機械である。人間の生活と生産に奉仕する。最後は軍事機器である。様々な機器と武器は戦争の攻撃力を強めた。こうした状況により、人間のみならず、世界も機械化されてきたことが分かる。機器の製作活動により、世界は単なる自然の産物ではなく、機器の産物ともなったのだ。

　機器は現実の時間と空間を変える。世界には決まった時間と空間がある。ただし、機器は二つの面から時間と空間における人間の生活を変える。一方では、機器は時間を短縮し、空間を縮小する。昔の人間が、歩く、または馬に乗ることにより数ヶ月、ひいては数年間かかって到達できた所に、現在ジェット機ではたったの数時間で到達できる。空間的には距離が短くなり、時間的には速度が速くなる。もう一方では、機器は時間を延長し、空間を拡大する。時間を短縮し、空間を縮小することができるゆえにこそ、時間を延長し、空間を拡大することができる。人間はより遠いところまで到達できる。様々な現代的交通手段により地球上の多くの所に足を踏み入れられるのみならず、ロケットにより宇宙まで飛行し、地球外にある惑星に着陸できる。また、時間も多くなり、余裕があるようになる。人間はより多くの生活と生産活動に従事できる。

　機器は人間がいる世界の時間と空間を変えるのみならず、万物の存在状態をも変える。人間は身体を道具として使うとき、主に物を製作するのではなく、物を手に入れるのである。手作りの道具を使用するとき、物を掴むのみならず、物を製作することもできる。ただし、その製作物の質と量には限りがある。上述の状況とは違い、

機器製作された物は根本的な変化を遂げる。物の質であれ、量であれ、かつてない高さに到達した。質の面から言えば、機器は徹底的に物の本性を変える。量の面から言えば、機器はすべての物と関わる。機器は物を製作するといった特性により、人間のみならず、天と主宰神をも超越する。

4．情報的な道具

　産業革命の後、人間は第二次技術革新を実現した。主に情報技術と人工知能などの面での革新である。
　我々がいる時代には数多くの独特な標識があるが、最も代表的な標識が技術化であることには疑いの余地がない。単に技術の角度から見ると、この時代は一般的な時代ではなく、高度先端技術の時代である。それはなぜであろうか。過去の技術力が足りない状況とは違い、現在は高度な先端技術が普及するからである。過去の技術は既に時代遅れであり、現在は革新的である。高度先端技術に含まれる道具の製作と使用は様々であり、人間生活の全ての領域で普及するが、その中に最も核心となる技術は何種類かしかなく、また時期によって変化するのである。
　20世紀前半において、最も典型的な技術は原子核技術、生物学技術、情報技術である。原子核技術は、核特性と核反応を土台とし、そして原子炉と加速装置を道具とする技術である。よく知られているのは原子力発電所、核医学、核兵器などである。核エネルギーは驚くべき巨大かつ驚異の力を持ち、創造性を具えながら破壊性をも具える。創造性の面から言えば、原子力発電所は効率的、清潔、安全なエネルギーを提供する。破壊性の面から言えば、核兵器は容易

に都市または地域を廃墟にすることができる。生物学技術は生物学の科学的原理と生物により、関連する産物を生産する技術である。遺伝子工学、細胞工学、タンパク工学、酵素工学、生物化学工学などを含む。植物、動物のみならず、人間自身をも改善する。情報技術は情報処理に関する様々な技術である。現代は主にコンピューター技術と通信技術である。情報の生産、加工、保存、変換、顕示、伝送などに関わっている。それにより人間と人間、人間と万物がつながる。

　20世紀後半において最も主要な技術は宇宙技術、エネルギー技術、人工知能技術となる。宇宙技術は宇宙空間、即ち宇宙と地球以外の天体を探索、利用する技術である。これにより、人間は地球上有限な空間の枠を超え、無限な空間を切り開いた。宇宙技術の発展により、人間は地球人であるのみならず、他の惑星の人間になる可能性も生じる。エネルギー技術は実のところ新エネルギー技術であり、古いエネルギー技術から区別される。主に核エネルギー、太陽エネルギー、地熱エネルギー、海洋エネルギーなどの開発と利用技術を含む。伝統の化石燃料（石炭と石油）を主としたエネルギーの限界を超える。新エネルギー技術はエネルギーを無尽蔵に使い尽くさない為の予防策である一方、その安全性と環境保全性をも確保する。人工知能技術は情報技術とほかの高度先端技術の総合的な運用であり、人間の思想、言語、行為を真似、拡大し、発展余地のある技術である。それには、ロボット、言語識別、画像識別などが含まれる。

　21世紀になると、人工知能技術が先頭に立つようになった。それ以外には、主に遺伝子工学、ナノテクノロジーなどがある。遺伝子工学技術は生物学技術の一種であり、遺伝子の探索と組換えをする技術である。遺伝子は生物細胞の中にあるデオキシリボ核酸により構成される。遺伝子変異の特徴はデオキシリボ核酸の配列によって

異なる。生物、とりわけ人類の遺伝暗号の解読により、人間は新しい生物と新しい生命を造ることができ、またその出産、老衰、病気、死も制御できる。ナノテクノロジーは現代技術の総合的な運用である。原子と分子により構造が極めて微細な材料を製造するため、超微細技術とも呼ばれる。ナノテクノロジーは根本から人間の材料への生産と運用を変え、斬新な製品を生み出す。それらの製品はより便利、より軽く、より硬く、より持ちがよくなる。

　数多くの現代技術において、情報技術が最も重要な位置を占めることには疑いの余地がない。原子核技術、生物学技術、宇宙技術、エネルギー技術、遺伝子工学技術、ナノテクノロジーなどはいずれも情報技術に支えられる。多かれ少なかれ、直接また間接に情報技術を使用している。人工知能とロボット技術も情報技術の発展の延長線にあるため、広い意義での情報技術に属する。

　しかし、情報とは一体何なのか。情報は物事の存在の符号的顕現と伝達である。符号には文字、数字、画像、音声などが含まれる。実際には、自然には最も原始的な情報活動が存在する。例えば、鳥の鳴き声、獣の叫び声などである。ただし、それらは鳥と獣の本能的行為でしかない。動物とは違い、道具の創造者と使用者である人間は情報の創造者と使用者でもある。人間は情報を製作し、送り、そして受け取る。情報の数多くの形態の中で、言語は最も重要であることには疑いの余地がない。人間は言語を発明し、他人に言説し、また他人の言説に耳を傾ける。それにより交流が生じる。それは人間の最も基本的な情報活動である。ただし、長期に渡って、人間の情報活動、特に言語活動はある種の自然的な状態でしかなかった。すなわち、その活動は、人間の身体または簡単な手作りの道具に頼っていた。例えば、人間が口によって喋ること、またはペンによって書くことなどである。したがって、人間の伝統的な情報活動は、現代の意味での情報技術活動ではない。情報技術活動は本質的

に言えば情報がコンピューターにより処理され、また通信施設により伝達される活動である。この意味では、情報を製作するのは人間ではなく、機械である。伝統的な情報活動から現代技術への転換は実のところ、人間から機器への転換である。

　数多くの情報の形態の中で最も根本的なのは言語であるため、最も主要な情報製作活動は言語の製作である。一般的な分類によれば、言語の存在形態は三つに分けられる。一つ目は日常言語である。それは人間が日常生活の中で使う言語であり、人間存在の直接表現である。二つ目は人工言語である。それは人間の日常言語への加工と改造であるため、人為的に作られた言語である。三つ目は詩的言語である。それは日常言語の本性への回帰と昇華であるため、純粋に洗練された言語である。人工言語である情報言語は、自然的な形態である日常言語とも存在の顕現である詩的言語とも異なり、技術化され、すなわち作られた言語である。

　情報言語の技術は実際、人工言語に関するエンコードとデコードの作業である。エンコードにより情報は一つの形態からもう一つの形態に変換される。すなわち、形式化されてない言語が形式化し、人間に操作しやすい手段となる。デコードはエンコードの反対のプロセスであり、内容を理解しやすくするために、エンコードされた言語をその前の形態に復元させる。情報言語の製作は独自のプロセスを辿る。言語を生産し、送り、受け取る。また、情報の伝達は人間の手段であるのみならず、人と物をコントロールすることを最終目的とする。すなわち、人間は情報の伝送により人と物をコントロールする。情報のコントロールにより、人間は現代の生産活動において、言語と現実との対立を克服し、言語を現実にする。したがって、情報論、システム論、コントロール論は常に同時に取り上げられる。三つの論は異なるところに重点を置くが、密接不可分な関係にある。情報は独自のシステムを持つ。システムは情報転送の役割

を果たす。人間が情報により、システムをコントロールする。三者は異なるように見えるが、実のところ一体である。

　情報技術は人間の道具の歴史を転覆させた革命である。機械的な道具と違い、情報的な道具は人間の身体ではなく、人間の脳、すなわち知能の代替品であり、人間の知能を超越する。情報の処理者であるコンピューターは人間の脳のように計算できるのみならず、人間の脳を超越して計算することもできる。したがって、コンピューターは人間の脳との間には共通点も相違点もある。インターネットとモノのインターネット（IoT）の発展につれ、コンピューターは生気のない脳ではなくなり、機敏な脳となった。また、有限な脳でなくなり、無限な脳となった。情報ネットワークは人と人のみならず、人と物、物と物をも繋いだ。人間と万物との関連性により、情報技術は世界の全ての領域と繋いだのである。

　情報技術とほかの現代的な高度先端技術に基づき、人間はさらに人工知能（AI）技術を発展させる。人工知能は人間自身が持つ知能ではなく、社会活動の中で生成し続けたものでもない。人間が物、すなわち機器により作り出した非自然的な知能である。人工知能技術は、人間の知能と似ている機械的な知能を研究し、開発する技術である。それはまず、人間を模擬する知能である。構造上の模擬のみならず、機能上の模擬でもある。次に、人間の智慧を伸ばす知能である。時間と空間に制限される人間の知能を制限されないものに発展させる。最後は、人間を超越する知能である。人間の知能の秘密を解き、知能そのものを無限に発展させる。本質的に言えば、人工知能は人類を模擬する技術のみならず、人間を超越する技術でもあり、人間を超越してゆく。したがって、人工知能技術はほかの技術の先に立ち、人と物の限界を跨いだ危険な技術となる。

　人工知能技術の中で、最も注目に値するのは、ロボット技術である。広義の意味では、全ての人工知能の機器はロボットと称するこ

とができる。ただし、ロボットは通常、主体性を持つ機器を指す。専用ロボットはある専門の仕事のみに従事するのに対して、通常のロボットはより広い範囲で活動に従事できる。ロボットが人間ではなく、機器であることは明らかである。それは生命の機能を持たない人工物であるが、知能、意識、思惟、自我などのような人間に類似した存在の特性を具える。自動的に仕事を執行する機器装置であるロボットは、人間の命令に従って運行できるのみならず、事前に作成したプログラムによって活動することもでき、更に人工知能により設けられた基本的な原則に従って柔軟に運行することもできる。ロボットの活動は通常、実行、駆動、検査測定、コントロールなどの部分により構成される。過去に人間の知能によってしかできなかったことは、現在では人工知能によってもできるようになった。

　ロボットは常にそれ自身を改善させ続ける。つまり、常に人間の知能を模擬、発展させ、超越し続ける。それは統計されたデータ、すなわち経験から学ぶのみならず、量的変化に頼らず質的変化に達成することもでき、さらにインスピレーションや悟りさえも出現し、イノベーションを実現する。それは、ロボットが連続的に習うこともできれば、断続的に習うのもできることを意味する。したがって、ロボットは認識のみならず、意志と感情をも持つ。無機的な人間となり、人間に類似した身体のみならず、心をも持つ。

　人間の知能を超えた時、ロボットは人間から分離し、人間と競争し、人間に挑戦する。人間のコントロールから脱却し、独立した存在者になる可能性があるのみならず、人間を脅かし、人間に勝つ可能性さえもある。そのため、現代人の冒険的な技術であるロボット技術は人間を超えるのみならず、人間に逆らい、最終的に人間を殺害する可能性もある。ロボット技術は人間を超越し、ひいては反人類の道に走っていく。人間と物の限界線を跨いだロボットは、人間

に危険と機会を同時にもたらした。

　こうした危機に鑑みて、人間はロボット工学三原則を立てた。第一原則は、ロボットは人間に危害を加えてはならないことである。第二原則は、第一原則に反しない限り、人間の命令に服従しなければならないことである。第三原則は、第一、第二原則に反しない限り、ロボットはロボット自身を守らなければならないことである。

　ただし、これらの原則は人間がロボットをコントロールできることを前提とする。つまり、人間はロボットに命令でき、ロボットは人間の命令に従う。当然ながら、ロボットは人間の命令を判断する必要もある。どのような命令に従うか？　人間を、ロボットを、そして森羅万象をも守る命令である。ただし、ここにはもう一つの前提が設定された。人間が技術をコントロールできることである。もしも人間が技術をコントロールできなければ、ロボットをもコントロールできなくなる。一旦ロボットが人間のコントロール下から抜ければ、自身をコントロールできなくなる。こうした状況の下で、ロボットが人類の運命を脅かすことは避けられない。

　手作りの道具から機械的な道具、また情報的な道具への変化は、道具の発展と変革の歴史である。それは道具自身の歴史のみならず、技術の歴史でもある。また、物が創造された歴史のみならず、人類文明の歴史でもある。道具の歴史は永遠に終わらず、絶えず更新し続ける。

　機械時代以前において、技術、すなわち道具に対する創造と使用は、技芸または技能と表現されるに過ぎない。主に、人間の両手により直接または間接に物と接触する過程である。中国語では、"技"といった言葉は手工業活動の従事者の腕前を意味する。特別な技能を身につけた手工業者は職人となる。手は身体の一部分である。したがって、技芸は人間の身体による、身体的な活動である。ただし、人間の身体は有機的な自然であり、自然全体における

一部分である。そのため、技芸は自然に頼る活動でもある。それにより、技芸自身は人と物の関係の面において、生まれつきの制限があり、すなわち自然に規定され、空間、時間、物体の強さなどに制限される。

こうした制限の中で、人間が主体でもなければ、物が客体でもない。したがって、人と物は主体と客体の関係にあるのではなく、能動と受動の関係にある。人間は技芸を運用し、自然を成長させる。例えば、農業と牧畜業である。または人間の目的を達成するために自然を変える。例えば、建築業である。

そうは言うものの、人為的な技芸は自然と融合しなければならない。すなわち、人間の活動は自然の運行のようになるべきであり、人間と機器は合一すべきである。そのため、技芸により製作された物は人工物であるものの、自然物に見えるように工夫される。すなわち、人工物のようではなく、天然物のようである人工物こそ最高の人工物である。これにより、技芸は通常自然に規定される人間活動だと理解されることが分かる。ただし、こうした技芸は自然そのものではなく、却って自然の本性を隠蔽する可能性がある。したがって、物の本性を隠蔽する可能性もある。

機器時代とポスト機器時代において、技術の意義は根本的に変化した。古代の技芸とは異なり、現代の技術は通常手作業ではなく、機器技術と情報技術を指す。手作業から機器技術への発展につれ、人間の身体の決定的な役割は次第に技術に取って代わるようになる。一方、情報技術において、人間は自分の身体のみならず、知能を道具に譲り渡す。したがって、現代技術は人間の身体と自然から離れ、自ら独立した超自然的な力に進化した。技術は人間の道具の一つであるが、逆に人間をその手段ともする。すなわち、技術は技術化すべきであり、人間から離れていくべきである。

斯くして、現代技術が技術化することは存在に対する挑戦と採掘

となり、それによりある種の設定となる。当然ながら、人間は設定者であり、万物を設定の対象とする。一方、人間自身も設定の対象であり、ほかの存在者により一層設定の対象の全体に従属する。ここで言う全体は、現代の技術世界である。世界は既に自然的でなくなる。自然はこの世界の中で次第に無くなり、最終的に消滅することは間違いない。技術世界に最終的に残るものは必ず設定されたものであり、人間または物である。設定されたものである人間と物はいずれも砕片である。砕片であるゆえに、全ては同じであり、置き換えられる。

　こうした意味では、現代技術の本質は伝統的な技芸でもなければ、人間の道具と手段のみでもない。それは技術化し、技術主義となった。それにより、我々の時代の規定ともなった。

四、技術の製作

　技術は科学技術者に実験室で操作されるもののみならず、人間の最も基本的な活動でもある。一方では、人間は特別な物を道具に作り上げ、もう一方では、道具により原材料を製品に仕上げる。

　技術の生産過程には通常、採集、加工、コントロールなどの段階がある。

　まずは採集である。人間は道具を使って自然から物を採集し、それを原材料とし、または直接に使える製品とする。

　農業の採集、狩猟は採集活動において最も原始的、かつ直接的な形である。人間は生活のために、植物を採集し、動物を狩猟する。植物と動物は既に自然にあったものであり、人間は異なる道具によってそれらを獲得する。例えば、人間は鎌によって植物を刈り取

り、弓と矢によって動物を狩り、網によって魚やエビを捕る。それらの採集された物は人間の生活材料となる。

　農業の採集と狩猟と比較するなら、工業の採集は無論より一層複雑である。それは覆い隠された自然を顕現させ、閉鎖した自然を開いた。その主要な形態は採鉱であり、全ての金属と非金属鉱物への採掘を含む。通常、農業の採集物は地表にあるのに対して、工業の採集物は地中にある。したがって、工業の採掘は順序に従い、漸進する過程を辿る。まず、隠れた鉱物を探査、発見し、そして採掘し、最後に採掘されたものを運輸する。

　次は加工である。採集は天然な原材料を獲得するに過ぎない。それらの原材料に対して、人間はまた技術的な処理を加える。加工は人間が道具を使い、ある種のプロセスと方法によって材料を製品にすることである。一次加工、仕上げ加工、器物の作成といった一連の手順を含む。

　技術の加工は物に対する改造である。一般的に言えば、物は質料と形式に分けられる。質料は物の実体と本性であり、そのものが何であるかを決定する。これにより、物はそれ自身となり、他の物から区別される。一方、形式は物の構造と様式であり、ある物が如何にそれ自身になるかを決定する。自然物は既に生まれつきの質料と形式を持つが、人間にとって、それは加工を待つ材料でしかない。

　材料を製品にする時、人間がまず考慮するのはその機能、すなわち人と物にとっての実用性である。実用性を獲得するためにこそ、人間は材料を加工する。すなわち質料と形式といった二つから材料を改造する。したがって、加工は質料を変えることでも、形式を変えることでもある。

　一方では、質料を変えることである。物の質料は単一である可能性もあれば、複雑であり、すなわち不純物が混じる可能性もある。質料をより純粋にするために、人間は技術手段により不純物を除去

しなければならない。例えば、高温で製錬し、金属鉱物から鉱滓を取り除き、高純度である金属を抽出する。のみならず、人間は様々な異なる質料を組み合わせ、新たな質料を作り出す。例えば、幾つかの金属を一定の割合により溶かし合わせ、合金を製錬する。

　もう一方では、形式を変えることである。物の質料を変えると同時に、人間はその形式をも変える。形式性は人間が器物に形づけることである。器物の形式はあってもなくてもよいのではない。形式は物の物理的特性と人間の需要に応じるものである。したがって、器物の形態、色、音はその存在の顕現である。加工は材料の元のあり方を変えるのみならず、材料に新しい構造と様式を与える。物の構造と様式はその機能によって決められる。すなわち、物は人間にとって利用、操作しやすいようでなければならない。形式を変えることにより、同じ質料である物は異なる機能を具えるようになる。

　質料と形式を変えることにより、技術は実のところ、ある旧物を新物にする。旧物に比較するなら、新物は新しい質料と形式を持ち、また独特な機能を具え、人間の欲望を満たす。物の質料性と形式性はその機能性または実用性を決定する。例えば、鉄は重量がある故にこそ、金槌は物を叩ける。鉄は硬く鋭い故にこそ、鉄の刃は物を切れる。逆に、金槌の形態を持つ鉄こそが物を叩け、鉄の刃の形態を持つ鉄こそが物を切れる。

　更に、技術を通して加工された物は人間性さえ持つ。道具を作る時、人間は原材料の物質性のみならず、その使用者である人間の需要をも考慮しなければならない。道具は人間に使われるため、人間の身心と関わる。必ず人間に把握、操作、コントロールされる。また、それは人間の生活世界の存在状態とも関わる。物は孤立したのではなく、人間の世界とつながる。したがって、全ての時代の物はそれぞれ独特な意義を持ち、歴史性を具える。自然物には歴史はないが、技術に加工された物には歴史がある。例えば、石には歴史

がないが、石斧には歴史がある。そのため、技術により造られた物の質料と形式も人間の生活世界に意義付けられる。

　生産過程における最後の段階はコントロールである。物を採集、加工する過程の中で、人間は規則によってプロセス全体を操作する。これはまず、人間がそれ自身に対するコントロールである。人間は物を採集、加工する能力を持たなければならない。次は道具に対するコントロールである。道具に対する操作は工業品製造のプロセスに従わなければならない。最後は物に対するコントロールである。例えば、物の数量と質量を保障する作業である。無論、こうした様々な形態のコントロールは全て情報システムの中で完成される。コントロール、フィードバック、再コントロールのプロセスを辿る。

　技術によるコントロールは、物を採集し、加工する過程においてだけではなく、自然現象との戦いの過程においても実現される。自然界にはそれ自身の法則、すなわち因果律があり、それにより多くの事件が起こされる。人間に有利なのもあれば、有害なのもある。害を避け、利に走るという原則に従い、人間は技術により自然をコントロールする。最も典型的な例はダムと水利プロジェクトの建設である。それにより、洪水が防がれ、人間の命と財産は損失を避ける。また、干ばつも防がれる。水で耕地を灌漑することも、人間と家畜の渇きを潤すこともできるようになる。更に、発電が保障され、水上の運輸も改善される。人間の自然へのコントロールには避雷と防震なども含まれる。

　人間は自然のみならず、社会をもコントロールする。社会も因果律に従うが、それは自由な活動により非自然的な原因を生成し、非自然的な結果を導く。そのため、社会の発展は多様な可能性と複雑性を具える。したがって、人間は技術により社会をコントロールし、正確、持続的に発展させるべきである。例えば、一定の自然と

社会の条件によって、人間は人口抑制政策、すなわち計画出産政策を実施しなければならない。人口は現実の負荷を超える時、それを抑えるべきである。逆に、人口が生活と生産の需要を満たせない時、それを増やすべきである。また、社会へのコントロールには疫病対策が含まれる。疫病は社会の健康と安全を脅かすのみならず、種族絶滅の危機さえを引き起こす可能性がある。さらに、資源管理と環境管理も社会発展を保証する重要な手段である。

　採集、加工、コントロールにより、技術は万物、すなわち自然と人間を含む全ての存在者を製作する。

　技術はまず自然を製作する。自然物は技術製作活動の土台であるが、技術は簡単に自然物を模擬し、コピーするのではなく、それを改造し、革新する。もしも天地と万物は第一自然だとすれば、技術は第二自然である。技術は自然物に基づき、人工物を製造する。人間は農業技術により製品を獲得する。例えば、農作物を栽培、収穫し、家禽などを養殖する。また、工業技術により、様々な生活用品と生産用品を製造する。それから、現代的な科学技術により人間の身体と知能に関連する製品を数多く生産する。ただし、技術は自然から直接かつ間接に産品を獲得するのみならず、多かれ少なかれ自然を変える。技術にとって、自然は主宰神に創造された、神性を持つ物でもなければ、天地に与えられた、自在自為的な物でもない。技術は自然の法則を司ることにより、それを完全に人間の製作物に作り上げる。この意味では、技術はまるでもう一つの主宰神ように、自然を創造し、または破壊する。現在の原子技術、生物学技術、情報技術は、技術の自然を製作する能力を十分に明らかにしている。

　技術は自然のみならず、人間をも製作した。人間は通常、身体と心の二つの部分に分けられる。まず、技術は人間の身体を造った。人間は従来、主宰神に作られたもの、または両親から生まれたもの

だとされてきた。したがって、身体の神聖性によりあらゆる身体の改変が許されなかった。ただし、現在において我々は、医療技術により器官を製作でき、また性別を変えられる。出産におけるゲノム編集技術の使用は人工的に新生児の遺伝子を変えることを可能にする。人間自身を対象とするクローニング技術の実験において、人間は真の主宰神のように、自分のイメージにより人間を造る。そして、技術は人間の身体のみならず、人間の思想と言語をも製作する。現代の情報技術、すなわち通信と発信技術には様々な形態がある。例えば、ブロードキャスト、テレビ、電話などである。インターネット技術の飛躍的な発展により、通信と発信技術は単一的なものから総合的なものに変わる。それは見えない天網のように世界至る所に及ぶ。情報技術により夜を日に継いで造られた情報言語は日常言語の中に浸透し、人間の思想と言語表現を規定する。それから、技術は人間の存在方式を製作する。人と人の付き合いであれ、人と物との付き合いであれ、技術に支えられる。それにより、技術の統治は自然のみならず、人間にまでも及んだ。現実を貫くのみならず、人間の心にも触れたのである。

　物と人間を製作することにより、技術は全世界を造った。世界は人間と物の集まりにほかならない。ただし、技術時代において、人間と物は全て造られた物である。すなわち、全て製品となる。市場経済社会において、これらの製品は売買できるため、商品となる。その中で、一部の製品は売買されなく、贈り物と贈られる物であるため、プレゼントとなる。製品の集まりである世界は、生産されたものである。それはもはや自然的な世界でなくなり、技術的な世界である。

第四章

大道

第四章
大道

一、大道とは何か

　生活世界において、人間は自らの欲望を満たすために、技術により、すなわち道具を創造、使用して物を生産する。ただし、欲望であれ、技術であれ、大道によって導かれなければならない。欲望と技術は単体で活動できないのみならず、互いに作用し合うこともできない。なぜなら、それらはそれ自身を一面化、極端化する傾向があり、生活世界とそれ自身に危機を招く。欲望と技術の活動を正しい道に導けるのは大道にほかならない。人間の持つ欲望は動物のそれとは異なり、そして人間の道具を利用する方法も動物とは異なるが、この二つの面において両者には多くの類似したところがある。大道こそが人間を動物から区別する。この意味では、欲望でも技術でもなく、大道が人間の真の始まりなのであり、人間を動物から区別することで人間を人間たらしめているのである。

　大道とは何か。大道または道には極めて複雑な語義が含まれるが、その直接かつ直観的な意味は道路である。字面から言えば、大道は一つの道路である。ただし、それは小さな道路ではなく、大きな道路である。ここで我々は、道路とは何か、と問い詰めなければならない。中国語において"道"とは、人間が行き来する通路および人間が通路で行き来することを意味する。そのため、"道"には、人間と通路の不可分の関係が含まれる。通路は人間が行き来す

る通路であり、人間は通路を行き来する生き物である。人間がいなければ、歩ける通路もなく、通路がなければ、歩く人間もいない。また、道は人間の脳が動いていることも意味する。すなわち、脳からの指令により、身体が歩くという動作を行う。人間が通路を歩く活動において、その方法を規定する役割を脳が果たしている。脳が身体の活動を導かなければ、進むべき道を視認できず、方向を弁えられない。それでは両足を使って正しい道を歩くこともできず、人間は転ぶか、あるいは正しい道から逸れてしまう。

　現実の中の道路の様子を見てみよう。それは大地の上にある一つの場所であり、ほかの場所とも関わり合っている。ただし、ほかの場所とは異なり、人間の手によって開かれた平らな線状の地域である。人間はその上を歩き、一つの場所からもう一つの場所に移動することができる。また、道路の種類は単一ではなく、多種多様である。機能から言えば、それは人間が住む家の内外にある廊下であったり、地域社会や町にある様々な通りであったりする。また、平野で自然に伸びた田舎の小径は人々がその上を散歩できるし、コンクリートとアスファルトで舗装された高速道路は車がその上を走って一つの町からもう一つの町へ行くことができる。形状から言えば、それは真っ直ぐであったり、曲がっていたり、交差していたり、環状であったりする。

　人間の全ての活動空間には無数の道路が存在するが、元来、大地の上には道路はなく、高山、平野、河川、泥土、石ころ、草木しか存在してこなかった。谷川、河川及びその両岸の縁のような天然の道路もあるが、それらは人間の手によって改造されなければ、通行可能な道路にはなり得ない。したがって、大地の上にある道路は人間が様々な困難を克服して切り開いてきたものである。正に古人が言った、「柴で作った車に乗り、襤褸をまとって山林を開拓する」ようである。人間は道路がないところに道路を造った。いわゆる「山に

出会えば道を開き、川にぶつかれば橋を作る」ということである。航路や航空路であっても、自然が提供してくれたものではなく、人間によって計画、設定されたものである。

　道路は人間の手によって開かれたものであるが、これは人間が好きなように道路を建設していいことを意味するわけではない。本質的に言えば、人間は自身の意思のみによって道路を建設するかどうか、またはその広狭、曲直、長短を決定することはできず、むしろ道路自体の規定に従ってそれを開かなければならない。その規定とは、一つの道路が真の道路になり得るか、または如何なる道路になるかを決定する。規定が規定たり得る要因とは何か。それは天と人間、すなわち自然と人間との約束にある。一方では、それは、自然地理学上、可能であるかどうかによる。他方では、人間の生活に必要なのかどうかによる。前者について言えば、道路を建設するのに適するところもあれば、適しないところもある。後者について言えば、人間の生活にとって避けられず、通らなければならないところもあれば、そうではないところもある。人間が通らなければならず、そして道路を建設するのに適するところのみ、最終的に道路になる可能性を持つ。この意味では、道路は自然的でも人工的でもなく、それ自身によって開かれ、自ら伸びたものだと言えよう。道路がそれ自身を開くには人間の手を借りなければならないが、人間が道路を築く活動は道路の導きに従わなければならない。これは人間が道路を築く活動の中で果たした役割を否定するのではない。人間が道路を規定するのではなく、道路が人間を規定することを強調しているのである。

　また、道路は人間の手を借りてそれ自身を開くのみならず、人間がその上を歩くことがその存在にとって不可欠な条件となる。その上を歩く人間がいる限り、道路は真の道路であり、そうでなければそれはただの荒れた場所となる。人間が道路を歩くということは、

ある所に留まるのではなく、一つの所からもう一つの所へ移動する行為である。人間が歩く時、彼の歩く動作によって道路が伸びていくように見えるが、実際には逆なのであり、道路の伸びによって人間が歩くのである。歩くという活動において、起点から中間点、または終点へ到着するために人間が道路を手段としているのみではない。道路を手段とすることもあれば、目的とすることもある。一歩一歩を起点とすることもあれば、終点とすることもある。実際には、人間は常に道路を歩いており、彼が通り過ぎた全ての場所が道路となる。これは、揺り籠から墓場までの人間の一生とは道路にて生きることを意味する。その間に経由した様々な道路の差異とは、大きいか小さいか、あるいは真っ直ぐなのか曲がっているのかということのみである。

　では、道路は人間と世界に何をもたらしたか。道路は空間を開いた。自然界における空間は既に存在しているものであるが、人間の存在する空間とは人為的に構築されたものである。道路は平面的ではなく立体的なものであり、道路の存在によって路面及び周辺の空間が構築された。また、道路によって時間という概念が引き起こされた。一つの場所からもう一つの場所へ動くという活動は、空間の転換のみならず時間の流れをも促す。道路の上で、人間は日の出と日の入り、四季の移り変わりなどを経験する。そして、道路により構築された時間と空間の中で、万物が現れる。そこには鉱物と植物だけでなく、動物と人間もいる。総じて言えば、道路はそれ自身のみならず、世界をも開いたのである。

　以上論じてきたのは一般的な道路のみであり、我々が注目する主題にはなお一定の距離がある。我々が真に論じようとするのは一般的な道路ではなく、大道である。それを論じる際には、道路を何種類かに区分する必要がある。一般的に言えば、道路は小道、迷い道、大道など、性質の異なる何種類かに分けられる。小道は

広くもないし、長くもない。人間を自由に永遠に歩かせることはできない。邪道は正しい道から外れた不正な道であり、もしも人間がそこに踏み込めば、必然的に真の目標から遠ざかっていく。小道と逆道は人間に利便性を提供する近道に見えるが、実際には人間を危険に晒し、死亡さえさせる。迷い道は人間の方向感覚を狂わせる。東南西北の区別がつかず、終点がない道を歩くようになり、永遠に目的地へ到達できない。正に複雑に錯綜した森の小径で迷うようである。小道や逆道とも迷い道とも異なり、大道は大きな道であり、道路の可能性の最大限である。大道の大きさはその無限の広さと長さにある。天は高く鳥は飛び回り、海は広く魚は跳びはねる。天は無限に高いため、それは道路を無限に開く。海は無限に広いため、それも道路を無限に開く。大道のみによって人間は正しく天地と世界へ向かうことができる。この意味では、大道は光明である。それ故、中国語には「光明なる大道」という言葉がある。その意味するところは光明の中にある大道ではなく、光明に満ちた大道である。それは光を放ち、道路周辺の暗い場所や道路の上を歩く人間を照らす。以上分析してきたように、小道と邪道は人間を死へ導く道であるため、我々はそれらを避けるべきである。迷い道も最終的に生命ではなく死亡に通じる道であるため、それを判別できなければならない。光明に満ちた大道こそが生命に通じる道であるため、我々はそこに向かうべきである。

　しかし、日常および哲学用語において、道または大道が指すのは、現実に存在する具体的な場所にある一つの道路あるいは大道ではなく、道路と関係する物事である。それは道路の比喩、転義、派生したものである。その意味は単一ではなく、多様である。

　道はまずもって存在的である。存在の道は全ての存在者の道であり、万物の道である。道は通常存在の規定、規律、本性、発端、土台などを意味する。

また、道は思想的である。道とは道理である。それは、存在の道に対する人間の認識により形成された思想体系、学説、主張などである。いわゆる「孔孟の道」とは孔子と孟子が説く儒教の教えであり、「老荘の道」とは老子と荘子が説く道教の教えであり、「禅の道」とは慧能が説く仏教の教えである。

　それから、道は言語的である。道とは道を説くことである。それは言語によって語る行為である。その行為は存在と思想の道に関わる可能性もあれば、関わらない可能性もある。

　最後に、道は方法的である。道とはコツや秘訣である。それは方法、手段、技巧などである。ただし、方法である道は道路である道から切り離せなく、それに沿い、従う。人間は方法を司ることでしか道を認識し、それに到達することができない。

　道には複数の語義があるが、それらは互いにつながっているのである。それらをつなげる媒介が人間である。人間がいるゆえにこそ、道の存在的、思想的、言語的、方法的な次元が互いに内的に関係し合うようになる。道はまずもって存在的であるが、人間が道の中に存在し、道を知り、語る時にのみ、存在的な道は隠れたものでなくなり、開くようになる。のみならず、人間が道に従い、そして実際に道の教えを実行する時にのみ、道は真に存在する。我々が道の一つの語義について語る時、孤立した単一な意味のみならず、それに関わる幾つかの語義を同時に言説の対象とする。

二、存在的な道

1．道論または存在論

　道とは存在者の道である。もし道が存在だと理解されるならば、それは存在者の存在と称される。中国の歴史上、道に関する学説は総じて道論と称されてきた。それは通常、道とは何か、人間が如何に道について思惟し、言説し、そしてそれに従って活動するかについて問い詰めるものであった。西洋の歴史上、存在に関する学説は総じて存在論または本体論と称されてきた。存在論とは存在者の存在または本体について根源的に考察する学問であり、以下の三つの問題に答えようとするものである。存在とは何か。どのようにあるか。如何にそのようであるか。何故か。ここでは道論を存在論または本体論として論じていく。

　存在者の存在または本体とは何か。本体とは存在者の規定者である。それは本源、本質、発端、土台、原因、根拠、目的などである。本体があるからこそ、存在者は存在者である。本体がなければ、存在者は存在者でなくなる。

　歴史上の本体論において、存在者の本体はある特定の存在者と設定され、それがほかの存在者に存在の原則を提供する。西洋思想史には、様々な性質の異なる存在論がある。唯物論者は本体が物質的だと主張する。例えば、水、火、原子である。それらは万物の発端もしくは始まりである。唯心論者は本体が精神的だと主張する。例えば、イデア、理性、自我意識、絶対的理念などである。それらは存在者の存在の土台である。神学者は本体が諸神または主宰神だと主張する。それらは世界と万物を創造した。人類学者は本体が人間

及びその人間性だと主張する。人間こそが歴史の主人である。

　西洋と同じく、中国思想史にも様々な形態が異なり互いに対立する存在論がある。その中で最も深遠な影響力を持つのは気本体論である。気は極めて繊細で微妙な物質であり、形がなく、不可視である。一方、それは流動的でもあり、万物を貫く。清らかな気が天、濁った気が地となる。人間および万物は気があれば生きられ、なければ死亡する。気本体論以外にも、理本体論と心本体論もある。理本体論は本体が理だと主張する。理とはある抽象的な原則もしくは規律であり、天然自然の道理であるために天理とも呼ばれる。天地万物には天理がある。心本体論は本体が心だと主張する。心とは人間が善悪を弁える能力であるのみならず、天地万物の根本でもある。心は宇宙、宇宙は心である。心の外には物がなく、物の外には心がない。

　西洋と中国哲学史は変化に富んだ複雑な歴史であるが、その主体から言えば、本体が絶えず変化するような本体論の歴史であり、新たな本体が古い本体を否定し、それに取って代わってきたものである。新たな本体と古い本体は設定した本体が異なるが、両者には同じ仕組みと考え方、すなわち形而上学的な本性がある。形而上学は哲学のみである学科、すなわち第一哲学でもなければ、弁証法と相対する思想のみでもない。ある種の本体論的な思想である。それは全ての存在者の存在、すなわち根本的な原因と根拠を問い詰めるものである。したがって、形而上学とは根本的な原因と根拠を問い詰める思想だと言える。ただし、これらの本体論的な学説は一般的な存在、すなわちその根本的な原因と根拠を明らかにしようとする時、常にそれをある特別な存在者に帰結する。こうした場合、存在自体は最終的には忘れられてしまう。

　しかし、本体論を根本的な原因と根拠を問い詰める思想だと理解してはならず、存在の本性に関する学説だと規定するべきであ

る。それは、存在者の存在を外的な存在ではなく、それ自身の存在に限定する。存在そのものの真理、すなわち存在者自体が如何に存在するかを明らかにし、説明する。歴史上の本体論とは異なり、新たな本体論は存在者の外にある原因と根拠を一切視野に入れず、それ自身の原因と根拠のみについて論じる。こうした根本的な差異に基づいて、外的な原因と根拠について問い詰める本体論を「有の本体論」、存在者自体の原因と根拠について論じる本体論を「無の本体論」と呼ぶことができる。なぜ「無の本体論」という言い方をするのかと言うと、存在者の存在がそれ自身のみにあり、それ自身の原因と根拠のみがあり、外的な原因と根拠がないように設定されるからである。その存在は一般的な意味での原因と根拠を持たないため、原因と根拠を持たない存在とみなすことができる。原因と根拠を本体だとするならば、原因と根拠を持たない存在には本体がないのである。「無の本体論」は本体がない、または無である本体について主張する。それは「有の本体論」に反対するのみならず、本体論自体を消滅させ、空虚な呼称しか残させない。したがって、現代における思想の構築には古典的または現代的な本体論が必ずしも必要ではない。なぜなら、いわゆる本体は存在者の存在であり、それ自身以外の存在ではないからである。

　本体論である道論は西洋と中国思想史上の一般的な本体論とは異なる。一般的な本体論が「有の本体論」だとするならば、道の本体論は「無の本体論」である。

2．道と有無

　道についてより深く細かく分析してみよう。

前述のように、道は存在者の存在である。それは全ての存在者の道、すなわち天地万物の道である。ただし、道は一般的な存在者でもなければ、特別な存在者でもなく、一般的な存在者の特性を具えない。つまり、一般的な物のように物の特性を具えるのではない。物に関して言えば、歴史に登場した最も影響力のある理論は三つある。一つ目の主張は、物は偶有性を持つ実体だということである。二つ目の主張は、物は感覚の複合体だということである。三つ目の主張は、物は形式を与えられた質料、すなわち形式と内容の統合だということである。一つ目の主張の論点は客観主義の立場に立ち、二つ目は主観主義の立場に立ち、三つ目は客観主義と主観主義との統一である。こうした三つの理論により道が物であるかどうかを検証してみよう。第一に、道は偶有性を持つ実体ではない。実体でもなければ、偶有性をも持たない。第二に、道は感覚の複合ではない。感覚を超越し、ある単一な感覚でもなければ、ある複合的な感覚でもない。第三に、道は形式を与えられた質料ではない。形式を持たなければ、質料でもない。したがって、道は物ではない。こうした理由に基づいて言えることは、人間は物を思惟するように道を思惟し、物を語るように道を語れるはずがない。「道は思惟もできなく、言説もできない」といった言葉は人間が思惟し、語る時、道を物として見てはならないことを強調する。

　道は物ではなく、万物または全ての存在者の前に存在するのではない。道を万物の先に存在するように設定すれば、道の優位性は強調されるが、それは特別な存在者として捉えられる。また、道は万物または全ての存在者の後ろに存在するものでもない。道を万物の後ろに存在すると設定するならば、それを万物の根拠、原因もしくは土台だとするが、依然としてそれを特別な存在者として捉えることになる。そうであれば、真に道を存在者の存在として捉えていない。

存在者の存在である道とは万物の道である。存在者の前でもなく、後ろでもなく、その中に存在する。それは万物に行き渡り、万物の本性、本源、核心、規律などである。したがって、道は天下万物の存在を規定する。そうは言うものの、道自体は一つの存在者または存在者全体に等しくない。すなわち、万物の中の一つまたは万物全体に等しくない。

　道は存在者でも物でもないため、無もしくは虚無である。このように道を規定すれば、反対する人は必ずいる。彼らはこれが自己矛盾した観点であり、虚無主義の立場からの論調だと主張するであろう。なぜそれが自己矛盾したものだと見なされるかと言えば、道が有または無であると捉えるからである。道は有であると同時に無でもあるという考えは形式論理の同一律に合致しない。なぜそれが虚無主義の立場からの論調だと見なされるかと言えば、道は天下万物の規定者だからである。もし道が虚無なのであれば、世界も虚無なのである。こうした二つの意見は正しいように見えるが、実のところは間違いである。なぜなら、これらは虚無の意義を誤解しているからである。有のみを知り、無を知らない。

　道の無は一般的な虚無ではない。この虚無とは皆無、すなわち何も存在せず、何もないことを意味する。これは実際には個別の存在者が存在したいことに源を発し、一切の存在が存在しない、すなわち世界全体が存在しないまで広がっていく。ただし、この虚無は仮説にすぎない。何故か。人間は皆無と言う時、皆無という言葉が依然として存在するのみならず、それを言い出した人間も依然として存在する。そのため、皆無の経験とは絶対的な虚無の経験ではなく、相対的に虚無の経験である。

　道の無は人間が通常言う空でもない。通常言う空は空無に関わる。実体に対して、空無は実体を持たない空間である。実体は物質的であり、空間において広く伸びる性質を持つ。それと違い、空無

は非物質的であり、実体の外または内に存在する。有限な空は建築物と器具の空間である。人間が一つの建築物または器具を造るのは、その内部空間を獲得するためである。内部空間こそが人間の役に立ち、すなわち物と人を収容できるのである。有限な空とは違い、無限な空は天空の空である。そうは言うものの、天空は絶対的な空無ではない。地球以外に、太陽、月、星辰をも含む。ただし、こうした有限な空と無限な空はやはり有に相対する空であり、小さいあるいは大きな存在者の空である。空無がなければ実体もなく、それと同時に実体がなければ空無もないと言えよう。両者の関係は空と有が互いに生まれると表現される。

　道の無は存在者の欠落とも等しくない。全体としての物は本来なら幾つかの不可欠な部分により構成される。ただし、内的または外的要因により一部を失い、一部が欠けるようになる。これはある種の破壊と遺憾であり、円満な存在者に発生すべき状況ではない。人間が円満な存在者の境地に達するためにそれを克服しなければならない。

　当然ながら、道の無は幻想や夢想でもない。人間は人生と世界が夢・幻・泡・影の如く、露の如くまた電の如しだと考える。その真実性を否定し、それを無意義なものだと見なす。しかし、それは仏教的な比喩にすぎず、有に執着する人の症状を軽減するために作られた比喩である。

　最後に、道の無は否定的な判断でもない。肯定的陳述はある物事がある特性を具えることを断定する。それに対して、否定的陳述はある物事がある特性を具えないことを断定する。こうした否定はある存在者が何ではないかを明らかにしたに過ぎない。ただし、それにはまだ明らかにしていないこと、すなわちある存在者が何かといったことも含まれる。

　真の道の虚無は空無でもなければ、否定でもない。また、非存

在者の状態でもない。虚無化である。それは名詞ではなく、動詞もしくは動詞の名詞化、すなわち動名詞である。動名詞である虚無化こそが虚無の真の本性を表せる。それは存在者的でもなければ物質化的でもない。あらゆる固定的、静的な存在者を否定するのみならず、存在者にそれ自身を否定させる。したがって、虚無により存在の最高の規定が構成されたのである。有と無の統合体である道は、一方では存在的であり、それ自身を生成する。他方では、虚無的であり、それ自身を剥奪する。存在的な虚無でもあれば、虚無的な存在でもある。

3．生成としての道

　道は存在的でもあれば、虚無的でもあり、有と無が共に生成することである。
　道は生成の外に存在せず、生成もまた道の外には存在しない。道は生成、生成は道である。生成とは何か。それは道がそれ自身になり、そして万物をそれ自身にさせることである。具体的に言えば、道が生成し、人間が生成し、物が生成し、世界が生成するのである。
　生成活動における生成者とは何か。能動者であり、規定者でもある。ただし、それは存在者以外の如何なる存在者でもない。神でもなければ、天でもない。人間でもなければ、心でもない。生成は神の創造ではない。神の創造から言えば、神が創造者であり、世界は被造物である。神が世界を創造した後、世界から分離する。神は神、世界は世界である。また、生成は人間の生産でもない。人間の生産から言えば、人間が生産者であり、世界は産品である。人間は

道具を創造、使用して物を造る。人間は物を生産した後、物から分離する。人と物がそれぞれ存在する。しかし、生成は存在者自身の生成であり、生成者は存在者自身のみである。

　生成された者とは何か。受動者であり、規定された者である。ただし、それも存在者自身であり、存在者以外の如何なる存在者でもない。我々は生成者が生成すると言う時、実際には、生成者がそれ自身を生成することを指している。生成者と生成された者は同一である。両者の関係は一つの存在者ともう一つの存在者との関係でもなければ、主体と客体、能動と受動の関係でもない。ある存在者がそれ自身にいるような同一関係である。

　では、生成活動とは何か。生成とは生まれ、そして自分となることである。存在者が生成する時にのみ、それ自身になりえ、すなわち存在できる。

　当然ながら、生成は不変ではない。不変とは、永遠にそれ自身の現状を維持、固守することである。ただし、生成は一般的に言われる変化でもない。変化とは同じ物事が一つの状態からもう一つの状態に変わることである。生成は有と無が互いに相手を生み出す活動である。一方では、無から有が生じる。他方では、有が無となる。

　無はまだ存在していないものであり、有は既に存在しているものである。無から有が生じるとは、まだ存在していないものを既に存在したものとすることである。新生児の誕生のようである。それは、有といったものは、有から生まれるのではなく、すなわち一つの存在者はほかの存在者からではなく、それ自身から生まれることを意味する。したがって、それ自身は発端、土台、根拠であり、他にはより一層本源的な発端が存在しない。

　有が無となるということは、既に存在しているものを存在しないものとすることである。老人の死亡のようである。有はその現状を固守せず、それ自身に留まらず、存在の虚無化によりそれ自身を

否定する。虚無化は消極的ではなく、全ての消極的な力よりも、積極的な力よりも一層積極的である。「死地に置かれてこそ生きられる」という言葉のように、有から無への回帰があるからこそ、新たな有の生成が始まるのである。

よって、生成は無から有が生じることでもあれば、有が無となることでもある。一方では、無から有が生まれる。他方では、有が無へ回帰する。これは存在の最も根本的な矛盾命題であり、一般的な弁証法が止揚も克服もできない事実である。こうした矛盾命題により形成された張力こそが、存在の生成を促進する。この過程において、存在と虚無、肯定と否定の矛盾も、虚無主義の窮境も克服される。

生成は新旧交替でもある。一方では、新しいものが古いものに取って代わる。他方では、それが古くなる。古いものとは既に存在しているものであり、時代遅れなのである。新しいものはこれから存在するものであり、最初的であり、変化していくのである。新しいものが古いものに取って代わることは創造と革新であり、古くなるのは再創造と再革新である。前者により生成活動がそれ自身を否定し、後者によりそれが否定の否定に達し得る。前者は生命自体が更新する活動であり、後者はこうした生命活動を絶えず続けさせる。ある古いものが死亡し、ある新しいものが生まれる。一つの古い世界が滅亡し、一つの新しい世界が誕生する。

道または存在の本性としての生成は、有と無、新と旧が限りなく交替するゲームである。

もしも現代においても世界に関する存在論が存在するとすれば、それは道本体論もしくは生成本体論にほかならない。それは一般的な本体論の問題に答えた。存在とは何か。それは生成にほかならない。存在は如何にそれ自身になるか。生成するにほかならない。何故か。その原因も生成にほかならない。道本体論もしくは生成本体

論は西洋の歴史上の各種の本体論とも違えば、中国の歴史上のどれとも違う。有の本体論ではなく、無の本体論である。なぜなら、道はある特別な存在者（最も普遍的な最高の存在）でもなければ、ある特別な存在者の存在でもない。存在である虚無もしくは虚無である存在である。

4．存在の真相

　道が存在または生成する時、既にそれ自身を表し、示した。つまり、道はそれ自身の真相を明らかにする。道は真理の中にあるのみならず、それ自体が真理である。道と真理は互いに規定し合い、一体である。我々が道の真相を言う時、実のところ真の道をも指している。中国語の中では、道は"大道"のみならず、"真道"とも称される。"真道"とは真相の存在もしくは存在の真相である。

　人間は通常、心理を思想と言語の領域に置き、それが思想的、言語的なもののみと考える。だが、実のところ、そうではない。真理はまずもって存在的であり、そして思想的、言語的なのである。思想的、言語的な真理は存在的な真理に対する思考と言説にすぎない。したがって、思想的、言語的な真理を明らかにしようとすれば、まず存在的な真理を明らかにしなければならない。中国語の中では、存在的な真理という言葉の類義語が数多くある。例えば、"真相"、"真実"、"真際"などである。"真"は、存在者とはそれ自身であり、それ自身以外の如何なる存在者でもないことを意味する。

　存在は存在として現れるというのは、それ自身の真相を暴くことである。なぜ真相が暴かれるかと言えば、それが遮られ、仮相

があるからである。仮相とはある物事自体の本性ではなく、それを遮り、それに取って代わるもう一つの物事の姿である。いわゆる自分自身によって遮られるとは、真相がそれ自身を暴かないことであり、いわゆる他者によって遮られるとは、ほかの人と物が真相を覆い隠すことである。真相は仮相との戦いにおいてこそそれ自身となる。真相を示す過程とはそれに覆われた遮蔽物を除去する過程である。

　しかし、それはなぜ可能なのか。光明があるからである。ただし、光明は存在の外ではなく、その中にある。それは存在の光もしくは道の光である。こうした光明は、あらゆる光明の可能性を排除した極端な黒暗でもなければ、あらゆる黒暗の可能性を排除した極端な光明でもない。そのため、存在の光もしくは道の光は、日月の光、主宰神の光、理性の光、仏性の光などのような歴史上の様々な形態の光とは異なる。それらの光はきらきらと輝き、万物を照らす。ただし、道の光は東の空に見える曙光のようであり、黒暗から立ち上り、つねに黒暗を伴う光明である。一方では、光明は黒暗を克服できる。他方では、黒暗は光明を遮る。いずれにせよ、光明と黒暗は互いに混じり合い、戦い合うのである。光明と黒暗のゲームにおいてこそ、全ての存在または万物が現れる。しかし、遮蔽物を除去することが却って遮蔽物となってしまう可能性がある。したがって、現れることは絶えず遮蔽物を除去し続ける過程である。黒暗と戦う過程において、光明はそれ自身の有限性を克服し、無限性を獲得する。黒暗との内的な関連性によってこそ、道の光は奇跡の光となる。これにより、人間は光明においても黒暗を見ることができ、また、黒暗においても光明が見える。絶対的な光明にも絶対的な黒暗にも、何も現れず、何も見えない。

　人間が存在自体に入ったために、道の光が生まれた。人間は光でもなく、その創造者でさえもないが、それを引き起こした者であ

る。存在にはそれ自身の真相があり、それは人間の思想と行動の産物ではないが、始終人間の存在から切り離せない。なぜなら、人間の存在によってのみ真相が明らかにされるからである。人間は世界で生存し、他人のみならず、万物とも付き合う。こうした人間と世界との共生関係において、存在の真相が人間に現れる。天は天、地は地、万物は万物である。それらは全て自分の本性を現す。そのため、人間は真に存在を理解し、守る者と言える。人間は自ら存在の真理を経験し、証明する。よって、存在の真理とは確実に証明された真理である。

　真理の光において、存在者の真相が現れる。すなわち、それが何であるかが明らかにされる。

三、思想的な道：智慧

　思想的な道とは存在的な道に対する思考の産物である。いわゆる智慧である。

1．知った事柄

　智慧はある種の知識であり、人間の認識または知った事柄に源を発するのである。ただし、智慧はある存在者を知るのではなく、道、すなわち人間と世界の存在の道を知るのである。心は光明により人間と世界を照らしたようであり、人間と世界も心においてこそ現れる。智慧は人間が持つある種の能力であるが、それは人間が智

慧の規定者であり、智慧を持ってもいいし、持たなくてもいいということを意味するのではない。逆に、智慧は人間の規定者である。智慧によってこそ、人間が真理の中にいられ、真の人間になりうる。

　智慧の本性を明らかにするには、それを聡明と愚昧との比較をする必要がある。

　智慧の対立面にある愚昧とは物事を知らないことである。人間は自分がだれであるかをも知らなければ、世界が何かをも知らない。最も極端な愚昧とは、知らないくせに知ったと人間が考えることである。覚悟し始める時にのみ、人間は自分が知らないことを知るようになる。これは啓蒙、すなわち人間が光明によりそれ自身と世界の黒暗を照らすことである。これにより、人間は愚昧な状態から智慧の状態へと根本的に変わったのである。

　智慧は愚昧とは異なる一方、聡明とも異なる。聡明と愚昧との区別は明らかで簡単であり、光明と黒暗との区別のようである。ただし、智慧と聡明との区別は曖昧であり、そしてそれゆえに困難なのである。何故か。聡明な人は、智慧が愚かなのだと考える一方、智慧を持つ人は、聡明が愚かなのだと考えるからである。当然ながら、聡明は面を被るため、ある種の特別な愚昧である。つまり、知ったように見えるが、実際のところ知らないのである。智慧によれば、物事の表面のみならず、本性も見え、現象を通して本質を見抜ける。これに対して、聡明によれば、物事の表面のみが見え、本質を捉えない。本質は表面的な現象に遮られるようになる。智慧によれば、小さなことも大きなものも等しく見える。一方、聡明によれば、小さな事のみが見え、大きなものが見えない。小さな利益にこだわり、却って大きな損失を招くことがある。智慧によれば、近くにある物事も遠くにあるものも等しく見える。一方、聡明によれば、近くにある物事のみが見え、遠くにあるものが見えない。こう

した特性を鑑みて、人間は常に、智慧と聡明をそれぞれ大きな智慧と小さな聡明だと称するように両者を区別する。以上の比較により、愚昧は無知であることが分かる。それは盲目であり、物事を見抜く力を持たず、その本質を捉えない。聡明は意見にすぎない。それは尤もらしいものであり、物事の本質を見抜いたように見えるが実のところ何も見抜かなかった。智慧のみが洞見である。物事のみならず、その道をも見抜いた。

2．真理

　智慧が知ったのは真理のみであり、それ以外の如何なるものでもない。以上存在論の視角から真理を論じてきた。それは真相だと理解される。これから思想の視角から真理を論じていく。それは通常、真なる思想だと理解される。
　実際には、人間が通常言う真理は常に思想的な真理である。真理は真の道理、理論、理由である。そこには思想と存在の根本的な関係が含まれる。ただし、それは存在ではなく、思想にある。ここで言う思想は判断に関する陳述に具体化できる。判断は通常、思惟される物事が存在するかどうか、ある本性を持つかどうか、そして複数の物事の間に関係性があるかどうかに対する肯定または否定だと理解される。しかし、ある判断に関する陳述には二つの可能性がある。事実に合うか、または合わないかということである。事実に合うとは、人間の物事に対する判断は物事が人間の思想に示した本性と一致することである。この基準に基づき、それに合った陳述は正確なのであり、真理である。是は是、非は非である。合わないのは真理ではなく、偽言である。是が非となり、非が是となる。

しかし、物事はそれ自身が真実であることを示した故にこそ、思想の真理が存在し得る。物事自身が真実である時にのみ、それに合った判断が真実でありうる。のみならず、物事の真相は人間の存在の中で現れ、人間に判断される。よって、まずもって存在論的真理があり、物事がそれ自身を人間に現す。そして、思想的な真理があり、思想はそれ自身から出発し、物事と一致する関係を築く。

３．人間の規定

　思想的な真理は森羅万象に関する正確な知識だと理解できるが、通常は人間がこの世で生きていくための正確な知識だと規定される。こうした特別な真理がいわゆる智慧である。真理である智慧は一般的な真理ではなく、特別な真理である。すなわち、人間存在の運命に関する知識である。それは一般的な自然科学の知識とも社会科学の知識とも異なる。自然科学、例えば数学、物理、化学、生物などは自然的な存在者に関する知識である。社会科学、例えば経済学、社会学などは社会的な存在者に関する知識である。これらはそれぞれ自然に関する真理と社会に関する真理と称される。しかし、それらがそれ自身のみに関わる時、智慧だと称されない。人間存在の運命に関わる時のみ、智慧だと称される。
　智慧は人間存在の運命の根本的な秘密を示している。
　まず、智慧は人間が誰か、すなわち、人間が如何なる存在者であるかを明らかにする。これにより、人間は自身に関する最も根本的な規定を獲得する。ただし、あらゆる規定は規定であると同時に、ある種の否定でもある。つまり、我々は人間が何であるかを言う時、人間が何ではないかをも言う。したがって、人間の規定とは、

人間と他者との区別でもある。一般的に言えば、人間は存在者全体の中でのほかの存在者から区別されなければならない。こうした存在者には、鉱物、植物、動物、人間が含まれ、諸神と主宰神さえも含まれる。存在者全体の中で、人間は通常、理性的動物だと規定される。理性を具えるため、動物から区別され、そして動物であるため、諸神と主宰神から区別される。西洋と違い、中国において、人間は天地の心、万物の霊長だと称される。人間は心を持つ存在者である。よって、人間は天地万物から区別される一方、天地万物を認識、理解できる。

しかし、人間は動物のみならず、人間自身からも区別される。これは、人間が持つ可能性は、人間自身の現状から区分されることを意味する。通常、論理的には、必然性は現実性の上にあり、現実性は可能性の上にあると考える。可能性は最もランクの低いものである。なぜなら、そこには偶然性のみならず、不可能な可能性も含まれる。ただし、実際には、可能性は現実性の下にあるのでなければ、必然性の下にあるのでもない。逆にそれには存在の最大限が含まれ、それによってこそ現実性が現実性となり、必然性は必然性となりうる。したがって、それはあらゆる現実性と必然性の上にある。人間が持つ可能性は、彼の最高の規定である。西洋の智慧の歴史は人間が持つ最高の可能性に関する歴史である。古代ギリシアでは、人間に自分に自分自身から区別し、英雄となることを求めた。中世紀では、人間に自分に自分自身から区別し、聖人となるように要求した。近代では、人間に自分に自分自身から区別し、自由人となるように要求した。西洋の現代に至り、人間が持つ可能性が人間の将来だと設定される。マルクスは、人間に自分を雇用労働者から区別し、共産主義者となるように要求している。ニーチェは、人間に自分を末人から区別し、超人となるように要求している。ハイデガーは、人間に自分を理性的動物から区別し、死への存在となるよ

うに要求している。一方、西洋と異なり、中国の智慧は人間にその他の規定を付与する。儒家は、人間に自分を小人から区別し、君子となるように要求する。道家は、修為を持たない人から自分を区別し、修為の高い人となるよう人間に要求する。禅宗は、迷っている人から自分を区別し、覚悟した者となるよう人間に要求する。ただし、あらゆる人間に関する規定と区分は、次のようなことのためにのみ存在する。人間は欲望と技術を持つ人のみならず、大道に立つ人、すなわち智慧を持つ人とならなければならない。

　また、智慧は人間が如何に存在するかを明らかにする。人間は世界に存在し、世界は自然、社会、心により構成される。人間は生存、思惟、言説することによりこの世を生きる。人間はまずもって欲望を持つ人である。生きようとし、死亡しようとし、愛しようとする。欲望者である人間は欲望の対象を占有しようとする。そして、人間は技術を持つ人である。道具を創造、使用して物を造り、それによって自分の欲望を満足させる。ただし、人間は最終的には、智慧を持つ人とならなければならない。智慧により、人間は自分が智慧を持って生きていくべきことがわかる。つまり、人間は智慧によって自分の欲望の占有活動と技術の製作活動を導くべきなのである。それと同時に、智慧も欲望と技術によりそれ自身を変え、古い智慧から新しい智慧へ昇華すべきである。智慧に導かれる人間の存在は欲望、技術、大道の中での存在である。

　最後に、智慧は人間が何故存在するかを明らかにする。これには実のところ二つの問題が含まれる。一つは人間の存在の起源であり、もう一つはその目的である。前者は人間がどこから来たか、後者はどこに行くかに言い換えられる。ただし、両者は一つの問題にまとめられる。人間の存在の根拠とは何か。それは根本からこの世での人間活動、すなわち如何なる天地の間と生死の間に生きるかを、規定する。中国と西洋の歴史上の智慧は、それぞれこの世での

人間活動に異なる根拠を見つけた。西洋において最も重要な根拠は主宰神であり、中国においては天道なのである。しかし、主宰神と天道の最終的な根拠は何か。これらの最終的な根拠自体には根拠がない。そのため、実際には思想上の虚偽の設定にすぎない。そうであれば、最終的にはこの世での人間活動に外的な根拠が一つもない。根拠を持たない存在は底がない真っ黒な深淵のようであり、虚無に基づいてそれ自身を築くのである。しかし、この意見を提出するのは、人間を虚無主義と悲観主義の窮境に導いて、ある種の無意義に消極的な人生観と世界観を宣揚するためではない。むしろ逆なのかもしれない。人間の存在に外的な根拠が一つもない時、彼は自ら根拠を築き、説明し、虚無から存在を生成しなければならない。しかし、これこそが人間の存在の意義なのかもしれない。すなわち、無意義から意義を見つけ出し、意義を付与するのである。

　智慧は、人間がこの世に生きるには三つの道があることを我々に示している。一つ目は愚昧であり、死亡の道である。二つ目は聡明であり、迷いの道である。三つ目は智慧であり、まさに生命の道である。人間は智慧の道を歩くことのみにより、自分の存在の運命を知り、コントロールできる。

四、言語的な道

　存在的な道と思想的な道について論じたならば、言語的な道についても論じる必要がある。

1．存在、思想、言語

　言語的な道は存在的な道と思想的な道とは異なるが、それらは同じ道、すなわち同じ真理に関わる。中国語の中では、存在的な道は"真相"、思想的な道は"真思"、言語的な道は"真言"と称される。"真言"とは、言語である真理と真理である言語である。
　一般的な見解によれば、存在は既にあった物事及びその根拠であり、思想は存在への思考であり、言語は思想に関する表現である。そのため、存在、思想、言語の三者は上下関係にあるように見える。思想および言語と比較するなら存在は優位性を持ち、言語と比較するなら思想も優位性を持つように見える。しかし、実のところそうではない。全ての存在は思考、言説されたものである。まだ思考、言説されていない存在は思考、言説できないものである。なぜなら、思想と言説においてのみ、存在は隠蔽されず、明らかに示されるのである。
　したがって、最終的には存在的な道は必ず言語的な道として現れる。道は存在するのみならず、言説されなければならない。言語的な道は存在的な道を覆い隠す遮蔽物を除去し、それを明らかに示す。そのため、言語は道の真の現れだと言えよう。ただし、言語と存在との関係はそれのみではない。言語は存在を反映できるのみならず、それを導ける。こうした言語は道である言語であり、存在の土台を作るものである。
　言語的な道は存在的な道を明らかにして導くのみならず、思想的な道をも開いた。通常、言語は思想の媒介と道具だと考えられる。思想は内容、言語は形式だと理解される。にもかかわらず、現実は言語的な思想から切り離せない。言語がないまたは言語の外で物事を思惟するのは人間にとって想像もつかないことである。また、現

実は思想の言語からも切り離せない。何の思想も持たない言語は完全に無意義な言語である。空虚な音声と記号にすぎない。思想の活動は言語の中でしかできず、そして言語によってしか成し遂げられない。更に、最終的には言語のみだと表現される。言語活動は思考活動を含むのみならず、思想を導く。

　思想的な道は言語的な道と密接不可分の関係にある。思想的な道は真理であり、真実を述べる判断文だと表現される。思想的な判断は話し手の判断が加わった文、すなわち判断文だと表現される。判断文において、主語は判断の対象物であり、述語はその特性である。その判断が判断の対象である物事に合えば、それは真理である。さもなければ、誤謬である。つまり、思想的な道は言語的な道だとも表現される。のみならず、人間の活動である思想は、言語が開いた道に沿って運動しなければならない。よって、本質的に言えば、言語的な道は思想的な道を規定する。

　言語的な道に基づいてのみ、思想的な道と存在的な道を言説できる。言語的な道は思想的な道のみならず、存在的な道よりも一層本源的である。なぜなら、言語的な道は他者を導けるような性質を持つ。存在的な道と思想的な道を表すのみならず、存在と思想を導き、それらに根拠を築く。

　言語的な道を把握するために、言語の本性に新たな解釈を加える必要がある。その本性に関わる三つの問題がある。誰が語るか。言語は如何に語るか。何を語ったか。

2．誰が語るか

　誰が語るかという問題は、知っていながらわざと尋ねるようで

ある。疑う余地もなく語るのは人間であり、人間にほかならない。ただし、こうした明白な事実があっても、我々は誰が語るかという疑問を発する。そのため、人間が語るように見えるが、実のところ彼は言説の規定者である可能性もあれば、そうではない可能性もある。こうした言語に対する訳のわからない問い詰めは、我々を言説している人間の背後にいる真の発話者が誰かを思惟させる。

　まず人間が語るという観点について見てみよう。存在者の中で、鉱物は沈黙しており、植物は言葉を発さない。外的要因の作用下でのみ一定の音を発せる。動物は鳴き声しか出せない。その声は本能的な意義を持つが、はっきりした音節を具えるものではなく、言葉に明確かつ豊富な意味を与えることができない。世界中の数多くの存在者の中で、人間のみが言語で語る能力を持つ。言語は人間が発声器官を使って発する声であり、その活動は唇、歯、舌、喉などの人間の身体の部位に関わる。それゆえにこそ、言語は唇の花などとも称される。発声に関わる部位により、音声は唇音、歯音、牙音、舌音、喉音に分けられる。すなわち、中国の五行思想により分られた五音、宮・商・角・徴・羽である。ただし、言語は一般的な音声ではない。動物の鳴き声とは違い、人間の言語ははっきりし、音節を具える音声である。のみならず、人間の音声は一定の意義を持つ。それは能記であり、所記を指向する。一般的な言語学の見解によれば、言語は二つの原則に従わなければならない。恣意性原則と差異性原則である。前者はあらゆる能記と所記の関係は恣意的であることを意味し、後者は一つの能記ともう一つの能記の間には差異があることを意味する。この言語観によれば、人間の言語は思想を表現し、思想は現実を反映する。言語は人間の数多くの存在様式の一つにすぎず、数多くの存在の一つにもすぎない。

　人間が語るという最も日常的かつ普遍的な観点以外に、歴史には天が語るという観点もあった。天とは地の上にある天空のみなら

ず、天地が合一した自然界の全体である。また、それは自然的な存在のみならず、人格的な存在でもある。ただし、天自体は語る能力を持たず、人間のように語る能力さえ持たない。天が語るというのは、天を人格化した言い方にすぎない。それは、天が言語と言説の本性を規定し、人の言説活動は天の言説活動に基づかなければならないことを表明するための表現である。

　天が如何に語るかを見てみよう。天は自然の道に従って活動し、天文、地理、森羅万象に表現される。これらは天書であり、自然の文字である。無声のうちに言説し、密やかな意義を内包する。人間の言説活動の根拠となる。ただし、それは神秘的、曖昧、不確か、多義的なのである。そのため、それを解読、理解、解釈しなければならない。我々が天書を人間の本、天の言葉を人間の言葉に転換させなければならない。特別な人間である聖人は、天に代わって発言するにすぎない。古代中国の定義によれば、聖人とは聞き、語る面においてほかの人の模範となるような人物である。一方では、彼が天の無声の言葉に耳を傾ける。すなわち、天文、地理、森羅万象を観察、理解する。他方では、聞き取った天の言葉をほかの人に言説し、彼らにもその言葉を聞き取らせ、言説させる。天の言葉によってのみ、人間が言説、思惟、存在できる。

　天が語るような観点とは違い、神が語るような観点は神を言語と言説活動の発話者と見なす。神には様々な形態がある。例えば、隠れた神、半神半人、神の子、多神、唯一の真なる神などである。ただし、神自体は形がなく、不可視である。人間のように語ることができない。神が語るというのは、神を人格化した言い方にすぎない。それは、神が言語と言説の本性を規定し、人の言説活動は神の言説活動に基づかなければならないことを強調するための表現である。

　では、神は如何に語るか。神の言葉は天地万物の不思議な現象

だと表現される。例えば、稲妻や猛焔などである。一般的な自然の現象とは異なり、奇跡、すなわち神や超自然などとされる出来事である。神は暗示し、神に通じる能力を持つ人間がその言葉を聞き取り、そして人間の言葉で神の意思を伝える。当然ながら、神は直接に人間に霊感を与えることもある。例えば、神が人間の身に乗り移ることや人間の夢の中に現れることなどである。神が示す霊妙な感応により、人間は神の使者となり、超人、すなわち神の言葉を言説できるようになる。最も典型的な神の言葉はユダヤ教、キリスト教、イスラム教のような一神教の経典である。こうした神聖なる言葉は人間が嘘を諦め、神の聖言に従うように呼びかけ、人間を真理の大道へ導く。

　天が語るのであれ、神が語るのであれ、二つの観点はいずれも神話的色彩を帯びたものであり、言語の本性への理解の歴史的形態にすぎない。ただし、それらは人間に、人間の言説活動に注目すると同時に、その規定者についても思惟しなければならないという啓示を与える。無論、この規定者は天でもなければ、人間でもない。言語そのものである。

　これによって、人間が語るという観点以外には、言語自身が語るという観点も提出された。言語は人間の声であるが、人間のいる世界によって規定される。人間のいる世界（天、人、心）が異なるからこそ、発音と音声における差異があり、それにより各種の方言が形成される。また、異なる集団もそれぞれに異なる言語を持つ。それぞれの集団には特有の発音、言葉、文法、語調がある。ある種の集団の言語がある種の集団の存在を代表する。集団のメンバーの一員として、個人は言語を学んでからのみ、それを言説できる。

　一般的な言語学の見解において、言語と言説の差異が指摘される。言語は言語活動の中の公的な部分であり、文法と論理のような、言説者の個人的な意志で変えられない規則を持つ。それに対し

て、言説は言語活動の中の私的な部分である。発音、言葉遣い、文作りなどの表現の面において人それぞれであり、言説者の生活や思想と密接に関わる。こうした言語と言説の差異は、言語が語ることと人間が語ることとの違いだと理解できる。ただし、最も根本的な違いは形式ではなく、内容にある。言語が語ることは存在の真理を明らかにするのであるが、人間が語ることは個人の生存状況を表すにすぎない。言語が語ったのは格言、箴言、諺などのような人間と世界に関する智慧であるが、人間が語ったのは彼の生活の中での出来事にすぎない。

　言語が語るというのは、どうやら現実の面においては人間が語る事実に合わないだけでなく、論理の面においても無意義な反復のようである。ただし、それは人間に言語の外からその内へと回帰するように呼びかける。言語以外の如何なるものでもなく、それ自体が自分の主人となる。人間、天、神のいずれでもなく、言語自体が自分を規定する。言語は人間の本性であり、そして人間によって語られるが、決して人間に規定されるのではない。逆に、人間は言語によって規定されるのである。なぜなら、言語は人間の言説のみならず、それ自身の言説でもあるからである。人間から離れれば、言語自体は声を出せない。それ故、言語は人間の言説を借りてそれ自身の本性を示す。ただし、言語から離れれば、人間は人間でなくなる。人間は言語が導いた道に従うことによってのみ、言説の能力を持ち、言語的な人間になり始める。

　以上論じてきたように、我々は人間が語ることと言語が語ることの両方を重視しなければならない。言語が語るのは正に言語的な道が語るのである。人間が語るのは言語的な道を伝えるまたは逆にそれに反対するのである。

3．言語は如何に語るか

　この問題は主に言語の言説活動の様式に関わる。人間は通常、言語の言説活動は陳述だと考える。それは次のような順序で表現される。まず、現実においてある出来事が起こる。そして、人間がその出来事を捉え、それが人間の心に印象を残す。それから、人間が言語と声によりそれを述べる。最後に、人間が文字と記号によりこの音声現象を記録する。したがって、言語の陳述は現実もしくは非現実の中で起こった出来事を、一つもしくは複数の文により語ることである。

　陳述論は言語の言説活動に関する最も基本的な見解であるが、その活動の一面しか示さなかった。すなわち、その道具性または技術性のみを示しているのである。このように規定された言語はそれ自身の陳述により製作活動に従事する。語るだけでなく、生産もする。当然ながら、道具である言語の陳述は、人間の欲望をも示せば、大道または智慧をも伝える。ただし、それは欲望と大道を載せる台にすぎない。欲望の言語として語るわけではなく、大道の言語として語るわけでもない。

　実際には、陳述以外にも数多くの方式と形態が言語の言説活動にはあることを人々はよく知っている。通常、文は陳述文、疑問文、命令・依頼文などに分けられ、文体は記述文、小論文、抒情文などに分けられる。また、言語の芸術である文学には数多くの体裁がある。例えば、その中の最も純粋かつ簡潔な言語技術である詩にしても、抒情詩、叙事詩、劇詩に分けられる。抒情詩は人間の主観的な感情を表現し、叙事詩はある出来事を記述し、劇詩は人間存在の矛盾と衝突を示し、人間に真理を見抜かせる。これは、言語が様々な方式により語ることを十分に証明した。道具としてのみならず、欲

望と大道の言語としても言語は語る。ただし、欲望と大道の言語として語る時、その言説活動は陳述的ではない。

　人間がその欲望を語る時、実際には語るのみならず、実現しようともしている。欲望に関する言語行為は現実的行為である。例えば、人間が腹を満たしたいと言うとき、現実において食物を欲しがることを意味する。性行為をしたいと言うとき、現実において異性を欲しがることを意味する。以上のようなことなどである。欲望活動の本質は占有である。欲望者である人間は欲望の対象を占有し、欲望の対象は欲望者に占有される。占有により、欲望者は欲望の対象を自身に入れ、自分の一部にする。人間が欲望を語ることは正に占有の活動である。一方では、人間は呟き、呻きにより自分自身を欲望者とする。他方では、呼びかけ、渇望により他者を欲望の対象とする。それにより、占有の行為を為す。

　無論、言語の言説活動において、最も根本的なのは大道と智慧の言説活動である。それはあらゆる陳述をせず、導くのみである。導くという言葉の本来の意味は人間が一つの方向と道路を指差し、他人を正しい道へ導くことである。言語が真理を言い出した時、それは導くことにほかならない。一つの光明の大道を開いたようである。それにより、人間は虚無の道から離れ、迷いの道を見分け、最終的には正しい道を歩むようになる。

　言語が人間を導くことは命令により実現される。命令自体は非言語的行為ではなく、言語的行為である。人間があることをするあるいはしないように強制的に命じる。言語は何を命令するか。真理の道を歩ませるように命じる。それにより、人間存在に関する根本的な規定が形成された。

　命令的な言語である大道の言語は文型の面において独特な形態を持つ。すなわち、命令文である。一般的な文の構成法によれば、文型は陳述文、疑問文、命令・依頼文に分けられる。大道の言語は通

常、陳述と疑問に属さず、命令・依頼に属する。陳述はある物事がある種の存在の本性を具えるかどうかについての判断であり、疑問はそれへの懐疑である。一方、命令・依頼は依頼、命令、誡告、指示、勧誘、警告、禁止などを表現し、通常、肯定と否定の二種類の形態がある。陳述文、疑問文の形で現れる場合もあるが、そうした既に語ったものの中にも既存のものと、もうすぐ語られるものが含まれている。すなわち、陳述文、疑問文にも、命令・依頼がある。

真理である大道の言語は否定文に優先的地位を与えた。否定は空無、空虚な何もない虚無を意味するのでもなければ、これは何ではない、ここには何がないなどのような否定の陳述を意味するのでもない。否定の命令・依頼を意味する。例えば、あるものは存在してはならない。なぜなら、既に存在した言語の形態の中で、欲望と技術の言語は最も原初的かつ主要なものだからである。それらは曖昧、混沌、黒暗である。大道の言語はまずもってこうした言語形態を否定する。正に光明が黒闇を否定し、それによって自身を肯定する。実のところ、人間は常に智慧を光明と喩える。例えば、太陽、星、猛焔などである。それらは黒闇から生じ、そして黒闇を照らす。

否定的な言語である大道の言語は歴史的な発展過程を経た。

人類学によれば、人間の歴史における最も古い否定の言語は禁忌である。それは禁じられた特定の物事、またはタブーだと見なされた思想、言語、行為である。こうした禁じられた物事は通常とかけ離れたものである。例えば、神聖なもの、不潔なもの、危険なものである。人間がそれらに触れたら、危険な目に遭い、または罰せられてしまう。最も古い禁忌は鬼神信仰に密接に関わるため、常に葬儀や祖先祭祀と関係する。ただし、禁忌は人間の日常生活をも貫く。例えば、ある種の食品は食べてはならず、ある関係を持つ男女は性行為をしてはならないなどである。その後、節日などの特別な

時間において、禁忌は礼儀化、制度化された。人間の生活世界の中でのあらゆる物事は吉と凶に分けられる。凡そ凶だと見なされたものは禁忌に属する。人間は凶と関係を絶つべきである。凶だと見なされたことについて考えず、口にせず、実行しない。鬼神を信仰する人が少なくなるにつれ、一部の神秘的な禁忌は次第に取り除かれるようになる。ただし、習俗と科学に関する禁忌は依然として残っている。禁忌は人間が何かについて考え、口にしてはならないように要求する。

　禁忌により、人間と自然、人間と人間の間にある原初的な境界線が確定され、関係が維持される。しかし、こうした否定的な言語は神秘的かつ黒暗である。根拠を説明したり、築いたりしない。すなわち、なぜ禁じるかを明らかにしなかった。

　各種の宗教における戒律の中身は否定的な言語により構成される。戒律は主に禁止の命令文である。主に教徒と信仰を持つ一般人を対象に設けられた規則であり、悪を防止する、取り除くことを目的とする。それは、人間が何をしてはならず、何をしてもいいのかを規定する。全ての宗教に通用する戒律もある。例えば、殺人、盗難、姦淫を禁じるなどである。特に言っておかなければならないのは、仏教の学説における独特な戒定慧の三学である。その中の基本的な戒律は、貪瞋痴の三毒を戒め、身口意の三悪を禁じる。一旦違反すれば、人間は懲罰を受けなければならない。ここでの否定的な言語はもはや禁忌ではなくなり、戒律であるが、やはり先知と聖人の口から出たものであり、言語自体により築かれたものではない。

　禁忌と戒律といった外部形態から離れ、言語自体に回帰した否定的な言語にこそ、現代の智慧の根本がある。核心となるのは真理と誤謬を識別する問題であり、誤謬を正し、真理に従うよう人間に呼びかける。ただし、ここで言う従うとは服従ではなく、理解、すなわち思惟することであり、人間が言語的な道に耳を傾け、従うこと

である。

　現代では、否定的な言語は主に法律条文において現れる。伝統社会とは違い、現代社会の根本的な特徴の一つは法治である。神権でも王権でもなく、人権を土台とする現代的法制度は社会全体のゲームのルールを定め、人間の現実生活を規定する。特に、あらゆる国民国家の最高法規である憲法と世界人権宣言は決定的な意義を持つ。ゲームのルールである法律は人間が世界の現実を踏まえて思考により制定したものであるが、人間よりも権威と力を持っている。したがって、智慧の言語である法律は典型的な権力の言語である。それは人間の権利と義務を規定する。

　法律の否定的な言語は主に禁止と権利付与について表現している。法律によって禁じられていなければしてもよい。法律により権利が付与されていなければしてはならない。私権の面から言えば、法律によって禁じられていなければしてもよいため、人間は自由に自分の権利を行使できる。そして、法律により権利が付与されていなければしてはならないため、正当に政府を監督できる。一方、公権力の面から言えば、法律により権利が付与されていなければしてはならないため、政府は権力の限界を超えてはならない。そして、法律によって禁じられていなければしてもよいため、公民の権利を保障しなければならない。こうした一般的な原則に基づき、法律はまた禁止法と保障法に分けられ、更に違法と遵法によりそれぞれ関わる公民に懲罰と褒賞を与える。

　否定であると同時に、大道の言語の言説活動は放任でもある。成り行きに任せ、関与、干渉しないことである。放任の過程において、大道は恣意的ではなく、強制的に意志を万物に押し付けるのでもなく、それ自身を隠し、諦めさえもする。ただし、それは弱気で消極的ではなく、「無為にして、而も為さざるは無し」のようである。人間の全ての無為と有為、消極的な活動と積極的な活動を超越

する。なぜなら、大道の導きは言語行為であり、現実活動ではないが、それ以外のほかの言語行為と現実活動を変え、規定することができるからである。したがって、全ての言語行為と現実活動よりも一層力を持つ。無論、大道の力は特別な方式で表現され、言説のみであり、行動ではない。それは大能ではなく、無能のように見える。しかし、大道の言語の言説は行動を導くため、その無能も大能と言える。

　大道の放任は生成させることである。自ら生成すると同時に、あらゆる存在者を生成させる。存在者の生成はそれ自体が生じ、また何かになることを意味する。すなわち、それ自身となることである。存在者はそれ自身となりうり、そしてそれ自身を認められる。全ての存在者の生成活動において、大道が父母の役を演じるのではなく、存在者も子女の役を演じるのではない。両者は生成者と生成された者との関係にあるのではない。大道が全ての存在者を生成させるとは、全ての存在者を自ら生成させるのである。すなわち、天は天、地は地、万物は万物、人間は人間を生成する。大道は全ての存在者を生成させると同時に、それらを生成させないのでもある。それ故に、万物は自然に生まれて自然に消滅する。その生成はある外物に起源するのでもなければ、ある外物のためでもない。

　また、大道の放任は存在させることでもある。自ら存在すると同時に、あらゆる存在者を存在させる。存在者の存在とは存在者がそれ自身の根拠を持つことを意味する。存在者は根拠を持つ時にのみ存在し、根拠がなければ存在できない。大道が存在者を存在させるとは、根拠を獲得させることである。ただし、それは大道が特別な物として存在者の外的根拠になることを意味せず、存在者に自ら根拠を築かせるのである。自ら根拠を築いた存在者は、外物に頼る必要がなく、自分のみにより存在できる。

　最後に、大道の放任とは自由にさせることでもある。自ら自由で

あると同時に、あらゆる存在者を自由にさせる。存在者の自由とは自分が自分を規定することを意味する。人間は通常、思いのままにすることを自由だと理解するが、実のところ、それは寧ろ自由の対立面と言ってもよい。なぜなら、人間は心の欲望に囚われるようになるからである。また、自由は必然への認識と世界への改造でもない。その観点は技術主義の産物であり、人間がひたすら技術による製作活動をすれば逆に技術によってコントロールされてしまう。真なる自由とは大道に放任された自由である。一方では、人間は不自由から自由へ、すなわち解放され、釈放される。もう一方では、人間は自由に生成し、存在する。なぜなら、大道は光明に満ちた道を人間と世界に提供する。この道は最大の可能性、すなわち無限の可能性を持つ。人間はこの道において自由に選択できる。大道は欲望を占有させ、技術を製作させ、万物をそれ自身から出発させてその本性を実現させる。大道は泰然自若として自然の成り行きに任せる。大道において、人間も泰然自若として自然の成り行きに任せることを習得する。

4．言語は何を語ったか

　言語は言葉を口に出して言ったことである。語ったのは物事、すなわち世界における人間と万物である。
　我々はこうした話の形態により、それを日常的、論理的、詩的なものに分けることができる。そして、その仕組みに対して、我々も文と異なる文により構成されたテキストをも分析できる。ただし、話の本性から言えば、欲望的、技術的、大道的なものに分けられる。まずは欲望的な言語である。それは欲望の直接的または間接的

な現れである。更に言えば、欲望者である人間が欲望の対象に対して抱く欲求である。すっきりと整った文で表現するなら、我がある物を欲しがるといった形である。その本性は占有である。次に、技術的な言語である。人間が道具を創作、使用して物を作る活動である。それは表現、交流、計算したりする。それ自身も物であり、その他の物をも生産する。すっきりと整った文で表現するなら、それは何か、何をするかといった形である。その本性は製作である。最後に、大道の言語である。それは存在の心理について語る。真理に耳を傾け、真理を言説し、実現するように人間を教え導く。すっきりと整った文で表現するなら、あなたが何でなければならない、または何をしなければならないといった形である。その本性は導くことである。

　言語学の視角から言えば、大道の言語は論理的であり、叙事的、抒情的ではない。それが語る内容は森羅万象の存在の道または道理に関するものである。実際には、道理に関する議論は言語においてこそ、十分に展開できる。そこには通常、論点、論拠、論証が含まれる。論点は主に道理が何かを明らかにするものである。論拠は主に道理の根拠、すなわちなぜなのかを示す。論証は主に道理を証明する過程である。一般的な論理的論証には帰納的推理と演繹的推理が含まれる。それは道理に根拠を築き、そしてその根拠を人間に説明することを目的とする。ただし、本質的に言えば、論理的論証は物事の本性を直接に示すことに基づかなければならない。大道の言語は道理を説明することによってこそ、それ自身の根拠を築き、そしてそれを説明する。

　無論、大道の言語は叙事と抒情によりその道理を示すこともある。例えば、寓話は叙事により物事の道理を言説し、賛美歌は抒情により神聖の道理を宣伝する。ただし、叙事であれ抒情であれ、大道がそれ自身を示す言語形態になる。叙事は主に事柄を述べること

であり、そこには時間、場所、人物、事柄が起こった過程、すなわち起因、経緯、結果などが含まれる。その中の描写は言語により人物と景物の存在状態を示すことである。一方、抒情は人間の世界と万物への感情を述べ表すことである。個体性、主観性、感情性などの特性を持ち、さらには直接的抒情と間接的抒情に分けられる。

　こうした分析によれば、我々は大道の言語が歴史の真実に合うように要求してはならず、事実である真実により大道の言語が真実なのかどうかを判断してもいけない。大道の言語の真実は、ある時にある場所で発生した歴史的出来事と現実の事件などのような歴史の真実ではなく、道理の真実、すなわち物事の道理に関する真理である。したがって、それは歴史の真実よりも真実なのである。現実性でも必然性でもなく、物事を可能にする可能性を語る。こうした本性により、大道の言語は言語以外の如何なるものでもなく、言語自身が伝えた道理を語る。この意味では、大道の言語は非純粋言語ではなく、純粋言語である。

　大道の言語はそれ自身の言説活動により世界を形成する。世界は天、人間、心の三つの要素の集まりである。天は天地万物であり、自然的な存在である。言語が生まれる前にそれらは既に存在していたが、黒暗であり、遮られたものであった。言語によってこそ自然世界のみにあった天地万物は人間の生活世界に入り、人間の生活世界の中の自然世界となる。これにより、それらは光明に照らされ、人間にそれ自身を開く。万物のみならず、人間も言語に導かれ、動物と異なった、人間のみに属する道を歩む。言語により、異なった人間が集まり、共に存在、思惟、言説する。最後には、言語は心をも導く。言語においてのみ、心がそれ自身を実現でき、表現される。言語によってこそ、天、人間、心の三者は交じり合って活動し、世界を形成する。

　大道の言語は世界を築き、天、人間、心の三者を集めさせるのみ

ならず、正しい道をも開く。存在の真理を明らかにし、それを隠蔽された状態から明示された状態へ転じさせる。それ自身の光明により、それは区別するような活動を展開する。存在するものと存在しないもの、すなわち存在と虚無、是と非を区分する。また、顕現と隠蔽、真実と虚偽をも区別する。区別すると同時に、比較もする。よきものと悪きもの、比較的よいものと最もよいものを見分ける。このことによって、それは人間に真理を知らせ、獲得させる。

五、大道の形態

　言語的な道は人間の言説行為によって実現されるため、その顕現の形態は人間の民族性と歴史性を持つ。つまり、異なる民族は異なる言語、特に大道の言語を持ち、異なる歴史についても同じことが言える。中国と西洋の民族、歴史により、大道の言語は、神的、自然的、日常的なものに分けられる。三つの異なる大道または智慧についてそれぞれ論じていく。

1．神的な智慧

　神的な智慧は主に西洋の智慧である。それはミューズ、聖霊、人間といった三者が語ったものにより構成される。
　まず、古代ギリシア時代において、智慧とは諸神によって語られた智慧である。ギリシアの諸神は一つの神的存在者ではなく、神々と彼らの父であるゼウスである。彼らは天に住み、死ぬことはなく

永遠に存在する者である。のみならず、智慧を持ち、全てを知る者である。一方、人間は地に住み、必ず死ぬ、命の儚い者である。のみならず、智慧を持たず、何も知らない。そのため、人間は神々によって導かれなければならない。神々は沈黙しているが、暗示をかけるのが上手である。例えば、学芸の女神であるミューズはホメーロスといった詩人にインスピレーションを与え、言説させる。ホメーロスは盲目であり、目が見えず、そのうえ洞察力も持たないが、聴覚能力、すなわち傾聴する力を持つ。ある能力を喪失することで、それを補うために別の能力が発達するかもしれない。すなわち、視覚能力を喪失したため、ホメーロスは非常に優れた聴覚能力を獲得した。彼は何を聞き取ったか。静寂における神の声、すなわちミューズの無声の教えである。ミューズから授かったインスピレーションによってこそ、ホメーロスは『イーリアス』と『オデュッセイア』を作って歌った。それらは一般的な文学の体裁の中での史詩ではなく、ギリシア人の世界における生き方に関する教科書である。その吟唱の主題は神々が語った智慧である。人々に対して、一般人ではなく、英雄になるべきだと教える。英雄は優れた戦士を指すのみならず、古代ギリシアにおける人間の本性に対する規定である。誰が英雄なのか。英雄である人間は、四つの美徳を身に具えなければならない。智慧、勇敢、節度、正義である。智慧は人間の理性から生じ、人間と世界の真理を知る。勇敢は人間の意志から生じ、恐れてもよい物事と恐れてはならない物事との間の紛れもない境界線である信念を守る。節度は人間の欲望から生じ、高貴な欲望により下賤な欲望を制御する。正義はその三者の調和と共存であり、三者がそれぞれその居場所を得て適当な程合いを維持することである。凡そこうした四つの美徳を具える人間は一般人ではなく、英雄である。

次に、中世紀において、智慧とは主宰神により語られた智慧であ

る。主宰神は一般的な存在者ではなく、全てを超越する最高の存在者である。目に見えない存在であるが、それ自身を啓示する。「言は肉となって、私たちの間に宿られた」といった聖書の言葉のようである。見えない道は見える人間となる。この神である人間が正にイエス・キリストである。主宰神は見えないが、神であり人間でもあるイエス・キリストは隠れた主宰神の道を明らかにする。主宰神の道とは主宰神の聖なる言葉であり、生命の真理である。それは世界を創造するだけでなく、世界を救いもする。『新約聖書』は主宰神が語った智慧である。人々に対して、一般人ではなく聖人になるべきだと教える。聖人は神である人間を指すのではなく、中世紀における人間の本性に対する規定である。誰が聖人なのか。聖人も人間であり、ほかの人間と同様に原罪を負うが、ほかの人間とは異なる。ほかの人間は原罪を悔い改めなかったため、原罪を背負っている罪人であり、すなわち病人である。一方、聖人は原罪を悔い改め、そして主宰神に救われた人間であり、すなわち病気を治した人間である。聖霊に感動され、主宰神の言葉に耳を傾け、そしてそれを言説し、更にそれにより、福音を人々に伝える。人間は主宰神の言葉に従えば、真理の道を歩む。従えなければ、偽言の道を歩む。聖人は三つの美徳を具える。信仰、希望、博愛である。信仰とは真なるもの、すなわち真理を信じることである。キリスト教は主宰神の存在を信じる。すなわち、主宰神は絶対的な真理である。創世者でもあれば救済者でもある。希望とは間もなく来る物事に対する期待であり、主宰神の救済を待つことである。特に、希望がない時には、人間は希望を抱かなければならない。愛とは自分を他人に与えることである。博愛とは、人間はまず主宰神、生きる神を愛し、そして自分を愛するように他人を愛し、更に敵をも愛することである。凡そこうした三つの美徳を具える人間が聖人である。

　それから、近代において、智慧とは人間性により語られた智慧で

ある。人間性とは、人間そのものではなく人間の本性とみなされるべきものである。本性によってこそ、ある存在者はそれ自身となり、ほかの如何なる存在者にもならない。人間の本性によってこそ、人間は人間となり、人間以外の存在者にならない。人間が人間となるのは、その人間性が人間の理性であることによる。それは人間の外にある神性とは異なり、人間の内にある神性である。理性によって、人間は自分をも世界をも築く。人間性の智慧はルソーの著作などの近代思想により語られる。一般人ではなく、公民、すなわち人間性を持つ人間と自由人になるべきだと人々に教える。公民も人間であるが、特別な人間であり、自分の権利と義務を知り、権利を行使し、義務を履行する。公民は三つの美徳を具える。自由、平等、博愛である。自由とは全ての人間が有する、他人を傷つけない限り全ての事をする自主権である。こうした自主権により、人間はそれ自身のみならず、彼の世界をも規定する。「自由を与えよ。然らずんば死を」というスローガンは人間の生命における自由の意義を強調する。つまり、自由でいれば、人間は生きられる。自由でなければ、人間は死亡する。平等とは主に法の下の平等を指す。それは貴賤上下の差別に反対する。博愛とは人間の普遍的な愛である。それは結盟の愛から人間の間の無差別の愛へ広がってきた。凡そこうした三つの美徳を具える人間は公民である。

　こうした三つの時代の智慧は西洋の歴史におけるあらゆる時代の言語を形成する。もしもそれに、誰が語るかといったポストモダン的な質問を提出するならば、それに対する人間の回答は明瞭である。智慧が語る。したがって、異なる時代における言説者は、ホメーロスではなく、ミューズであり、福音宣伝者ではなく、聖霊であり、ルソーではなく、人間性、すなわち人間の神性である。こうした言説者自体が言説の始まりであり、彼らより一層本源的なものに回帰することはありえない。言説者がなぜ言説者になりうるのかと

言えば、彼が言語において規定され、そして彼が言語によってこそ実現されるからである。そのため、誰が語るかより、何を語ったかが根本的である。それは言語として思想を導く。西洋の智慧の言説者はミューズ、聖霊、人間の神性であるため、西洋の智慧は本質的に言えば神的な智慧である。

2．自然的な智慧

　西洋の神的な智慧とは違い、中国の智慧は非神的な智慧であり、自然的な智慧である。自然は天地によって表現する。したがって、自然の道とは実のところ天地の道である。それは日月の運行、四季の変化であり、天地自体の在り方であり、非人間的かつ非人工的である。しかし、何が自然の道か。それは実際には本性の道である。すなわち、天地万物は自分の本性に従って存在する。天は天、地は地、人間は人間として存在する。自然の道は人間に開かれたものであるが、非言語的であり、曖昧、暗示的で朦朧たるものである。非言語的な自然の道を言語的なものに転化させることは創造的な仕事である。聖人の言葉に頼るよりほかない。聖人は天に代わって言説し、道を行う。人間は聖人の言葉に従い、自然と天地の道を歩む。人間が自然の本性に従って存在するのは人間の本性に従って存在することを意味する。

　通常、中国思想は儒・道・禅の三つに分けられる。儒家の聖人は仁義道徳を追求し、道家の理想は天地の道を悟ることであり、禅宗は最高の智慧とは自ら覚悟すること、すなわち自性を見出すことにあると考える。

　中国の根本的な思想の一つである儒家思想は長い発展、変化の歴

史を経た。その始祖は孔子であり、彼の継承者は孟子と荀子であり、この三人によって原始儒家思想が形成された。孔子の思想の核心となる部分は仁愛に関する学説である。孟子と荀子を比較すると、孟子が性善説を主張し、人間の内なる徳を中心とする心性論を築いた一方、荀子は性悪説を主張し、統治技術を中心とする礼楽論を提唱した。また、漢の時代における儒家の代表的な人物は董仲舒であり、彼は儒学を陰陽説と結び付けた。それから、宋・明の時代になると、新しい思想傾向を強調した宋明理学は道家と仏教の学説、理論を取り入れ、儒家の基本的な思想に各種の本体論的な根拠をつけた。例えば、張載の気本体論、程朱理学の理本体論、陸王学の心本体論などである。20世紀の現代新儒学は実のところ新たな宋明理学である。それは、儒家の学説に回帰することで民主・科学の欠陥に対して儒教が提供した参考点に注目するよう人々に呼びかける。

儒家思想の核心となるテキストは孔子の『論語』である。

『論語』は語録体で書かれたものであり、孔子とその高弟の言行を記録した書物である。全体的には片言によって構成されるが、その中心は終始大道から離れない。その中にある全ての言語は道の現実的、日常的な展開と顕現である。孔子の道は天道をも含むこともあれば、人道をも含む。天道は天命であり、すなわち天の無言の命令と規定である。人道は礼楽と伝統であり、すなわち社会の法律、道徳、信仰に関する規範である。人間は道を学び、知り、行うべきであり、そして正しい道を歩む人になるべきである。

孔子が説いた道は仁愛の道に具体化される。仁は愛の一形態であるため、一つの言葉となる。愛とは、与え、奉仕し、更に犠牲をも伴う。孔子によれば、仁愛は三つのレベルの愛を含む。第一に、肉親への愛である。肉親とは血縁関係にある人を指す。人間とその肉親は生まれつき関係を持ち、そして上下関係にある。肉親への愛は

主に父母と兄姉への愛である。いわゆる孝悌である。その中で、特に孝道は根本である。子女の父母に対する愛である孝は自分の生命の本源への感謝と恩返しだと理解されるため、孝道は当たり前のことだと考えられてきた。第二に、他人への愛である。主に君臣、友人への愛である。彼らは父母と兄姉以外の人であり、血縁関係のない他人である。君臣は王朝の政権の中で形成された上下関係にある君主と臣民であり、友人は志などを共にし、意気投合する人である。肉親ではないが、肉親に類似する。君臣は父子、友人は兄弟のようである。第三に、天地万物への愛である。愛の対象は人間ではなく、物である。主に天地の間に存在する全ての存在者である。例えば、山水、植物、動物である。孔子は、「知者は水を楽しみ、仁者は山を楽しむ」と言う。それには人間の天地と山水への愛が含まれる。

　仁愛の徳を具える人間は君子である。ただし、君子には仁・知・勇の三つの徳があると孔子は指摘している。つまり、君子は仁愛の徳を具えると同時に、智慧と勇敢をも持たなければならない。孔子は、「知者は惑わず、仁者は憂えず、勇者は懼れず」と言っている。これが君子の三つの徳に対する解釈である。

　『論語』は君子をめぐる書物であり、如何に君子になるかを人々に教える。

　儒家思想と同様に、道家思想も中国の根本的な思想の一つである。その始祖は老子であり、彼の継承者は列子と荘子などであり、彼らにより原始道家思想が形成された。もしも老子が主に道自体の秘密を語ったと言うなら、列子は絶対的な虚無を主張し、荘子は人間が大道を悟る経験を重視すると言ってよい。魏晋玄学は新たな道家思想であり、道家の虚無と自然といった思想を発展させた一方で、儒家の社会と政治理論を取り入れた。その後、道家自体は顕著に発展しなかったが、道教は宗教の形により一部の道家の理論を世

間に広く知らせた。20世紀になると、道家思想は中国国内で創造的な発展を遂げなかったが、海外では注目された。老子と荘子が説いた道はブーバーとハイデガーなどの西洋思想家に思惟された。

　道家思想の核心となるテキストは老子の『道徳経』である。

　『道徳経』は詩体で書かれたものである。主に道と徳を語る。道はそれ自身の根拠と本源を築き、徳は道の実現である。本質的に言えば、『道徳経』は道と人間の関係を明らかにする。一方では、道から天地が生じ、それによって万物と人間が生じる。他方では、人間は道に法る。すなわち、大道に従って思惟、言説、生存する。

　老子が説いた道は本質的に言えば自然の道である。ここで言う自然とは鉱物、植物、動物により構成された自然界全体ではなく、自然のまま、すなわち存在の本性である。老子は、「人は地に法り、地は天に法り、天は道に法り、道は自然に法る」と言っている。「道は自然に法る」といった言葉の中の自然は自然界である自然を指すのでなく、道自体の本性を指す。この意味では、人はそれ自身の本性に法り、地はそれ自身の本性に法り、天はそれ自身の本性に法り、道はそれ自身の本性に法る。人、地、天、道はいずれもそれ自身の本性に法る。すなわち、道に法り、自然のままの自分に法る。

　「道を得た者」は聖人である。彼は道と一般の人々の間にいる人である。一方では、聖人は道を見聞きして体験し、言説し、行う。他方では、道が何かを一般の人々に伝え、彼らに大道を歩ませる。

　『道徳経』は聖人をめぐる書物であり、如何に聖人になるかを人々に教える。

　儒家と道家思想とは異なり、禅思想は唐の時代に至るまで中国の根本的な思想の一つにはならなかった。仏教はインドで生まれたが、中国で盛んになった。漢魏時代には、インドから中国に仏教が伝わったのみであり、唐の時代に至るまで中国の大乗仏教は創立されなかった。その時、唯識宗の唯心論、天台宗の円融三諦説、華厳

宗の一即一切の思想が提出された。ただし、真なる革新的な事件だと言えるのは禅宗が中国仏教史における新たな道を切り開いたことである。六祖慧能は禅宗の真なる始祖であり、明心見性の法門を説く。その後の五家七宗はその法門の具体化と多様化にすぎない。明・清の時代以来、禅宗は存在していたが繁栄しなかった。ただし、現代に至ると、禅宗は再解釈されるようになった。太虚大師に提唱された人間仏教思想により、仏教は鬼神から人間へ回帰し、人生の問題を解決しようとする。中国国内のみならず、海外においても、禅宗は広く知られるようになった。鈴木大拙は唐宋時代の禅思想を欧米に紹介した。西洋思想と根本的に異なる禅思想との出会いは、ハイデガーにとっては正に知己を得たようである。

　禅宗の核心となるテキストは慧能の『六祖壇経』である。

　『六祖壇経』は語録体で書かれた慧能の説法集である。慧能の思想の主題も道であり、すなわち成仏に関する正道である。通常、いわゆる仏教の三学は戒学、定学、慧学を含み、大乗仏教の六度（六波羅蜜）は布施、持戒、忍辱、精進、禅定、智慧を含む。慧能の禅宗はその正道を継承したが、彼が説いた禅は禅定ではなく、智慧または般若である。般若は独特の智慧であり、その根本にあるのは縁起と空性である。空は何もないことを意味せず、三法印（諸行無常印、諸法無我印、涅槃静寂印）と一法印（一実相印、すなわち諸法実相）を指す。これはある種の独特の道であり、儒家の仁愛の道とも道家の自然の道とも異なる。

　慧能の禅宗の道は実のところ心の道である。その核心となる思想は「即心是仏」である。すなわち心が仏、仏が心である。慧能が説いた般若の智慧は総じていえば、心色一如と空有不二である。心色一如とは何か。心と存在は同一なのである。仏経の言葉で言えば、「心生ずれば種々の法生じ、心滅すれば種々の法滅す」。空有不二とは何か。心であり存在であり、空でもあれば有でもある。仏経に

あるように、「色は空に異ならず、空は色に異ならず、色は即ちこれ空なり、空は即ちこれ色なり」なのである。

　人間は覚悟すれば成仏する。仏様とはお釈迦様の一人だけでもなく、様々な偶像である仏と菩薩だけでもなく、全ての覚悟した人間である。慧能は『六祖壇経』の冒頭部で「菩提自性は、本来清浄なり。但だ此の心を用へば、直ちに了りて成佛す」と述べている。人間は諸法実相、すなわち心色一如と空有不二を悟れば成仏する。慧能の心の道は「明心見性」を重んじる。すなわち本心・本性を見極めて悟ることである。鍵となるのは迷いから覚悟への変化を遂げることである。その変化は一念の間にある。慧能はそれを無念の法門だと称している。それには無念、無相、無住の三つの要素が含まれる。無念とは邪念を持たず、正念を持つことである。無相とは如何なる様相にも執着しないことである。無住とは如何なる物にも囚われないことである。

　『六祖壇経』は成仏をめぐる書物であり、如何に悟って成仏するかを人々に教える。

　以上述べてきたように、儒家は主に社会に関する智慧、道家は主に天地に関する智慧、禅宗は主に心に関する智慧を語る。三つの智慧により、歴史上の中国の精神世界が形成される。何故その数は三つであり、それ以上でも以下でもないか。それは、歴史上の中国の精神世界の仕組みは現実世界の仕組みと対応しなければならないからである。

　中国人にとっての世界全体は特性を持ち、いわゆる天地人の仕組みである。

　人間は天地の間で生活する。これは既成事実である。ただし、誰が天地を創造したか。天地の始まりは何か。天地を創造した存在者もいなければ、それには始まりもない。天地はそれ自身により存在し、自然のままである。既に存在し、そのまま存在し続けていく。

通常、天は上にあり、地は下にあると考える。実のところ、天は地を囲んでおり、地は天の中にある。天地は一体であるが、両者の間には相違点もある。大地には山川、植物があり、動物、人間もいる。天空には日月、星辰、陽光、雨露がある。天地は空間を提供するのみならず、それ自身の運行によって時間、昼と夜、四季の変化を形成する。

　人間は天地の間で生活するが、彼らにとって最も直接な世界は天地ではなく、彼ら自身の手で築いた社会である。人間が生きるのはこの世界で生きること、すなわち人間がいる世界で生きることを意味する。人間はまず家庭で生活する。人間は子女として父母の元に生まれ、また父母として子女を産む。斯くして限りなく続いていく。家庭の中には、父子、夫婦、兄弟などの倫理的関係がある。そして、人間は国で生活する。国は無数の家庭によって構成された全体である。一つ一つの家庭は独立したものであるが、国の中でしか長く存続していかない。国において、人と人は新たな関係を築く。例えば、君臣関係と友人関係である。

　人間は天地の間、家国で生活するのみならず、心の世界の中でも生活する。天地は心を持たず、人間のみが心を持つ。したがって、天地人の世界以外には、主宰神や諸神のような孤独な心は存在しない。人間の特性としての心は、存在を思惟し、語る。斯くして、人間と天地を照らす。一方では、人間は自分が誰かを知った。もう一方では、人間は世界が何であるかを知った。心は人間から天地に通じる道を開き、人間を天地と出会わせる。また、心は存在を反映、示すのみならず、それを導き、創造もする。心は決して受動的であるのみならず、能動的でもある。それは天地と人間を創造できる。この意味では、心は天地、人間と関わると同時に、それらと異なる独立した本性をも持つ。この本性こそが心の奇妙さである。

　以上分析してきたように、中国の天地人の仕組みは実際には三つ

の次元に分けられる。まずは天地である。天地の間の鉱物、植物、動物（人間を含む）によって構成された自然全体である。次に、社会である。家と国によって形成された国家であり、人間がそこに生まれ、そこで結婚、生殖、労働、休憩、そして死亡する。最後は心である。それは天地の間にいる人間の最も偉大な特性である。天地人の存在に関わる一方、それから独立した独特の本性を持つ。

儒家思想、道家思想、禅思想は正に天地人といった全体の中の三つの次元にそれぞれ対応する。主に道家は天地、儒家は社会、禅宗は心に対応する。それは儒・道・禅が中国の最も重要な三大思想になった根本原因である。一般的な建築学の原理にも合致する。ある建築は幾つかの必須の要素によって構成される。その要素の数は多すぎてもいけないし、少なすぎてもいけない。決して多少多く、少なくなってもよいのではない。したがって、儒・道・禅の三家の内の一家のみが中国思想の全体を代表していいわけがないのである。儒家のみであれば、社会のみがあり、天地と心が欠ける。道家のみであれば、天地のみがあり、社会と心が欠ける。禅宗のみであれば、心のみがあり、天地と社会が欠ける。中国古典の精神世界は儒・道・禅の中のいずれの次元が欠けてもならず、それ以外の如何なる次元を増やしてもならない。なぜなら、天地、社会、心が閉鎖的な全体を構成し、それに全体に合わない部分を嵌め込むことができないからである。例えば、こうした天地人の世界は天地人神の世界とは異なる。天地人の世界には主宰神と諸神が存在しないし、それを取り入れることもありえない。数百年来、キリスト教の伝道活動が中国で展開されてきたが、聖霊は終始中国の精神世界に降臨しなかった。

儒家の智慧は主に人生に関する智慧であるが、世界の仕組みのランクの面においては、天地を基礎的な位置につける。つまり、天道を人道の根拠だと見なす。道家の智慧の核心は人間と自然との関係

であり、人間が自然界のように「無為自然」に生きることを主張する。禅宗の智慧は本質的に言えば心に関する智慧であり、心自体、すなわちその光明の自性に回帰するように主張する。実際には、三者はいずれも人間と異なる神の啓示と恩恵ではなく、人間自体の独自の本性、すなわち自然性を肯定する。のみならず、それらにより、精神は自然に耽け、すなわち精神の成長は自然によって制限される。

3．日常的な智慧

　以上述べてきたような神的、自然的な智慧以外に、もう一つの智慧がある。それは現実の中での日常的な智慧である。主に日常用語に存在する。日常用語は人々が日常生活で用いる言語であり、全ての人間が聞き、語った言語である。独白または会話である。
　日常的な智慧の言語活動において、語るのは誰か。日常生活の中での全ての人間ではなく、特別な人間である。一般的に言えば、言説者は神人、古人、老人、名人などである。なぜ神人か。彼は人間であるが、神のような智慧を具えるからである。なぜ古人か。千数百年経ても、彼の言葉は伝承されてきたからである。なぜ老人か。長い人生の中で豊富な経験を積んだからである。なぜ名人か。高い声望と大きな影響力を持つからである。そうは言うものの、日常的な智慧の言説者は常に無名である。神人、古人、老人、名人などの言説者は一つの通用の言葉に簡単に置き換えられる。それは人々である。人々とは誰か。身分証明書、すなわち姓名、性別、年齢を持たない人間である。この通用の言説者はそれ自身を隠しさえもする。そうであれば、誰も語らず、言語自体が語るようになる。その

ため、主語である言説者が隠れた場合、つまり、一般的な言語自体が語ることが多い。こうした異なる形態の言説者は人々に日常生活に関する智慧を語る。
　日常的な智慧は如何に語られるか。無論、それは西洋の神的な智慧や中国の自然的な智慧が語られる方式とは異なる。古代ギリシアの智慧はホメーロスの吟唱により、中世紀の智慧は聖人の宣教により、近代の智慧は公民の言談により語られる。中国の儒・道・禅の智慧も孔子、老子、慧能といった聖人により語られる。一方、日常的な智慧は独特の方式で語られる。常に諺、格言、箴言などの形によって語られる。諺は世間に広まった簡潔な表現である。格言は行動規範とされてもよい教訓的な文句である。箴言は忠告・戒めとなるような言葉である。
　こうした日常的な智慧の言説の基本的な特徴は口頭性である。それは書くこととも関わるが、主に口頭的に創作、伝承される。したがって、書くことにより形成された系統的に整ったテキストとは違い、一つ一つの断片的な短い文である。通常、それは短文または簡略化された文、文句の中の核心的な言葉である。その内容は日常生活と関わりがあり、分かりやすいものである。文盲であっても、それを聞き取れ、言い出せる。それに対応して、形式上においても修辞的な特徴を持つ。例えば、対偶、対比、比喩、誇張などがある。韻文体で書かれた場合もある。こうした日常的な智慧の言語は朗々として調子がよく、広く長く伝わってきた。当然ながら、それは一般的な智慧の言語の根本的な特性を持つ。すなわち、陳述的なものではなく、他者を導くものである。ただし、それは比較的に慰めと励ましに重点を置く。日常的な智慧の言語により、人間は自分を導く一方で、他人をも導く。
　日常的な智慧の言語は何を言い表したか。日常生活の真理を言い表し、正しい方式で日常生活世界で生きるように人々を導く。人間

の日常生活とは衣食住や交通、そして人間、物、心との付き合いにほかならない。日常的な智慧は人間に処世の準則を教える。それにより、人間は真善美と偽醜悪を弁えられる。これは一つの核心的な問題となる。善悪の問題である。日常的な智慧は人間に善悪を見分けさせ、悪を取り除き、善を行うように呼びかける。悪人にならず、善人になるべきだと人々に教える。具体的に言えば、悪き思い、言葉、行いを取り去り、善き思い、言葉、行いをすることである。また、日常的な智慧の言語は因果応報の学説を宣伝する。いわゆる「善には善の報いあり、悪には悪の報いある。時期まだ来たらず」。善行をする人と悪行をする人に裁判される可能性を提示する。

　しかし、日常的な智慧は聡明と混同される場合もあり、それは自分の対立面、すなわち愚昧になることさえある。なぜなら、神人、古人、老人、名人が語ったといった名義の下における「日常的な智慧」には、日常生活を真に思惟せず、深さと広さに欠け、よく整っていない未熟な意見にすぎないものがあるからである。似て非なるもの、すなわち真理のように見えるが、実のところ誤謬であるものである。諺、格言、箴言、伝説、物語、民謡などの簡単な日常言語の形式には天然的な限界がある。物事の本性を十分に示しもしなければ、必要な論証もしなかった。ある物事を比べ物にならないものと強いて比較したり、不適切な比喩さえしたりする。したがって、日常的な智慧の言語は我々の日常生活に浸透するが、それを弁別しなければならない。何が真なる大道か。何が偽りの大道か。何が真なる智慧か。何が偽りの智慧か。

第五章

欲・技・道のゲーム

第五章
欲・技・道のゲーム

一、ゲームとは何か

　この世界は、欲望、技術、大道もしくは智慧の三者が集まった活動である。それら三者が互いに参加、伝達、生成し合う活動を我々はゲーム（遊戯）と呼んでいる。
　まずは、現代中国語の"游戏"に対する通常の理解から、その本質を究明してみよう。"游戏"という言葉は、"游"と"戏"から構成されている。"游"（泳ぐ）は生物の活動の一種で、「歩く」と「飛ぶ」とは異なる。「歩く」は、生物が陸地を歩いて行くことであり、「飛ぶ」は、生物が空を飛んで行くことであるが、"游"（泳ぐ）は、生物が水面を泳いで行くことである。この"游"（泳ぐ）と水との関係は、その行為自体が自由で気ままな生物体の活動であることを表している。こうした意味合いは、陸地や空における活動にまでその対象範囲を広げることができる。例えば、中国語には"游走"（ぶらぶらと歩く）、"飞游"（ぶらぶらと飛び回る）といった表現が存在する。ところが"游"とは異なり、"戏"が主に表すものは"嬉戏"（遊び戯れること）などといった遊楽の活動である。また、"戏言"（ふざけて言う言葉）や"演戏"（芝居を演じる）といった意味で用いる場合は、それが真実ではなく、虚偽であることを示す。複合語である"游戏"の場合、基本的には"游"と"戏"の元々の語義を留めていると言える。我々が日常的に使う

ゲーム（遊戯）という言葉は、主に「気ままな遊び」の意味で使われている。当然、欧米諸国の言語が現代中国語に与えた影響についても、多少は考慮に入れておかなければならない。英語とドイツ語のゲームは、「遊び」の意味以外にも、賭け事や競技といった意味合いがある。さらに人々は、ゲームの自由性を強調するために、「自由なゲーム」といった表現も用いる。

　では、ゲーム自身は一体何なのか。これについては未だ定説がない。日常の言語の中で、ゲームは肯定的な意味合いを備えておらず、逆に否定的、少なくとも中性的である。最も想像しやすいのは、子供が暇つぶしに遊びに興じている姿であろう。そうした幼少時代のおもちゃを捨ててしまった大人たちにとって、それは何の意味もない行為に見える。そうでなくても、ゲームは世をすねた生意気な態度と見なされやすい。智や徳を備えた人々は、「人生を玩ぼうとすれば、逆に人生に玩ばれるよ」といった格言を口にするであろう。

　日常の言語とは違い、ゲームは現代思想におけるキーワードの一つである。それは存在、思想、言語を理解する奥義における新たな手段となりつつある。哲学には、存在ゲーム、思想ゲーム、言語ゲームに関する数多くの研究がある。そして人々のゲームに関する思想は時代によって異なっている。例えば、歴史的にはそれを「自ら根拠を築く」と理解することが多かったが、現代あるいは現代以降の世界では、「自ら根拠を除去する」としている。とは言うものの、ゲームは常に、存在者自身の外で如何なる根拠も持たない活動であると認識されている。

　ゲームには多くの形態がある。例えば、囲碁、将棋及び各種球技である。しかし、生活世界におけるゲームとは、人類の具体的なゲーム活動を指すのではなく、その思想と言説を含めた人生における存在自身を指している。こうした意味でのゲームは単なる小さなゲームではなく、大きなゲームである。この大きなゲームは、存在こ

そがゲームであると言う。人間の一生だけでなく、世界の万物が皆ゲームをしているのである。

　人間はどのようにゲーム活動に参加するのか。本質的に言えば、それはルールによって規定されている。ゲームのルールとは何か。それはゲームの根拠であり、人間の活動の尺度である。それは道路を規定し、人間はその決められた道路の上を歩くしかない。一般的に言えば、ルールはその場で定めるものではなく、人あるいは人が委託した代表によって制定されるものである。ルールは活動外のことを予め設定するのでもなければ、制定者自身が好き勝手に決める産物でもない。それは活動の本質から来るもので、その展開を保証することができる。したがって、ルールとは活動の本質からの要求と呼びかけであり、制定者はただ忠実にその呼びかけに従い、それを言語として表したに過ぎない。こうした点において、ゲーム活動のルールは、それ自身が築いた根拠でもある。当然、ルールは一度決めたら変えられないものではない。それに対する制定、修正、削除、新設といったプロセスも備えている。

　ゲームのルールは人間によって決められるが、実は人間がそれを決めたのではなく、ゲームのルール自体がゲーム参加者を規定しているのである。参加者はただゲームのルールに従い、自由自在なゲーム活動を展開しているに過ぎない。それ故、参加者はこうしたゲームのルールを必ず守らなければならない。ゲームのルールに従った時、初めてゲームを行うことが可能となり、そうでなければゲームはできない。こうした基準の下、人々は個人の意志からスタートし、自らの目的に到達しようと努力する。しかし、この目的はルールが予め設定されたものではなく、ランダムに変化するものである。したがってゲームとは自由なのである。

　ゲーム活動とは決して一人だけのゲームではなく、人と人、もしくは人と物とのゲームである。あるゲーム活動が、たとえ一人きり

の単独活動のように見えたとしても、それは必ず一人ともう一つの実物、あるいは非現実的な物との共同活動なのである。例えば、詩人が詩を書く時、音楽家が作曲をする時、画家が絵を描く時、彼らが携わる活動は孤独なゲームではなく、共同のゲームなのである。したがって、如何なるゲーム活動も異なる参加者、または共にゲームをする者が含まれている。それらの参加者は、必ず同一のルールに従わなければならないが、それぞれ独自の意志と目的を持っている。このようなゲーム活動の中では、参加者の関係は多様である。彼らは共に存在し、誰かが欠けることは許されない。そうしなければ、参加者がゲーム活動を展開することはできない。その上で、彼らはルールに同意し、それを守る。彼らは競い合い、個人の目標をなるべく早く実現させようと努力する。そして彼らは助け合う。すなわち、ある参加者の活動が別の参加者を生成する。同様に彼らは相剋し合う。すなわち、ある参加者の活動が別の参加者の生成を阻む。それ故、参加者同士の関係は、友人かもしれないし、敵かもしれない。あるいは友人のような敵、または敵のような友人なのかもしれない。ある時間と場所が限られたゲーム活動においては、参加者の間に勝ち負けが存在する。これは三つの可能性を引き起こす。引き分け、双方の勝利、双方の敗北である。ただし、人類全体の活動で言えば、ゲームには通常の意味での勝ち負けはなく、それは永遠に終わらない相互関係、例えば将棋における千日手のようなものである。

二、欲・技・道のゲーム

　ここで言うゲームとは、具体的なゲームを指すのではなく、生

活世界におけるゲーム、すなわち、欲望・技術・大道のゲームである。ここまで説明してきた言葉を借りるなら、このゲームもルールのある自由な活動である。

　欲・技・道ゲームのルールとは何か。欲・技・道は、人生の根本的活動としてそれ自身が生成するものである。この本質が、欲・技・道におけるゲームのルールを「生む」よう求める。「生む」とは、存在者自体の生命や生長、自らを自らたらしめることを意味するだけでなく、他の存在者に生命や生長を与え、彼らをそれ自身たらしめることも意味する。こう考えれば、欲・技・道ゲームには、より具体的な規定があることになる。すなわち、欲望は自ら生長し、技術も自ら生長し、大道も自ら生長する。同時に、欲望は技術と大道の生長を、技術は欲望と大道の生長を、大道は欲望と技術の生長をそれぞれ促す。欲望、技術、大道の三者は共に存在し、共に生み出しているのである。欲・技・道ゲームのルールが「生」であるならば、その対極にある「死」は否定されたことになる。言い換えれば、このゲームのルールは欲・技・道の生の保証であり、死の保証ではない。また、このルールに符合した全ての活動は生長し、違反する全ての活動は滅亡する。

　「生」は欲・技・道ゲームにおける基本ルールである。では、誰がこのルールを制定したのか。それは明らかに主でも神々でもない。人々は主が世界を創造し、世界を救済し、さらには世界の最も根本にあるゲームのルールを制定してくれると信じている。しかし、この信仰自体が特定の欲・技・道ゲームにおける歴史的産物に過ぎないのである。ゲームのルールは天が制定するものでもない。人々は天が最上かつ普遍的なものであり、天・地・人からなる万物の世界のためにルールを制定してくれると信じている。しかしながら、この観点も欲・技・道ゲームにおける歴史的形態の中で解釈されなければならない。それはもちろん人間によって制定されるもの

でもない。人間は確かに欲・技・道ゲームのルール制定に参与し、これを実施していくが、そのルールは人間が制定したのではなく、逆に人間の方がそのルールによって規定されているのである。それ故、欲・技・道ゲームは人間が支配する活動ではなく、生活世界そのものの活動ということになる。つまり、人がゲームを規定するのではなく、ゲームが人を規定するのである。主、神々、天、人間のいずれもが欲・技・道ゲームのルール制定者ではないとすれば、このゲームは外在のルール、すなわち外在的規定を持たないことになる。したがって、それは外在的原則を持たない活動、もしくは原則のない活動となる。無原則の活動であれば、欲望・技術・大道のゲームはある種の既定のルールを根拠として自身を展開させるものではない。

　欲・技・道ゲームにおける外在ルール制定者の可能性を除外した結果、ここにはたった一つの可能性が残る。それは、欲・技・道が自らルールを制定し、それら自身がゲームのルールの制定者だということである。ただし注意すべきは、これら三者はいずれも単独ではルールを制定する権力を持たないという点である。欲望や技術だけでなく、大道や智慧でさえも単独ではルールを制定できない。なぜこうした状況において大道もしくは智慧が優先的地位と権力を持たないのか。大道や智慧はルールを制定する能力を持っているように見える。しかし実のところ、それは人々に知らせることしかできない。人々に欲望と技術の本質を知らせ、自らの活動の限界を知り、そこからゲームのルール制定のために条件を提供しているのである。大道または智慧の本質は占有や製造ではなく、導くこと、すなわち、その存在を許すか許さないかなのである。

　実際、欲・技・道ゲームにおけるルールの制定は根本的に見れば、欲望、技術、大道という三者間での約束であり、それら三者の間に形成された契約に過ぎない。このゲームのルールは、欲望、技

術、大道の三者を生存させ続け、それにより、世界を生成することである。この三者にとっては、それらがルールに合っていれば生み出し、ルールに合っていなければ死ぬのである。したがって、欲・技・道ゲームは、生のゲームルールに基づいて自由に活動していく。

　このゲームについて、より詳しく見ていこう。それ自体は一体どのように発生したのであろうか。

1．欲望の役割

　生活世界のゲームは元々欲望によって推進された。欲望は人間の存在における基本的活動である。人は欲望者として欲望の対象に向かっていき、それを占有して消費する。

　しかし欲望が自らを満たせば、次に技術が必要となってくる。欲望は自らを目的に設定し直し、技術をその手段とする。これにより、欲望は道具を通じて欲望の対象を獲得し、自らに奉仕させる。これには、人が自らの体と感覚器官を使うのみならず、外部のものを使って物を生産することが必要とされる。ただし、欲望自身は広がり続けるため、技術もそれに合わせて発展することが求められる。これは、人が絶えず道具を発明、放棄、創造することを促し、新たなものを作り出す。

　欲望には技術が必要であるが、同時に大道も必要である。欲望は人間の体や命と一体であるが、同時に暗黒的かつ盲目的なものである。とりわけ人間の本能的欲望は、まるで闇夜を歩かされているようである。これは、人生が危険に満ちた道路の上に置かれているのと同じである。この道は危険とチャンスが折り重なったものであ

り、危険の道へと踏み込んで死に至るか、チャンスの道へと入り込んで生存するかとなる。したがって、欲望は大道の到来を切望し、欲望の本質と限界が何かを大道に説いてもらおうとする。大道による規定の元のみで、欲望はそれを実現させる過程において自己満足を保証できるのである。

2．技術の役割

　生活世界のゲームの中で、技術が演じるのは欲望とは異なる役割である。それは自由自在のものではなく、欲望によって使用されるもののようである。
　技術は人間の欲望を実現させるための必要条件である。技術がなければ欲望を実現させることはできない。欲望は技術を通じてのみ実現できる。したがって、技術は欲望よりも重要となる。それは欲望者に奉仕するのみならず、欲望の対象にも働きかけ、欲望の対象が欲望者を満たすようにするからである。技術は十分な技術化を通じて、物の有用な本質を表し尽くし、人の欲望の本質を深く探究して満足させる。それは人間の欲望における露骨な部分を実現するのみならず、そこに隠れている部分をも実現する。そして、技術は欲望を満足させるだけでなく、それを刺激する。これはすなわち、技術は欲望の対象を作り出せるのみならず、欲望者自身を作り出せることを意味する。技術化を通じて作り出された欲望は、基本的形態、例えば、食欲や性欲といった豊かな内容や形態にならしめるのみならず、原始的欲望に基づいた新たな欲望を生み出せるのである。
　技術は欲望と関係を持つ一方、大道とも関係を持っている。そ

の最初の本質に関して言えば、技術はただ人の欲望から生じてそれを満足する手段に過ぎず、それ故、欲望の命令のみに従う。そのせいで、技術は欲望と同様に暗黒なものとなってしまい、自らが分からなくなる。無論、技術は欲望を満たす手段のみならず、欲望から離れて自らの発展を目的とすることもできる。言うなれば、それはただの手段ではなく、目的でもある。こうした自らを目的とする道具は有限ではなく、無限である。人々がよく言う「最高のものなどなく、よりよいものがあるだけだ」ということになる。技術はイノベーションというスローガンの下、自らの道を歩み、古いものを捨てて新しいものを生み出し、無から有を生み出す。このように、技術は手綱を振り切った馬のように人間から離れ、自らが切り開いた無限の道を突っ走っていく。しかし、技術は自分がどこへ行くのか知らず、当然、世界に存在する物と人をいかに変えていくかも分からない。これはつまり、技術が最終目的を持たず、自らの目的を絶えず否定し、超越しようとしていることを意味する。こうすることで、技術は無限に自らを作り出し、それを通じて物や人を無限に作り出すのである。このような技術はそれ自身にとって限界がないことになる。しかし、技術は同時に物と人を危険へと引きずり込む。技術は物と人を生存させる可能性がある一方、それらを毀滅させる恐れもある。したがって、技術自身の発展には大道の降臨が必要となる。大道のみが技術自身の本質と限界とは何かを説くことができるのである。

3．大道の役割

欲望と技術がそれぞれの視点で生活世界のゲームに参入しようと

した時、大道（智慧）も登場してこれらに付き合う。大道である智慧は、本来欲望や技術とは異なる、そこから飛び出した知識である。つまりそれは、人間の存在に関する真理である。ただし、大道は欲望と技術の外部に存在するわけではない。それは欲望の道であり、技術の道でもある。智慧は、道を知る者であり、導く者である。それを根拠として、大道は欲望と技術を導くのである。

　欲望の道として、大道はまず欲望にそれ自身を理解させる。人の本源的な欲望とは本能的な衝動に駆られたものである。しかし、大道の光に照らされることで、人は自らの欲望を理解する。このように隠れていた欲望が露わな欲望となり、無意識の欲望が意識的な欲望となる。最初の欲望現象はただの「欲しい」であるが、人間にはそれが分かっておらず、大道に指摘された欲望によって初めて自分は何が欲しいか分かるのである。

　欲望の本性を指摘した後、大道はそれを身体的か精神的か、私的か公的か、消費的か創造的か、欲深いか適度かといったタイプに分類する。大道はどのタイプの欲望が実現可能で、どのタイプが実現不可能かを示す。多くの欲望の中で、最も重要なのは善悪の区分である。欲望は、それ自身について言えば、当然のようにそこに存在しているものである。その本質は善でもなければ、悪でもない。しかし、これが人間と世界とのゲームの中に入り込み、その両者との間に関係が生じた時、それは善悪の特性を備えることになる。欲望における善悪の区別は、根本的に言えば、生活世界における欲・技・道ゲームの基本的ルールに合わせるかどうかにある。およそ生の欲望に有利なものは善の欲望であり、生の欲望に不利なものはすべて悪の欲望となる。善の欲望はゲームのルールに符合しており、悪の欲望はゲームのルールに合わない。無論これ以外に、善でも悪でもない欲望もある。

　しかし、本能的欲望であれ非本能的欲望であれ、それらには自

身の限界がある。したがって、それらは無限ではなく、有限なのである。同時に、欲望の対象も欲望の需要にとってはその対象であるが、満足してしまえばその対象ではなくなる。もし人が欲望を満たしたにも関わらず、それでも必死に欲望の対象を求めるのであれば、これは物に対する欲望ではなく、欲望に対する欲望なのである。実のところ、この物自身の存在意義は重要ではなく、人の欲望を満たせるか否かも重要ではない。それは、欲望の対象ではあるが、残り物なのである。これが示すところはつまり、人間の欲望はある決められた欲望の対象を獲得したいわけではなく、ただ欲望自身を広げたいのである。もしそうであれば、人間の欲望に対する欲望は無限であり、その対象は無数ということになる。これにより、「貪欲」が形成される。すなわち、これは自身の限界を越えた欲望なのである。貪欲者は自身を欲望者と見做すことさえあり、ただひたすらに欲望を求めることに耽り続ける。例えば、暴飲暴食、好色、財産・権力・名誉の強奪などがある。彼ら貪欲者は欲望のための欲望を追い求める中で、自らの存在を実感する。ただし、こうした無限の欲望は良性的ではなく、悪性的でしかない。それは、人々に自らの存在の全体像、すなわち人間と世界との関わりを完全に無視させ、自分の欲望とその対象しか見えない状態へと陥らせる。こうした貪欲または欲張りは諸悪の根源である。これは、人間にルールを破らせ、人と物を占有させようとする。

　大道は人の欲望を導く。すなわち、欲望に正しい道を行かせようとする。一方では道をもって欲を制し、もう一方では、道をもって欲を導いているのである。

　いわゆる「道をもって欲を制する」とは、主に人間が智慧の規定に基づき、自らの欲望、特に悪欲を抑えることを指す。一般的に、宗教と道徳の戒律はこのようなものである。しかし、人々は悪欲を必ず禁止しようとするのみならず、善でも悪でもない欲望まで抑え

込もうとする。ここには、人々が生存するための基本的欲望、例えば、食事、着衣などの欲望が含まれる。まさにこのせいで、人々は衣食を切り詰めようとするのである。

　しかしながら、人間が欲望を抑えるにはプロセスを辿る必要がある。

　無欲の極端な形態は、人が体そのものを否定することである。人は体という存在を有しているが、もし無欲に何も求めなければ、古池や枯れ木のようになる。人間は自らを非欲望者と見做し、あたかも体、器官、感覚を持たないかのように振る舞う。さらに欲望の対象を渇望せず、その刺激も受けない。より踏み込んだ策として、人は自らの体を服で覆い、欲望の発生を避けようとする。公共の場で裸になることを禁じるのみならず、服で体の大切な部分、例えば、陰部や胸を覆い、さらには四肢ないし顔まで隠そうとする。これは、人が他人を誘惑する、あるいは他人から誘惑されることを防ぐためである。さらに極端な場合、人間は自らの体の器官を消し去る。例えば、去勢である。この場合、人は生きているにも関わらず、正常な性行為を行うことができない。自ら去勢を求める者もいれば、人から去勢される者、あるいは生まれつき去勢されている者もいる。

　しかし、人々が通常主張する無欲とは、身体的欲望を一切消し去ることではなく、少欲知足、すなわち欲望を減らすことである。人間は生きていれば、必ず欲望を持つ。したがって、欲望を消し去ってはならない。もし人の欲望が消されてしまえば、その人の命も存在しなくなる。つまり無欲を主張する時、人々が実際に求めているのは貪欲、すなわち無限に増長する欲望を消し去ろうという意味なのである。同時に、人間の生存に必要な最小限、最低限の欲望は維持し、満足させようとする。こうした欲望が実現すれば、人々は死の脅威から免れ、欲望以外のことにより多くの時間を使うことがで

きる。

　このような無欲の中、人間はなお欲望に対する意志を持ち続ける。すなわち、人々は貪欲を追求するのではなく、有限の欲望を求めるのである。しかし、人間自身の頭には欲求という考えが存在し続けている。つまり、少欲知足と無欲である。同時に、人々は無欲をもって欲に反対し、至る所で強欲、貪欲、欲張りとの戦いを繰り広げる。これは、人間を欲と無欲という矛盾と衝突の中に放り込み、人間自身に苦痛を与えるものである。

　無欲を欲した後、人間は無欲を無くそうと努力する。無欲とは人間の欲望、とりわけ貪欲に対する否定であるが、実はここにも無欲を欲するという欲望が残っている。無欲を欲することの否定として無欲を無くそうとすることは、人々を欲望の制限から脱却させ、自由を獲得させることである。当然、人々は無欲を無くすことの「無」自体に固執してはならない。その「無」という概念さえも無くし、「無」自らを否定する境地に達しなければならない。ここまでしなければ、人間は欲望の最後の影とも言える束縛から完全に脱け出すことはできないのである。

　道をもって欲を制すると同時に、人間は道をもって欲を導く、すなわち、それを善の方向や道へと導き、これにより生を利するというゲームのルールを守るのである。

　大道はまず人々に、貪欲性のある欲望を適度な欲望へと転換させるよう求める。この適度の度合いとは別の尺度ではなく、人性と物性のことである。この度合いに合わない欲望は貪欲的と見做され、逆の場合は適度であるとされる。人間が適度な欲望に基づいて活動をする場合、その欲望は人性を傷つけることはせず、逆に人性の成長を促進する。同時に物性を傷つけることもなく、逆に物性の成長を促進する。このように人間の欲望に基づく活動をルールが規定するゲームの中に引き入れることで、人と物は相互に生成されるので

ある。

　次に大道は人々に、身体的欲望のみならず、心的欲望を展開させるよう求め、人間を全面的に発展した欲望者、心身合一の存在者となるよう促す。もしも人間が身体的欲望のみを追求し続ければ、人は動物へと堕ちていく。もしも心的欲望のみを追求し続ければ、それは虚空のものとなり魂と化す。したがって、人間は欲望の単一化を克服し、心身ともに存在かつ融合した状態へと持っていかなければならない。その身体的欲望は心的欲望であり、心的欲望は身体的欲望でもある。

　それから、大道が人間の欲望を導く際は、その消費性に注目するのみならず、その創造性にも注目する。欲望の実現では当然、人と物を消費するが、同時に創造もする。人間の生活世界は自然によって与えられたものではなく、人類自身が創造したものである。欲望とは世界を創造する原始的動力なのである。欲望から出発し、人間は物を改変し、人も改変する。同時に、人間は無数の新しい物と人を創造する。これらの人と物は人間によって占有・獲得されるわけではなく、それ自身へと成長し、自らの物性と人性を保っていくのである。したがって、創造性の欲望は人の占有・獲得という願いに対する克服であり、人と物の存在に対して泰然としている。これはすなわち、人間は人と物を創造したいと欲しているのである。しかし、創造すると同時に、その欲望は絶えず後退あるいは消滅していき、そこには創造された人と物が現れるのみとなる。

　最後に、大道は人間の私人性の欲望を重んじ、他人性の欲望も重視する。同じ世界にいる誰もが、各々私人性の欲望を持っている。これらの欲望と他人性の欲望との間には、同一性もあれば差異性もある。私人性の欲望を実現するために、人間は他人と協力したり、争ったりする。大道はこうした同一性と差異性を十分に考慮している。欲望の同一性について言えば、ある種の欲望は誰もが共通

して持つものである。したがって、「己の欲せざる所は人に施すことなかれ。己の欲する所はすべて人に施す」となる。欲望の差異性について言えば、ある種の欲望は人によって異なる。人々自らが言うように、他人の欲望は他人事なのである。したがって、「己の欲せざる所は人に施すことなかれ。己の欲する所もまた人に施すことなかれ」となる。ここでの他人の欲望は、他人なりに実現させればよいのである。大道は「自己を利するのみならず、他者も利するべきだ。利己と利他があって初めて、人々は共存共栄することができる」と戒めている。

こうした大道と欲望との関連において、道と欲はすでに分離・矛盾した関係ではなくなり、統一、さらには同一の関係となる。これはいわゆる道欲合一である。人欲は天道であり、天道は人欲なのである。

道が欲を制し、道が欲を導くことを通じ、大道は実現させてもよい欲望と、実現させてはいけない欲望を示している。大道の欲望に対する抑制と導きは、いわゆる禁欲主義とは異なる。歴史上、多くの宗教・道徳・哲学が禁欲主義を主張してきた。それらは欲望こそ罪悪と過ちの根源であると考え、それが人間自身に苦痛を与え、世界全体に堕落をもたらすとした。したがって、人は最大限、自らの欲望、特に食欲や性欲といった身体的な欲望を禁じなければならない。しかし、禁欲主義は相対的なものでしかなく、決して絶対的なものとはならない。もしも欲望を完全に禁止してしまえば、人間は体を持たないこととなり、生命活動も失ってしまうのである。

大道は禁欲主義に反対する一方、肉欲主義にも反対する。禁欲主義とは逆に、肉欲主義は欲望の追求と満足の中から、幸福、快楽かつ美しき道を見つけるかのようである。食欲や性欲といった身体的欲望は、ここにおいて特別な意義を得る。歴史を見ると、宗教的にはカルト教団、道徳的には享楽主義者、哲学的には非理性主義者な

どが、肉欲主義を鼓吹してきた。しかし、欲望は無限に放任してはならない。そうしてしまえば、欲望の対象の消耗および欲望者自身の消滅を招くのみとなる。

　実のところ、禁欲主義も肉欲主義も欲望の真の苦境、すなわち欲望の抑圧について理解していない。それだけではなく、これ自身が実は欲望の抑圧における思想的根源なのである。禁欲主義は無論、欲望を抑圧し、その場から一歩も出られないよう試みる。肉欲主義は欲望を抑圧せず、自由放任しているように見えるが、実のところ、これはより極端な抑圧なのである。なぜなら、肉欲主義は欲望に自身の限界を超えさせ、自らを消滅させようとするからである。現代における欲望の抑圧は、主に技術主義と虚無主義にある。技術主義は絶えず欲望を作り出し、虚無主義は欲望を無制限に押し寄せる猛獣たらしめる。この二つは、欲望の生産と満足を促し、世界を巨大な欲望の市場たらしめる。このような関わりの中で、欲望が「人間の欲望」となるのではなく、人間が「欲望の人間」となっているのである。

　欲望の苦境に関する思考は当然、欲望の解放を呼び起こす。一つ目は、人間は欲望を巡る全ての主義から解き放たれようとする。人々は禁欲主義も肉欲主義も主張するべきではなく、欲望の本質を認識し、それ自身に回帰すべきである。もう一つは、人間は欲望を巡るあらゆる制度から解き放たれるべきである。飲食文化や男女関係、例えば、婚姻制度などは、人間の基本的欲望の現実的形態を構成する。現代の消費経済、娯楽産業、ファッションの流行もまた欲望の新たな生態を構成する。これに対し、人々は如何なる欲望の生産に携わるべきかを考えていかなければならない。

　大道は欲望の道であるだけでなく、技術の道でもあり、技術が活動を展開するよう導く。大道は技術の本質と現実を思考し、それと人や物との関係を指し示す。大道の輝きの中で、技術は自らの本質

を知り、自らと人や物との関係を理解する。大道の導きにより、自らの本質を知った技術は、どのように人と物を作り出していけばいいか分かる。

　大道は技術の限界を定める。普通の人は、科学と技術を混同しやすく、科学技術という名で技術を語ろうとする。そこで人々は、科学にも技術にも禁止区域はないと考える。実のところ、科学は知識の学問として道を知っており、一切を知ることができる。しかしながら、科学にもその限界がある。人々が通常口にする科学とは自然科学のことであり、自然物を探究するに過ぎない。それが人間を探究する場合でも、ただの物、あるいは思想ある動物としてしか見做していない。科学が探究するのは、人の物性であり、人の人性ではない。それ故、科学は物の知識しか示すことができず、人の真理を明らかにすることはできない。この点から見れば、科学には禁止区域がないものの、限界があることとなる。科学が道を知るのとは異なり、技術はただの製作である。これはすなわち、技術は物を製作、ひいては物としての人間を作り出すことを意味する。技術の作り出す物には三つの点が含まれる。①どのような物を作るのか。②それをどのように作るのか。③なぜそれを作るのか。その目的は何か。

　一つ目の問題であるが、技術は自然物の製作、例えば、植物を植えたり、動物を育てたりすることができ、かつ人工物も作ることができる。すなわち、大自然にはない人工製品である。そのうち、あるものは道具、すなわち手段を満たす存在者となる。あるものは作品、すなわち、自らを目的とする存在者となる。しかし、ここで一つの疑問が起こる。全ての物は作り出せるのであろうか。

　二つ目の問題であるが、物を製作する過程では、手段、すなわち道具及び工芸を使わなければならない。そこには生命を持たない物、生命を持つ物、さらには人自身さえ含まれている。ここには一

つの問題がある。物を作り出す目的を果たすため、人間はあらゆる手段を講じてもよいのであろうか。もしよいとなれば、手段は無限となり、それが正義であろうが非正義であろうが、人々は手段を選ばない。もしだめだとなれば、手段は有限となる。人々は何らかの手段を選ばなければならず、しかもそれは正義のみが許され、非正義は許されない。

　三つ目の問題は、技術によって作られた物をいかに人間の存在と関連づけるのかである。一つの作られた物が世界に現れた時、それは世界の内側の存在者となり、人と関わるだけでなく、物とも関わる。こうした全ての問題は、欲・技・道ゲームのルールという根本的問題と関係してくる。すなわち、技術は生に有利なのか不利なのかである。

　大道は人々に技術の本質を知らせた上で、異なる形態を判別させる。技術の根本的な区分は、それが有害か無害かである。ここからさらに細かく、それは自然に合うものなのか、それとも自然を破壊するものなのか。あるいは、倫理的に相応しいものなのか、相応しくないものなのかなどに区分できる。

　区分を通じ、大道は人間の技術活動を導く。人は道をもって技を制限する一方、道をもって技を導く。

　いわゆる道をもって技を抑えるとは、まず、生に損害を与える（物を害する、または人を害する）技術を除去することである。こうした技術の発明と使用は、当初その有用性のみが示され、有害性は表立っていなかった。しかし、結果的に有用性と有害性の双方が見つかったり、ひいては有害性が有用性を超えたり、百害あって一利なしの状況が出てきたりしている。そのような技術は、人と物を破滅する。例えば、農業技術である。農薬の化学肥料が土地や河川を汚染し、動植物を傷つけている。また、工業技術も然りである。工場の排気は新鮮な空気を汚し、排水は清らかな河川をどす黒く変え

た上、有毒かつ強烈なにおいを放つ。さらに、軍事技術も同様である。それは殺人の鋭利な武器となる。原爆を投下すれば、そこにある全ての生き物を消滅させられるのみならず、未来の生き物の生命をも傷つけることとなる。生物兵器は殺人の道具となり、人々を死に追いやるのみならず、生存者にも苦痛を残す。

　次に、いまだ利害が明確でない技術は制限すべきである。技術は日進月歩で発展しており、現在も多くの新たなものが発明されている。物に対する技術の典型的な例で言えば、遺伝子組み換え技術が挙げられる。人に対する技術では、例えば、生育技術（性別の選択やゲノム編集）がある。人々には現在、これらの技術のプラス面しか見えていない。例えば遺伝子組み換えを使えば、害虫に対応できるだけでなく、生産量も上がり、この種が本来持たないある種の養分までも組み込むことができる。また、例えば生育技術では性別を選択する機会、男か女かを人々に選ばせ、人間をより健康的、より長寿たらしめる。しかし、それらがもたらす問題や害は隠れたところにあり、それを予測することもできない。例えば、遺伝子組み換え技術では、二度と治せないほどの損害を人々に与えるかもしれない。生育技術では、人間の生命倫理に悪影響を及ぼしたり、破壊したりするかもしれない。こうした欠点が未だ明らかになっていない時点で、人々はそれらの技術の実施を避けるべきである。

　最後に、技術の普遍的応用をできる限り制限すべきである。たとえ有益無害の技術であっても、人々はそれを普遍化させ、それが人と物を制御するような構造を作ってはならない。技術が技術化された時、物も技術化され、人も技術化される。このような場合、物は自らの本質を失い、人もその本質を失ってしまう。したがって、技術が人の人性と物の物性を犯さないことを人々は保証しなければならない。人の人性と物の物性は根本的に言えば、非技術性かつ技術化されてはならないものである。それ故、人々は自らの神秘性を保

ち、それを技術化しようとする意図を徹底的に放棄しなければならない。まさに人々が言うところの「自然に帰る」は、非技術化の方向と道なのである。一つ目は外在的な自然に帰ることで、高度に技術化された都市から自然、すなわち緑の生態系へと回帰するのである。もう一つは、内在的な自然に帰ることで、技術化によって規定された心身を自然化または本性化した心身へと戻し、それによって解放と自由を得るのである。

　道をもって技を抑えると同時に、人々は道をもって技を導かねばならない。技術は一面的に欲望の手段となってはならず、逆に極端化してそれ自身を目的とすべきでもない。技術は手段と目的といったモードを超えていなければならない。それは初め、手段に過ぎなかった。しかし人間は自らの欲望を満たすために、道具を使って物を作らなければならない。道具は道具となったその日から、直接的あるいは間接的手段として人間の目的のために働く。それ故、それは純粋な自然の物とは異なり、自在なものである。また、作られた芸術作品とも異なり、自主的なものである。道具は独立的な物であるが、それは常に自らの外に向いている。そして人間を源とするのみならず、人間のためにある。人間の活動に尽くしていく中で、道具はそれ自身の独立性を失い、人の言うことに従うのみとなる。それだけでなく、道具は使っていく間にそれ自身が消えていく。したがって、それは使われる手段として人間から捨てられるのである。

　技術は人間の手段であるが、それはよりよい手段となるために、自らの目的ともなる。それ故、それは自らの規律と発展の論理を持つようになり、人の意志によって左右されるものではない。特に現代の科学技術は有限的な手段性をはるかに超えており、それ自身を目的として設定する。それは歴史上、これまで存在したことのある主や天道に取って代わり、時代の新たな規定者となる。自らを目的とするこうした現代の科学技術は、人の制御を超えるだけでなく、

自らの限界も喪失する。言い換えれば、それは無限かつ尽きないものとなる。例えば、現代の原子技術、生物技術、情報技術が切り開く可能性は、人が未だかつて経験しなかったものであり、想像すらできないものである。

　それ故、技術を人間の手段、または、それ自身の目的であると簡単に見做すわけにはいかない。とりわけ現代科学技術は、人々が道具に対して新たな思考を巡らすよう求める。人々は一面的な手段と目的というモードを捨てなければならない。道具自身は手段かつ目的であるかもしれないし、そうでないのかもしれない。道具は人間の仲間であり、人間と生活世界との仲を取り持つ使者である。したがって、現代の道具、例えば、科学技術は、人間と自然との関係を取り持つ一方、人間とそれ自身との関係も取り持とうとする。このような関わりの中で、道具はそれ自身を存在させるのみならず、人間や万物をも存在させるのである。それは生に有利というゲームのルールに従い、存在者の本性に従おうとする。技術は人性に従うと同時に、物性にも従う。こうして初めて、技道合一が実現されるのである。

　昔から人々は、道が技術に勝ると強調してきた。道は技より上にある。大道が技術に勝るのは、道が技術を規定するからである。これが大道の存在する真相と真理であり、技術はこの真相と真理に従う。一方、技は道に達する。技術は真理をめぐって切り開かれた道に従って進む。人間の技術活動は存在の道と一致して初めて、道に従って行い、道を守りながら進むことができる。さもなければ、邪な道へ入り込むしかなく、死へと向かうだけである。これを基に、技と道は合一を実現する。技術における人の活動は道の活動となる一方、道の活動もまた人の活動となって現れる。

　無論、大道の技術に対する最後の導きは、世界の生成、すなわち、人を生じさせ、物を生じさせることにある。技術は破壊を代価

として、人と物の生長を促すものではなく、生に利をもたらす手段によってその発展を促す。それはすなわち、技術は人と物という生命が傷つかないよう守り、それらの本質を自由に展開させ、それらの存在をより一層美しくするのである。

　道をもって技を抑えること及び道をもって技を導くことを通じ、大道は使ってもよい技術と使ってはいけない技術とを明示する。

　技術のタイプにはたくさんあるが、そのうち最も人に近いものは、飲食を満たすための道具と性欲を満たすための道具である。飲食の欲望を満たす道具、例えば、生で食べるか調理するかなどは大道によって分けられる。その一方で、性の欲望を満たす道具に対しては、例えば、避妊、堕胎、クローンなどを行うべきかどうか規範を設ける。この問題の争点は一見、宗教的、道徳的、法律的、社会的問題に見える。しかし、実のところ、これは初めから大道もしくは智慧の問題、すなわち、人間の存在の真理とは何かなのである。その上で、人々は技術に何が作れるのか、それをどう作ればいいのかを決める。技術もまた自ずと二種類に分かれる。一つは大道に合うもの、もう一つは合わないものである。

　現代技術が我々の世界を設定することについて、多くの人は楽観主義的態度をとる。彼らは技術が希望の道を切り開いてくれると信じ、これにより、我々の時代における多くの問題を克服できると考える。人によっては技術が万能であると信じ込み、技術的思考を人類のあらゆる分野へ行き渡らせようとする。これは、ある種の危険、すなわち技術への崇拝、あるいは技術を新たな時代の神と見做すような現象をもたらす恐れがある。しかし、技術に対する楽観主義では、技術の両面性、すなわち有利性と有害性を意識していないだけでなく、同時にその有限性も考えていない。なぜなら、人類の多くの領域は技術の外にあるものだからである。

　ここでは当然、いわゆる技術悲観主義を引き起こしては絶対にな

らない。こうした主張をする者にとって、技術は人間の生存環境、すなわち自然の更なる破壊をもたらすのみならず、人類社会に多くの病を引き起こす。しかし、より重要なのは、技術は自主的であり、それ自身の独特な道を歩んでいる点である。したがって、技術は人類の制御から逃れ、逆に人類を制御する可能性を持つ。技術の未来の危険とは、人類が徹底的に技術化されることである。しかしながら、技術悲観主義の場合、技術の危険性に注目すると同時に、技術の有用性も重視している。また、技術は万物を製作することができるが、それは所詮、人間の製作活動の一環に過ぎない。技術の危険は人間の危険が源となっているため、それを制御するということは、人間の危険を制御することに他ならない。

　現代に生きる人類にとって、技術が避けられない運命なのは明白であり、誰一人として技術を遠ざけたいわゆる自然回帰の生活を送ることはできないのである。我々は技術のメリットのみを見てそれを無限に発展させてはならず、同時に、そのデメリットのみを見て人類に役立つ点を無視してもならない。つまり、現代における技術に対する正しい態度とは、楽観主義と悲観主義を捨て、技術の限界を確定させ、人性と物性の生成を助けるようにすることなのである。

4．ゲーム及びその三つの形態

　生活世界のゲームは、欲望、技術、大道の三者によるゲームである。それは三者による同時参加に基づくもので、そのうちのいずれかが欠けても、ゲーム活動は成立しない。ゲームにおける欲望、技術、大道はあたかも敵のような友であり、相互に与え合う。同時に

友のような敵でもあり、互いに奪い合う。したがって、生活世界全体のゲームも彼ら三者間による闘争と調和なのである。

　欲望、技術、大道の役割は異なるが、それらの権利は平等であり、三者のいずれもが存在と発展を続けたいと願う。このような状況に基づくため、全てのゲーム活動には絶対的な覇権、独占、権威がなく、中心、根拠、基盤も存在しない。それ故、それは普通の活動ではなく、原則を持たない活動となる。これはゲームの本質を根本的に実現させている。ゲーム参加者は各々自らを原則としたがり、とりわけ大道は自らの指導的立場を訴える。しかし、このような主張は他の二者からは認められず、否定されるのである。ここから分かるように、生活世界のゲームは原則がないだけでなく、原則に基づくあらゆる活動を否定する。それは規則を作ると同時にそれを壊し、根拠を形成させると同時にそれを滅ぼすのである。

　そうは言うものの、生活世界のゲームの発展を見れば、欲望、技術、大道のいずれかは、ある特定の歴史的段階において主導的な地位を占めてきた。それ故、ゲームには三つの異なる形態、すなわち、欲望主導のゲーム、技術主導のゲーム、大道主導のゲームがある。これにより、歴史は三つの究極な世界を形成する。

　もしもそのゲームが欲望の発した活動であれば、欲望には規定性があり、大道と技術は規定される立場となる。

　欲望が規定するゲームにおいて、大道はその役割を失う。道で欲を制することができないため、欲望が自身の限界を越えるのを抑えられない。また道で欲を導くこともできないため、欲望をそれ自身の合理的範囲の中に留めおくこともできない。大道の導きを欠く欲望は根本的に言えば、大道自身の不在である。これはまさに西洋で言う「主は死んでしまった」や中国で言うところの「天が崩れ落ち地が裂ける」のようなものである。主が死んだということは、主の示す大道がもはや人間の存在における最終的根拠とはならず、人間

は自らの欲望のままに振る舞ってよいこととなる。「天が崩れ落ち地が裂ける」は、天の大道がもはや人間の現実生活を規範できず、人間の欲望が礼楽に縛られないことを意味する。また、大道の不在のみならず、その無能も、欲望をゲームの規定者たらしめる。これはつまり、大道が存在するにも関わらず、それ自身が弱すぎて欲望の活動を導けないのである。当然、それ以上に危険なのは、偽者の大道が智慧のふりをすることである。それは欲望をそそのかして冒険を勧め、暗闇を狂ったように奔走する野馬のようにしてしまう。

　欲望は規定的なものであるため、技術は一面的に欲望の手段となるしかない。人間が創造した道具を使用して物を作成する活動として、技術は欲望者のために欲望の対象を提供するが、自らは相対的な独立性と自主性を保っている。しかしながら、欲望の威圧の元、技術はその命令に従わざるを得ず、それを満たす手段となるのである。欲望化の技術は、ただ欲望の命令に従うのみである。それは、欲望の対象を作成することによって欲望者の欲望を満たすのみならず、その欲望を刺激することもできる。技術が欲望の奴隷でしかない場合、それは大道の導きを受け入れない。大道のない技術は、それ自身の発展の限界を守ることができず、信仰、道徳、法律の制限を突き破り、人間と万物存在の限度基準に衝撃を与える。

　技術と大道が共に欲望に屈した場合、ゲームの主な活動は欲望の需要と満足、それを満たした後の新たな需要と新たな満足のみとなる。こうなれば、人欲と物欲の氾濫を招く。もはや「人間に欲望がある」のではなく、「人間自身が欲望」となる。人間は欲望者となり、人間以外の世界は欲望の対象となる。そうすると、この世界の人と物はそれ自身の独立性を失い、欲してよいものと欲してはならないものとに分けられるだけとなる。こうして欲望化された世界は、人間の世界を動物の世界へと変えてしまうのである。

　もしもそのゲームが技術の発した活動であれば、技術には規定性

があり、大道と欲望は規定される立場となる。

　技術そのものはただの手段であり、目的ではない。それは、欲望に奉仕するのみならず、大道にも奉仕する。手段である技術は昔から規定される側であり、規定者ではないように見える。しかし、技術はただの手段のみならず、よりよい手段、さらには最高の手段になれるのである。したがって、技術は自分以外の欲望と大道を目的とするだけでなく、自らをも目的とする。こうして、技術はただの手段のみならず、目的となる。このような役割意識に基づけば、技術もまた欲望や大道などとの関わりをまったく顧みず、自身の発展のみを考慮してもよいことになる。これは特に、現代技術における技術化プロセスの中に現れる。技術の真理はもはや別の何かではなく効率、すなわち、最大限に得られる最も有効な結果なのである。

　技術化された社会の中で、技術は技術化の欲望を作り出す。欲望者は技術化された人間であり、欲望の対象は技術化された物である。技術を離れると、人間の欲望は空っぽの欲望となる。技術があればこそ、それは現実となる。同時に、技術の日進月歩も多くの新たな欲望をもたらす。

　技術は同時に大道も切り捨て、自らが大道となる。歴史上、人々は大道を信奉し、真理が人を自由にするとした。人々が誤りに束縛され、あたかも暗闇の中で暮らしていたところ、真理が現れ、人々をそこから解放する。しかし現在の人々は、大道の代わりに技術を信奉し、それが人を自由にさせるとしている。人々は自然に制限され、自然の奴隷となった。しかし技術が人々を自然の中から救い出し、人々のために世界へと通じる道を切り開いてくれたのである。人間は技術を使えば、歴史上、主や天道が導いてきたようなことを実現できるのである。

　もしもそのゲームが大道の発した活動であれば、大道には規定性があり、欲望と技術は規定される立場となる。

大道の本質はただ欲望と技術を導くことで、それらの存在性を否定したり消滅させたりすることではない。これはつまり、大道は欲望と技術の存在を認めるだけでなく、それらとともにゲームをしているのである。大道の導きは欲望と技術自身に限界を与え、欲望は欲望らしく、技術は技術らしくさせる。こうして欲望と技術とともにゲームに参加しながら、大道自身も成長するのである。しかし、真の大道が偽の大道となり、智慧が愚かになってしまう時、いわゆる大道はそれ自身の本質を変えてしまい、その導きも極端化、一面化し、誤った導きとなる。こうして、大道も自身と欲望や技術との関係を変え、それらに害をもたらす。

　こうした愚かな大道はまず欲望を消滅させようとする。人類の歴史には、このような極端化した大道の登場が見られる。そうした大道は仁愛を示す真理となるのではなく、殺人の教えとなる。西洋の中世キリスト教は、人間の肉体と精神を分けて対立させた。そこでは、肉体の欲望を消滅させなければ清らかな精神という高みにはのぼれず、このような方法によってのみ、人は罪悪を滅ぼして主に近づくことができると強調された。それと同様、中国の封健道徳でも「天理を残し、人欲を滅する」よう鼓吹している。そこでは、礼をもって人と成すのではなく、礼をもって人を殺すのである。

　こうした愚かな大道は、次に技術を否定しにかかる。こうした偽の大道から見れば、技術は確かに人間の労働の苦痛を減らしたり、免除したりできるが、それは人の人性や物の物性を破壊する。なぜなら、技術は人間の欲望のために働くからである。それは人間の欲望を刺激し、人々に他の物や他人までをも好き勝手に占有させようとする。技術を否定した大道でも、当然、あらゆる技術を消し去ることはできず、人間の最も原始的な道具を保留しようとする。しかし、これでは人間を原始的状態に留まらせるばかりで、その存在自体を更新することは不可能となる。

さらに、欲望も技術もない大道は自らの否定を招く。人間の生活世界において、仮に欲望の衝動と技術の製作がなければ、人間自身は存在できない。もしも人間の存在が否定され、奪われるならば、いわゆる大道には立脚の余地すらない。そうなってしまったら、この世界で大道を語る意味はあるのであろうか？

三、欲・技・道の生成

　欲望主導のゲームとも、技術主導のゲームとも、大道主導のゲームとも異なる生活世界における真のゲームとは、根本的に言えば、欲望、技術、大道三者がともに存在し、互いに影響し合う自由活動である。これら三者には、違い、対立、矛盾があり、衝突にまで発展することもあるが、それでも変わらず一体となり、相互に伝え合う。このゲームはまるでそれら三者が輪になって踊っているようなものである。
　ゲームはゲーム活動自身に過ぎない。その根本的意義は自身の外にはなく、内にある。すなわち、ゲームは何から始まったのかでも、何のためなのかでもなく、ただゲームをしようということである。このようなゲームは、自らに基づくもので、自らのためなのである。最大のゲームである生活世界のゲームも同様である。それは生活世界の外側ではなく、内側に向けられており、欲望、技術、大道自身に基づく、自らのための活動である。こうした活動を通じ、生活世界はそれ自身になり得る。これはまさに生活世界におけるゲームの生成である。生成とは根本的に言えば、無から有を生み出すことである。したがって、それは連続的な中断であり、革命的な飛躍である。生活世界におけるゲームの生成の中では、古い世界が滅

びる一方、新たな世界が創造される。こうして、それは生活世界の歴史、すなわち、欲望、技術、大道生成の歴史を形成する。

1．欲から情へ

　生活世界のゲームには、まずもって欲望の生成がある。
　欲望の活動は通常、「私はある物が欲しい」と表現される。しかし、生活世界のゲームの中では、欲望者も欲望の対象も自らを変化させている。人間の身体的な欲望は物質的な欲望へと広がり、社会的あるいは精神的な欲望へと昇華する。同時に、人間の私的な欲望は公的な欲望へと転じ、消費的な欲望だけでなく、創造的な欲望も生み出そうとする。最後に人間は、自らの貪欲な欲望を抑え、自身に合った適度な欲望で満足する。
　欲望自身の生成過程における最も根本的なことは、その形態の変化ではなく、その本質の変異である。人々は欲から情への実現、すなわち、欲望を感情にまで高めるのである。
　一般的に言えば、欲望者は規定者であり、欲望の対象は被規定者である。また、欲望者は能動的で、欲望の対象は受動的である。そして欲望者は欲望の対象を占有して消費しようとする。したがって、それらの間では本源的に、欲はあっても情はないことになる。しかし、欲望や技術が大道とのゲームを始めると、欲望者と欲望の対象はその関係や、さらには自分と人、人と物との関係まで構築し直そうとする。欲望はもはや占有するのではなく、与えるようになる。これにより、自分から人へ向かうのみならず、人から自分へも向かうようになる。また、自分から物に向かうのみならず、物から自分へも向かうようになる。このような互いに影響し合う関係の中

で、欲望は感情へと昇華する。感情とは何か。いわゆる情とは、物事の状況、すなわち、それは何かとそれはどのように存在するかである。情は、現実の事物、例えば事情といった事物の存在状態を指すだけでなく、心理現象、例えば心情といった心の存在状態を指すことも可能である。ここで言う「感」とは、感動と感応の感である。一つの事物が発生すると、もう一つの事物の反応を刺激する。いわゆる感情とは、人がまさに他人や他の物の状況から刺激された際の自らの心理状況なのである。感情化した欲望表現では、「欲望は私の欲望のみならず、あなたの欲望でもあり、人の欲望のみならず、物の欲望である」とされる。とにかく欲望において、人と物は同一の物事に感動し、同じ心情を生み出すのである。感情は一方的ではなく、双方向のものであり、互いに影響し合うものである。それは、人と他の物との間の作用と反作用なのである。

　では、人間の最も基本的な欲望、すなわち、食欲と性欲がどのように感情へと昇華されるのか見ていこう。

　食欲とはすなわち、食べる本能であり、人間の基本的な欲望かつ人の体における天性の欲求である。この欲望は飢餓感として現れ、食べることによって食べ物を体自身の栄養に変えるよう要求する。それ故、食欲の主な意義は飢餓感を解消することにある。これは如何なる人にとっても、生存の第一条件となる。ましてそうした飢餓に瀕している人にとってはなおさらである。そこで、飢餓感を解消するための活動が、人間と世界を推進する最初の原動力となる。

　飢餓感解消のため、人々は飲み食いのための道具を発明・使用し、食べ物を獲得して加工する。人間はまず植物を採集し、動物を狩猟する。こうして自然界にすでに存在する食べ物を利用する。その後、農業を発展させ、植物を植え、動物を養殖する。これにより、人間はようやく食べ物の獲得を天に依存しなくなる。すなわち、人間自身への依存である。最後に、工業化された近代農業

を打ち立て、近代的栽培と養殖技術を使い、ビニールハウスの中で植物を育て、工場の中で動物を養殖する。こうして植物と動物の生長に、昼夜や四季といった制限を越えさせる。それにより人々は、自らのためにより便利かつ頼りになる食べ物の生産元を確保するのである。人間は飲食技術を発明すると同時に、飲食に関する大道も創造する。それはまず、食用と非食用という食物の区分に関するものである。食物の分類基準にはいくつもあるが、最も重要なのは、生命を殺すか否かである。一般的には、菜食が不殺生で、肉食が殺生だと考える。それ以外に、食物の場合、それが人間の健康に影響を与えるか否かを見なければならない。ここでは、それらの基準をより細かく分類することとなる。ある食物は健康によく、ある食物は健康に悪い。次に、いかに食用するかという食用方法の区分である。これは主に、食物の調理方法を指し、生で食べるか、調理してから食べるかということである。通常、生で食べるのは野蛮で、調理してから食べるのは文明的だと考える。まさに技術の製作と大道の導きが、人間自身の飢餓という欲望を満たしてくれるのである。

　飢餓感解消を実現した後、人間の飲食行為はもはや胃袋の需要を満たすだけでなく、口や舌を納得させなければならなくなる。この時の飲食は、飢餓感解消とともに存在する美食行為である。それは、食物の味を味わうことである。人々はその食物の生産が一定量に達するよう要求するのみならず、そこに一定の品質が備わっているよう求める。また、その食物に栄養を求めつつ、形や香りといった外観にも要求を出す。さらに、その食物が多様であるよう求めつつ、そこに変化も期待するなどである。ここで人々は食物を味わうために食べ、それを判別、比較、選択し、その中から最も美味しいものを体験しようとする。このように美味しさといった感覚が生じることで、直接、鑑賞や趣味の発展と上昇をもたらすのである。人々はここから出発し、食物を味わうのみならず、自然、人物、芸術

を語り、審美を形成していく。

　食欲の実現は、最終的に礼儀へと変化し、天・地・人が集まった活動となる。人間が獲得した食物は、植物にせよ動物にせよ、天地の間に生まれたものである。したがって、人が食物を飲み食いすることは、天地からの恵みを飲み食いすることとなる。同時に、これらの食物は農民の労働によって収穫され、料理人の調理によって形をなしたものである。そこには労働者の苦労と汗水が凝縮されている。飲み食いをしながら、人々は同じ食物を味わう者との間で、杯を交わし、会話あるいは歌や踊りといった直接的な関わりを持つ。共に食事をすることは、人々の生活における核心的内容となったのである。それだけでなく、人々は飲食の過程において亡くなった先祖や親族を祀り、目には見えない霊を呼ぶ。中国人は春節期間中、食物によって先祖を祀り、そこにいる人もいない人も一緒に集まろうとする。西洋キリスト教の聖餐では、ワインとパンをキリストの血と肉に見立てている。信徒たちがワインとパンを受け取ることは、キリストを記念するのみならず、主と共にあることを表している。現代生活における各種の私的・公的な宴には、多くの異なる意義がある。例えば、集まり、お祝い、歓迎や歓送、お別れなどである。飲み食いという行為は、人を天・地・物と合一させるだけでなく、人と人との交流、さらには人と神・霊との共存にもなっているのである。

　もしも食欲を、個人の体を死なせないためのものであると言うならば、性欲は種族の体を消滅させないためのものである。人間は死ぬものであるが、子孫末裔の体の中に自らの生命の継続を見ることができ、それは脈々と続いていく。

　性欲は本源的に生殖欲となって現れる。生殖は自然の過程であり、人間の行為と動物の行為には違いがないように見える。どちらも種族が存在の方式に依存し、本能の形態として現れたものであ

る。しかし、人間の生殖過程は自然的ではなく、社会的なものである。マルクスの歴史唯物論では、人自身の生産と物質の生産は人類社会存在の主要な原動力だとされている。自然経済を主とする農業社会において、人自身の生産は特に重要な意義を持つ。人は物質生産の労働者であり、その数を増やす場合は、人自身による不断の繁殖と増殖に頼るしかない。同時に、家族観念の形成および強化につれて、生殖は言わずと知れた精神的意義を備えるようになる。人間は自然と社会過程における生殖活動を道徳化し、それを最高の道徳律令とする。例えば、古代中国には「不孝に三有り。後無きを大なりと為す（親不孝には三種類あり、そのうち子孫を残さない親不孝が最も悪い）」という訓戒がある。個体の神聖なる使命は、脈々と受け継いできた種族の繁殖における仲介役であり、すべての人はこの天命のために奮闘する。

　生殖のため、人々は必ず性交する。人間は性欲の本能を持っているが、動物のそれとは異なる。動物の場合、性成熟や繁殖期到来に伴い、生まれながらに交配する。逆に人間は学習と訓練によって男女の性愛における技術を掌握しなければならない。ここではまず、人は自らと配偶者の体や心理的違いを十分に理解し、特にその仕組みや機能を把握しなければならない。次に、人は性愛過程において暗黙の相互交流を行い、順調にこれを完了させることで心身の喜びに達するよう要求される。最後に、女性の妊娠と分娩を助け、健康的な子孫を養うよう求められる。そのうち、とりわけ男女交配の性愛に関する技術は、中国において独自の房中術として発展してきた。その目的は生殖のためではなく、自らの体を丈夫にし、道を極めて仙人となるためである。しかし、性欲の実現には技術だけでなく、大道も必要となる。大道はどの人と性交してよく、どの人と性交してはいけないかを決めてくれる。同時に、真に自由な男女関係をいかに構築すればいいか人々を導いてくれる。性欲が欲望と技術

によってのみ支配されていないことを証明するため、人々は婚姻制度を作った。そのうち、一夫一婦制は文明社会における普遍的な制度であり、男女の合法的な性関係及びそれに基づいて成立する家庭という枠組みを維持している。

性欲は根本的に言えば生殖欲であるが、それは性交を先として、生殖を後とする。性交は直接的であり、生殖は間接的である。したがって、男女の生殖行為はまず性愛行為、すなわち男女の情愛として現れる。そうではあるが、性愛はただの手段に過ぎず、生殖こそが目的なのである。人間の生殖過程における性欲は、終始根本的な要素に徹し、独立性という意義は持たず、反対に付属的かつ仲介的なのである。したがって、生殖は性欲の目的や結果となりがちで、性欲はそうした生殖過程に欠かせない一環に過ぎない。たとえ、この二つに直接的な関連がない場合が多くてもである。自然の規律に従えば、男女が性交すれば、女性側の妊娠・出産をもたらす。これが、性愛自身の自由を制限する。例えば、性愛パートナーの体による許可や時期的な制限などである。

独立した自由な性愛及びそれが満足させてくれる快楽は、生殖とは相対的に分離したものである。人はこれが偉大な自然の奇跡であることを認めなければならない。動物の場合、特定の時期が来なければ交配はしない。しかし、人間の成年男女は時間的制約を受けずに性交することができる。同時に、動物の交配と生殖は完全に一体化されているが、人間の性交は生殖からどんどん離れている。独立した自由な性愛の実現は、現代の避妊技術、例えば、避妊薬、コンドーム、避妊器具などに依存する。たとえ避妊に失敗したとしても、人々は人工流産の技術によって妊娠を中止させ、これにより、性愛パートナーに様々な危害を加える。無論、独立した自由な性愛の誕生は、現代の避妊技術だけでなく、個人の存在に関する智慧の伝播や受容にも依存している。すべての人間は、自らの体と器官の

主人である。人は自らの体を支配し、自分が誰と性愛関係を持つか決めることができる。独立した自由な性行為はもはや生殖の仲介には留まらず、性欲そのものとなる。このような性欲及び満足は生殖を目的とせず、自身を目的としている。この場合の性行為は純粋な肉体上の官能的喜び、いわゆる色情の快楽として現れる。

　全ての身体的快楽の中で、性的な快楽は自然の極限における最大かつ最高の可能性をもった快楽である。人の体が文化の中で発展し続けるにつれ、こうした快楽はますますその独自性と豊富性を表している。しかし、こうした生殖と離れた性欲及び満足には、一種の危険、すなわち、性離脱および生死が隠されており、それ故、虚空の自由として現れる。それは、性欲の満足を唯一の目的とするため、人と人は性的な役割を演じて互いに引かれ合い、相互に肉体を交換して性の欲望を満たすのである。これはまさに、性の解放が、性を生殖とそれが形成した家庭及びそれに関わる道徳の中から解き放ったにも関わらず、結局人は肉体と官能の奴隷になっているのと同じである。したがって、性の解放は誘惑の落とし穴である。こうした虚空の自由は、性を一種の手段として他の目的を満たそうとする。例えば、女性の売春は、自らの肉体を売って金銭を獲得する。男は権力、金、名声などを利用して狩りをする。男はより多くの女を占有するほど、自らを男らしいと思い込む。あるいは、自らに更なる権力、更なる金、更なる名声があるのだと思い込む。彼らは性の快楽の中で生死を忘れる。生死から離れたこうした性の形態は、依然として性の外側を指向している。

　生殖でもなく、色情でもなく、ただ愛情のみが性の最高昇華となる。社会的、精神的な形態として現れるかに関わらず、性は生殖として引き続き自然の本能的な道を行こうとする。官能的な快楽である性は、引き続き自然の本能的制限として現れる。その違いは、人間の生殖が種族繁殖という遺伝本能を実現しようとするのに対し、

人間の性欲及び満足はただ生物個体の肉体的欲望の衝動という本能を満たすためだけである。しかし、生殖と性欲は、自主的、自覚的、自由な個体とは何の関係もない。愛の誕生は、こうした独自の個体が生み出す特徴なのである。こうした個体となって初めて、人は愛の能力と愛される能力を持てるようになる。これにより、その人はもはや生殖器具や性欲の対象ではなくなり、愛する者と愛される者、すなわち愛のパートナーとなる。無論、愛は生殖と性欲の放棄ではなく、それどころか、愛に含まれて愛情表現となる。故に、愛は生命の表現と死に対する克服の意味として、男女が愛し合って生殖し、子孫を残すことに留まらず、男女自身がこの性愛の中で互いに与え、互いに生成し合い、これにより共生共存し、豊富性を持った個体となることなのである。

　愛とは何か。愛は与えることである。それ故、相愛とは与え、与えられることである。何故か。個体は成長していく過程の中で、自らの生命の限界と欠陥を意識し、異性と結ばれることで初めて円満な生命となるからである。したがって、異性という存在は自身の渇望と追求の目的となる。それは、自らの限界を越えさせ、両性の合一の中で不完全を終わらせ、完全にならしめる。この過程の中で、すべての人は他人にとって、与える者かつ与えられる者となる。このような与える者と与えられる者は、人間以外のものではなく、人自身、すなわち、心身を含めたその人全体を指す。異性は精神の交流を渇望するのみならず、肉体的交わりも望み、両者は一体となる。しかし、この愛の一体化は与えることと与えられることの統一である。そこで、愛の中で偉大なる生成が行われ、男女は昔の人と別れて新たな相手となる。彼らは各々自身の独自な個性を展開させ、精神と肉体の共存関係を構築する。

　性愛は男女間における一種の活動である。それ故、性愛の始まりは人と人との関係の形成である。こうした関係は自由であるが、実

は形を持たないルールである。ただ、他の鉄則と比べれば、最も優しく情のあるルールである。このルールから出発することは、男が女を規定するのでも、女が男を規定するのでもなく、相愛する男女の間の関係を愛情が規定するのである。愛のルールを守ったり、そのルールを破ったりすることで、男女は結ばれたり別れたりする。

　性愛は人間と人間の関係であると同時に、人間と自然との関係でもある。これは、愛情が友情や他の人間関係とは異なる特徴である。男女の友情はただ人と人との関係であって、人と自然との関係ではない。しかし、愛情はそうではない。何故か。愛情は男女の性行為を擁しているが、性行為は身体的、生理的、生物的であるため、それは自然的なのである。無論、このような自然は通常の自然、例えば、石や植物のようなものではなく、体であり、男性の山のような体つきや女性の水のような心なのである。男女の性交とは、一人の自然ともう一人の自然との交流であり、人間の自然における最も不思議な奥義かつ最も美しい贈り物なのである。

　しかし、性愛の中で成立した人間と自然との関係は、同時に人間と精神との関係でもある。これは、愛情が動物の性行為や男女の淫乱とは全く異なる点である。それらは自然的なものに過ぎないが、愛情は本質的に精神的なものへと昇華される。精神は光のようであり、月や太陽と同じである。それは人間の生活を照らし、男女の関係を明らかにしながら、性の美しさと不思議さを露呈する。もしも精神がなければ、男女間の性行為はただ暗闇の中に置かれ、本能によって駆使され、本能によって奴隷のように酷使される。しかし、精神は人間に自由を与え、人に自らの生から死までの存在を意識させ、愛情の中で無上の快楽に至らしめる。愛情の精神的結晶は、まさしく哲人による愛の格言や詩人による愛の歌なのである。

　このように、性愛に含まれる男女関係は人と人、人と自然、人と精神の集まりなのである。それは、人、自然、精神が神秘的に結合

した完全なる整体であり、そのうちのどの要素にも他の要素の存在が含まれている。

2．技から芸へ

　欲望が生成すると同時に、技術もまた生成する。技術は外在の目的を持つのみならず、内在の目的も持っている。ただし、その基本的な本質は目的を実現するための手段なのである。生活世界のゲームの中で、技術もまた自らを変化させる。技術は自身の本質を保とうとする以外に、芸術に発展しようとする。これはつまり、技術の芸術化であり、技術が芸術となるのである。
　それにしても、技術と芸術にはどのような関わりがあるのか。技術と同様、芸術もまた人工的活動であり、一種の製作活動である。「芸」という字の本来の意味は、園芸、培養であり、植物をその本性に従ってできる限り生長させることである。したがって、元々の芸術は、園芸と培養に関する技術活動であったが、その後、美術、音楽、文学などを含む人間が美を創造する活動へと発展した。無論、芸術と一般的な技術とでは本質的に異なる。技術は物または人の製作に留まるが、芸術はそれだけに留まらず、人間の生活世界における真理を創造する。同時に、技術は目的に奉仕する手段に過ぎず、目的の実現につれて、手段も自らの使命をそれ相応に完成させる。しかし、芸術の場合、自らを他の物を目的とした手段には絶対にせず、それ自身を目的とし、自身の作品の中にのみ存在している。ただし、技術が芸術化する過程において、それは真理も表し、自らを目的とした作品となるのである。
　ここではまず、技術の人が芸術の人となる。

生活世界の中で、人間は自然からの恵みを得る一方、自然による縛りに耐えている。そこで、人は道具を発明して使用しながら、物を製作するようになる。これにより、自然を改造し、そこから自由を獲得する。しかし、技術が人間に与える贈り物にも二面性がある。それは、人間の体力と知力を解放させる一方、その心と体を制限する。人が技術活動に従事する時は技術によって制限され、製作者は製作される者となる。人が技術化されるとは、すなわち道具化、機械化、物体化されることである。

しかし、現代の技術はこのような矛盾した命題と苦境を次第に認識し始め、何とかそれを弱め、克服しようと試みる。ここでは根本的な転換、すなわち物の物性を考慮するのみならず、人の人性も考慮しなければならない。人間はもはや道具ではなく、完全な一人の人間なのである。これはすなわち、人間は技術の人であるのみならず、欲望の人、大道の人でもあることを意味する。技術の芸術化は人間を全面的に発展させる。

　次に、技術の過程は芸術の過程となる。

　人々は通常、生計の手立てとして、やむなく物を製作する活動に従事する。そして、言葉が話せる道具または口の利ける牛馬となってしまう。そうした場合、人間はもはや人ではなく、一つの道具として他の道具を使用しながら物を製作する者となる。したがって、人が物を製作する場合、その人は自由を失い、奴隷となる。人の体は苛まれ、精神もダメージを受ける。人間は物を製作していない時、自由となる。体は休息し、精神も解脱に至る。したがって、通常の技術活動は人間にとって利と害を兼ね備えたものなのである。

　しかし、技術の芸術化活動は、一人の完全な人間が従事する、物を製作する活動である。そこでは否定されずに肯定され、心身のストレスも感じず、解放を得られる。その上、器具との合一、物との合一を果たせる場合もある。技術の芸術化では、人間が技術の製作

に従事する際、技術化させられることなく、欲望の実現と大道の導きを促進する。

次に、技術の器物は芸術の作品となる。

人は道具を使用しながら物を創造、すなわち製品を生産する。しかし、道具と製品の特性における区分は絶対的なものではなく、相対的なものである。一つの道具がもう一つの道具を生産する時、後者は製品となる。一つの製品が別の製品を生産できる時、この製品は道具なのである。製品は道具と同様、人造物である。しかし、製品と道具は異なる。道具は人が物を生産するため、製品は人が自ら消費するためのものである。技術が製作した器物（道具と製品）には、実際のところ機能、質料、形式、人性という四つの段階が含まれている。技術の芸術化はまさにこの四段階における芸術化であり、審美化なのである。

一つの器物が器物であることは、その機能性または有用性によって決定される。一つの物が器物となれるか否か、その鍵は有用性にある。また一つの器物と他の器物の違いも、有用性の違いにある。器物がただの道具として人間に使用される場合、それは欲望の対象を作り出して人間という欲望者に奉仕する。器物が切り開くのは、主にその機能性、すなわち、人間の目的のために手段としていかに奉仕するかである。そうした器物が道具として人に利用されなくなった時、その技術性は隠れ、芸術性が現れる。それは功利性を超えた無利害性を備えている。無利害性とは、物を傷つけず、利用することもないことを意味する。同時に、人も物に侵入せず、物をそれ自身のまま存在させる。こうして、人と物の審美における土台が形成される。

人間は有用性の観点から器物の質料を製作する。器物は物質からなるため、物の質料そのものが器物の本質を決める。技術は物の原始的形態を打破するが、物の特性も発展させる。物の質料は自然状

態では遮蔽されており、人に知られていない場合が多い。しかし、技術は物の質料の特性を開拓し、誰もが見えるところへ曝け出し、より純粋で凝縮されたものとする。まさに鉱石の製錬と同じであり、金属はそれによって石という立場から脱し、金、銀、銅、鉄、錫など独立した存在者となれる。木材の加工も同様、それを建築材料や各種器物にならしめた上で、木材器物の強靭さや支えるという本質が人に知られるところとなる。したがって、技術による物の質料製作は、その最も美しい一面を表すのである。

　また、技術は器物の形式的特性も構築する。物の質料に関する人々の理解は通常内在的で、物の形式に対しては外在的なものである。しかし、実際はそうではなく、形式こそまさに質料自身の顕示なのである。物を製作する過程において、その質料再構築に伴い、技術は物の原始的で簡単な古い形式を打破し、新たな形式を与える。そこには、構造、様態、色彩、音などが含まれる。異なる質料が同一の形式を備えてもよく、同じ質料が多様な形式を備えてもよい。形式は質料の存在を多種多様に変化させる。金や宝石が工芸品となった時、それらのより眩しい輝きは突出したものとなる。琴やピアノが演奏された時、それらは自然界のものより純粋で美しい音を発する。まさに技術の製作を通じることで、人は物の色彩や音などの形式的特徴をより完璧に表すことができる。したがって、技術が物の形式を製作することで、物自身の形式における最大限の美しさが表れるのである。

　その他に、技術もまた器物の人性を創造する。器物は物であるが、自然物ではなく人工物であり、人によって創造・使用されるものである。生活世界に存在する物として、それは物性のみならず、人性をも凝縮している。器物には人間の生と死、労働と休息、愛と憎しみなどが刻まれている。こうした意義から見れば、器物は人間と世界の集まりである。そこには人間の欲望が蓄積している一方、

大道も含まれている。ただし、技術の発展過程は辛く厳しいものであった。そこには人間と自然との抗争のみならず、人間・社会と心との抗争まで含まれている。こうした抗争の歴史は、人間を自然から解放させるだけでなく、技術からも解放させる。それは、奴隷への反対から自由へと向かう過程なのである。したがって、技術が製作する器物の人性では、人性の美が示される。

以上分析してきたように、技術の芸術化は二つの面に現れる。一つ目は、それが自然化を追い求める点である。製品は人間が作ったようで、実は天が成したようなものである。これは、人工物が自然物の形態を具えているだけでなく、その本性も具えていることを意味する。それは物性を保護するだけでなく、解放する。二つ目は、それが人性化を追求する点である。つまり、器物は人間の使用と消費だけでなく、人間の存在と発展にも利便性を与えなければならない。技術は人性を保護するだけでなく、解放する。技術が物性と人性に符合する製品を生産した時、物の物性と人の人性が示され、人間の生活世界を示す作品となる。こうした状況の下、技術は芸術へと昇華し、詩となる。技術が製作するものは、普通の物事ではなく、美しい物事なのである。

最後に、それは技術製品の消費から芸術作品の鑑賞へと昇華する。

技術が生産する器物は製品であり、技術過程の完成品である。しかし、市場の交換メカニズムに入ると、それは商品となる。そして、売買を通じて人へと渡り、使用されて消耗品となる。それはすなわち、製品の身分が欲望の対象の身分へと転換し、欲望者の欲望に奉仕するのである。これは当然、大道の導きの下に実現する。しかし、技術の芸術化は製品の消費を鑑賞へと転換する。人はただ製品を消費するだけでなく、それを楽しむ。鑑賞する際、人間はそれを占有するのでも製作するのでも、まして大道の導きを受け入れる

のでもなく、静かに観察するのである。こうすることで、人間は自らを保ち、表に出す一方、製品にも同様のことをさせる。同時に、人は自らを製品に与える一方、製品も自らを人に与える。鑑賞の中で、人は人性を示し、物は物性を示す。

3．道から人へ

　欲望、技術、大道のゲームにおける最後は、大道の生成である。それは、道から人へ、すなわち、非人の道から人の道へ、人の道の外在から内在へとなって表れる。
　普通の人は、欲望や技術と比べると、大道または智慧は永遠の存在であり、千古に変わらないものであると考える。それは、主のような、天道のような存在である。しかし実のところ、大道も永遠の生成の中にあり、絶えず成長しているのである。人間の生活世界におけるゲームで言えば、初めから先行する大道または智慧は存在しておらず、欲望や技術とともにゲームの中で生長する大道があるのみである。大道は本質的に見れば、欲望や技術とは異なるが、関わりは持っており、すなわち、欲望の道と技術の道である。同時に、大道もその歴史的使命が完結すれば、死や終わりを迎える。したがって、大道が永遠に朽ちないと信じ、死んでも復活するなどと願ってはならない。人々がやるべきは、大道の死と新生、すなわち、その歴史的生成について思考することであり、それは大道の伝統的形態から現代的形態への転換に表れる。
　大道の歴史は、神から人へ、天から人への過程である。人類の歴史における古代の大道は、常に人間の形態の外、あるいは神、あるいは天道として表れた。無論、神と天道の登場は結局人間に依存す

るものである。ここで言う人間とは聖人を指す。聖人は人々に大道を語り、真理を指摘する。ただし、聖人は人間としてでも個人としてでもなく、神や天道の代弁者として語るのである。したがって、いわゆる大道は神の啓示や天道の現れであり、人間のこの世界における生活や道を規定する。

　しかしながら、現代および現代以降の社会において、伝統的大道はすでに終結している。西洋の世界で言えば、神はすでに死んだとなる。これは、神が説く大道はもはや我々の時代の規定ではないことを意味する。中国では、天が崩れて地が裂けたと言う。これは、自然の大道がもはや我々の世界において鍵となる役割を果たせないことを意味する。無論、伝統的大道または智慧の終結は、単純な過去や消失ではなく、伝統として保存されており、現在の世界においても多かれ少なかれ影響を与えている。人類古代の歴史における大道の外在性と異なり、現代の大道は内在的である。これはすなわち、人間はもはや人以外の神道や天道を借りて自らの存在の導きとはせず、自らに与えた存在に基づき、その土台とするのである。人間は自ら生活世界の大道を語り、自らの存在、思想、言説を規定し、ここから生活世界のゲームのルールを制定するのである。

　大道の歴史は、外在から内在への過程だけでなく、一元から多元への過程でもある。人類の古代史における大道は、一般的に言えば一元的な大道である。とりわけ宗教が大道の主要形態となっていた時代、それは大道の一元性を強調した。一神教で言えば、ユダヤ教、キリスト教、イスラム教があり、多神教で言えば、ヒンドゥー教、仏教、道教などがある。これらの宗教は、自らの教義こそ唯一の真理であると見做し、他の教義を「真理ではなく、屁理屈だ」と主張した。これらの宗教は、信徒たちに自らの教義を絶対的に信じるよう求め、他の宗教信仰を排斥した。こうした宗教のうち、特に一神教は、自らが掲げる大道の唯一性を主張するのみならず、その

普遍性も求めた。それは排他的であり、自分と異なるものは許さない。したがって、歴史を見ると、頻繁に宗教戦争が起こっている。

　しかしながら、人類の歴史が現代に入ると、大道は多元的局面へと突入する。キリスト教の神が死に、もはや世界の最も根本的な規定ではなくなった。有神論を受容する人々は一定数いるものの、無神論を受け入れる人の方がそれを上回る。一方、現代世界は神々がひしめく時代へと突入した。相変わらず存在している様々な宗教は、自らの唯一性と普遍性を宣揚し、いわゆる文明の衝突を引き起こすものの、同時に多元も認め、自らと異なるものに寛容な態度を取り、他者との対話を求めるようになった。例えば、仏教とキリスト教の対話や、その他世界の大宗教同士の対話である。しかし、現代世界の大道において最も根本的なのは神の声ではなく人の声、神同士の言い争いではなく、衆生の叫びなのである。したがって、現代世界で統治的地位を占めているのは、唯一の真理ではなく、多元的真理である。それらは差異、異質、多様であり、同一ではない。古い大道がまだ何かを語る一方、新しく作られた大道も成長しており、民族自らの大道が強大な生命力を備えている一方、民族以外の他者の大道も巨大な魅力を含んでいる。多元的大道は、多元的世界を導くのである。

　大道の歴史はまた、思想から存在への過程でもある。伝統的大道は、人間を理性的または霊的、心的な動物として理解する。確かに人間も動物であるが、人々は自分たちを特別な動物と見なし、一般的な動物とは区別する。さらに、人間の動物性を否定し、人性のみを重視する。人間にも体はあるが、人々はそれを邪悪で醜いものと考え、理性、魂、心の構造と機能のみに注目する。したがって、伝統的大道は実のところ、人間を純粋な精神的存在としか見なしていないのである。それは、理性的な健康、魂の治療、心の安らぎのみに注目する。伝統的大道が精神的範囲のみを対象とする時、それが

最後に行きつくところは神または天でしかない。こうして、神または天は精神における最高領域となる。まさにこうした理由から、伝統的大道は神の智慧もしくは天の大道なのである。このような大道は、人間の現実世界に立脚し、現実と向き合ってそれを変えようとはせず、ただ人々に現世を忘れて来世に向かおうと呼びかけることしかできない。

　伝統的大道とは異なり、現代的大道は根本的に言えば、反逆的である。これは、現代的大道が伝統的大道の基本的柱を覆そうとするためである。伝統的大道が認めるものは、まさに現代的大道が否定するものである。それは、人を理性的な動物とは見なさず、現実的な存在者だとする。理性は人間の存在における一部に過ぎず、非理性もまた人間の存在の一部なのである。理性や非理性と比べ、より一層本源的なのは、人間という現実の存在である。それは、非理性にも理性にも基盤を与える。この現実活動は、人間が世界に存在しているということである。人間の現実性に基づき、人の規定は改変される。人間は精神的であるのみならず、肉体的でもある。人の体は実際には肉体と心の合一であり、生き生きとした生命体として、現実世界に存在する。人間が身体的であるならば、その人は死ぬ者であり、死なない者ではない。また短期的な者であり、恒久的な者ではない。人間は有限な生命の存在であるため、唯一なのである。現代的大道では、人間の身体性、すなわち、人の体がこの世界でいかに存在するのかを強調する。人間と世界に対する新たな理解と解釈に基づき、現代的大道は神の大道や自然の大道については繰り返さない世俗的な大道なのである。それは人々に、この現実世界の中でいかに存在すればよいかを教示する。

　大道の歴史はまた、人類から個体への過程でもある。伝統的大道では、人間を存在者全体における一類と考える。中国における自然の大道は、存在者全体を天・地・人に分ける。天は上に、地は下

に、人は天と地の中間におり、天地万物と共にある。ただし、ここで言う人とは、人類全体を指し、個体としての人間を指すのではない。西洋における神性の大道では、存在者全体を神、世界、魂に分けるが、実際にはここに鉱物、植物、動物、人間、神が含まれている。そこに出てくる人間も人類全体であり、個体としての人間ではない。個体としての人間は死ぬが、人類全体は永遠に存在する。個体は存在者全体における個々の部分に過ぎず、全体のためなら個体は犠牲となり、置き換えられてもよいとされる。したがって、全体性の智慧から見れば、個体の存在は取るに足りないもの、ひいては全く意味のないものとなる。

　しかし、現代の大道では、個体存在の唯一性を強調する。それは、人間の存在を神道や天道から切り離し、人に自分専用の道を行かせようとするだけでなく、個体の人間を人類全体から切り離し、個体の存在に未曾有の地位を得させるのである。個体は、分割できない最後の存在として、身体性存在かつ死亡性存在であり、したがって有限的、重複不能、代替不能となる。すべての個体は多様であるため、人間は他人と区別される。同時に、すべての個体の存在は生成するため、人は自身とも区別される。すべての個体に対する違いを認め、許容し、尊重することは、現代の大道における核心的価値観の一つなのである。

　大道の歴史はまた、不から譲への過程でもある。伝統的大道は、主に否定性に偏っていた。例えば、各種のタブー、禁止、否定的な思想などである。それが否定するものには当然、一般的に言う罪悪行為が含まれるが、通常の欲望と技術も含まれている。これは欲望が人の罪悪を簡単に発生させ、技術は欲望の実現を促進するからである。したがって人々は、欲望と技術の結合こそ罪悪の発生や拡大の根本的原因であるとまで考える。こうした伝統的大道は通常、無欲や無技術を主張し、人間を原始の素朴な存在状態へ戻らせようと

する。こうした方式のせいで、伝統的大道には、人間の現実世界に対する怒り、批判、懲罰が満ちている。

　しかし、現代的大道は、主に肯定性に偏っており、それは導き、勧め、関心である。無論、それは人類が普遍的に認める善の価値を肯定するが、それ以上に欲望と技術を肯定する。欲望と技術は人類存在の基本状態であり、人々はそれを否定することも、禁止することもできず、それらを正しい道へと赴かせようとする。これはすなわち、欲望であれ技術であれ、それらは人の人性と物の物性に符合していなければならないのである。大道または智慧に導かれた欲望と技術は、自らの解放と発展の可能性を獲得する。大道または智慧における人間の現実生活に対する導きは譲（させること）なのである。それは人を存在させ、物を存在させる。

　絶えず生成することにより、欲望、技術、大道は自らを日進月歩させる。それらは、世界を創造して歴史を形成する。しかし、歴史は生活世界のゲームとして必然でも偶然でもなく、可能なものである。可能性の実現過程の中で、歴史は現実性を具える。そして、様々な決定論や宿命論に反対し、任意、選択、突然変異を強調する。これにより、生活世界のゲームは有限性を克服し、無限性を獲得する。したがって、生活世界のゲームは無尽蔵のゲームなのである。

四、欲・技・道ゲームにおける美の顕現

1．顕現

　欲望、技術、大道のゲームとして、生活世界の生成過程そのもの

は顕現過程である。顕現とは現れることである。それは放射や照明であり、光と同じである。比較するなら、欲望は暗闇、技術は鏡のようなもの、そして大道は光明である。まさに光と闇の衝突と遊楽の中、また鏡の反射や投影の中で、生活世界のあらゆるものは自らを顕現させ、自らを形成する。

　顕現する多くのものは現象と関わっており、時には現象そのものと理解されることすらある。しかし、現象と顕現を簡単に混同してはならない。無論、現象は存在の顕現であるが、存在そのものではない可能性もある。したがって、現象は幾つかの異なる形態と語義を具えている。

　現象は見せかけの現象として誤解されやすい。それは事物の偽りの現象であり、真の現象ではない。それは見てあらざるもの、そのように見えるがそうではないもの、あるいは逆に、そのようには見えないがそうであるものを指す。このような見せかけの現象は実のところ偽装、詐欺、仮面であり、存在そのものの真の姿を覆い隠している。したがって、存在または事物への理解では、必ず見せかけの現象を取り除き、真実を把握しなければならない。

　現象はまた、表象とも理解される。それは病気の症状のように、自らが顕現させないものを表す。これは現象の表象としての一面であり、もう一つはそれとは異なる存在そのものとしての一面である。表象はそれ以降のあるものを導く。表象は見せかけの現象のように存在そのものを覆い隠すことはないが、存在そのものを直接示すわけでもない。

　この二つの形態の現象と存在そのものは、違いを具えている。三つ目の現象、すなわち顕現学（現象学）の意義における現象のみが、存在そのものと同一なのである。この現象が顕現として理解され、顕現そのものとしての顕現者とされる。それは、存在の外にある何かではなく、存在そのものである。したがって、それは本質に

反する現象ではなく、本質と合一した現象である。ここに存在する現象との矛盾は克服できるため、現象を通して本質を見る必要はない。

　こうした意味の顕現は、まさに事物が自身を生成させることである。顕現そのものとしての顕現者は、自らを自らとして表し、事物は事物として自らを生成させる。こうした生成としての顕現の意義は存在であり、在席であり、完成なのである。

　顕示は虚無から存在への過程である。一つの事物の顕示は、虚無から存在への転換であるため、無から有を生み出すものとなる。事物はすでにあるものの上に自らを生成するわけではなく、それ自身に一つの始まりを作り出し、一つの基盤を与える。先行して与えられた基盤がなければ、事物は虚無の上に構築する。まさに虚無の中から、ある事物がそれ自身の生成を始めるのである。

　顕示は欠席から在席への過程でもある。事物の生成として、顕示は欠席している事物をその場に呼び寄せる。欠席は在席していないことであり、事物自身の遮蔽である。それは自らを開かず、逆に自らを閉ざす。すなわち、顕現とは事物自身が在席して開くことであり、それ自身が何であるか、何でないかを明らかにする。

　顕示は始まりから完成までの過程である。事物の顕現は自らがただの始まりだけでなく、一つの完成でもあることを証明する。それは、有機的な整体、一つの順序ある事柄として現れ、完璧、完全、円満と称される。すでに完成した事物は、すでに実現された事物である。それは現実であり、我々はすでにその生活世界に存在している。

　顕現は存在、在席、完成を示すと同時に、虚無、遮蔽、始まりを許す。すなわち、顕示とは存在と虚無、在席と欠席、始まりと完成における衝突と闘争なのである。したがって、顕現自身は張力の中で自らの無限性を保っている。

顕現が存在自身の発生であることは疑いの余地がない。しかし、存在は人間の存在からは離れておらず、常にその存在と関わり、それを存在の中に含んでいる。したがって、存在自身の顕現過程は、人間の思想に向けて開かれていく過程でもある。これは、思想の経験と理解に表れる。思想のない顕現や、存在のない顕現は想像するのも難しい。同時に、存在と思想の顕現過程は、言語に向けて開かれていく過程でもある。言語のみが存在と思想を語ることができ、そうして初めてその事柄が真に現れる。したがって、言語は存在の最も明らかな顕現となる。生活世界は人間の存在が発生するところであり、存在、思想、言語の集まりなのである。

２．作品

　生活世界の生成は欲望、技術、大道のゲームにおける顕現である。人々は通常、顕現した現象を感性、すなわち審美と理解する。感性とは何か。多くの場合、それは、理性認識とは逆の感性認識として理解される。理性認識と比べると、感性認識は低級である。それだけでなく、感性認識は最終的に理性認識によって克服される。感性は、感性認識以外に、感性対象も含む。それは事物の表象的特徴であり、例えば、色彩、音など人の感官に訴える感覚である。これに対し、事物の本質的特徴は内在的であり、理性認識によってのみ把握される。感性認識であれ感性対象であれ、それらは初級かつ外在的なものと見做される。しかし、感性は感性認識及び感性対象として理解されるだけでなく、感性活動として理解されなければならない。感性活動は人間の存在そのもの、すなわち生活世界のゲームを源としている。それは生きている人と物そのものであり、目に

見えるもの、耳で聞こえるもの、さらには触れることのできるものである。存在または生活世界は、決して一般的な意義における理性でも、感性でもない。それは、如何なる片面的な理性と感性をも超越し、すべての理性以上に理性的、すべての感性以上に感性的であり、あらゆる理性と感性の根源なのである。存在または生活世界が顕現した活動は、作品として生成される。このような作品はまさしく美である。いわゆる美とは理性的でも感性的でもなく、欲・技・道ゲーム活動そのものである。それは人間の内在的感覚でもなければ、物の自然的属性でもなく、一つの作品の生活世界なのである。

　しかし、人々の作品に対する理解は極めて狭く、それをただの文学・芸術作品、例えば、王羲之の『蘭亭集序』、李白の『將進酒』、黄公望の『富春山居図』、琴の名曲『高山流水』などだと考える。しかし、これらはただの小さな作品に過ぎず、ここで我々が語っているのは大きな作品である。これはつまり、欲望、技術、大道のゲームである生活世界全体こそ偉大なる作品なのである。ここでは、普通に区分される作品、創作過程、創作者の区分はその意義を失う。何故か。それは作品が実際には創作過程の結果であり、創作者の証明だからである。人間の生活世界の中で、作品、創作過程、創作者には違いがあるが、同一でもある。作品は欲望、技術、大道のゲームにおける顕現の結果であり、創作過程は、そのゲームにおける過程そのものである。また創作者は、欲望、技術、大道が集まった人である。

　作品が作品としてすでに存在することは明らかである。それは幽霊のような幻でも、これまでやらなかった、あるいはこれからやろうとしている願いや計画でもなく、すでに完成した、すでに円満に実現した存在者なのである。それは実在する物であるが、自然の物とは異なる人工の物である。また、自然の中にすでにあったものではなく、人類によって創造されたものである。それは人工の物であ

るが、普通の人工の物、例えば、器具や道具とは異なる特別な人工の物である。それは、ある目的に奉仕する手段でも、その目的のために使用されて放棄されたものでもなく、自らの存在を目的とした存在者なのである。

　特別な物である作品は、静止の物ではない。静止の物は、恐らく石ころのような自然的な物か、あるいは机のような人工的な物かもしれない。それは、自らの質料と形式を有し、空間の中に存在し、時間の中に脈打っている。まさにそうすることで、それは一つの物として別の物と区別される。一つの作品は静物と同じ特性を備えているが、それをはるかに超えている。作品は活動物である。それは、創造されたものであり、すでに発生しているだけでなく、引き続き発生し続ける物である。それは生きた状態、すなわち生命のある形象を終始保っている。作品はあたかも一つの生命体のようであり、自らを延長した道のようでもある。

　作品は静物でもなければ、対象でもない。対象は客体であり、人間の対面にあるものである。一方で、人間は主体である。客体と主体は相互に依存しており、客体が可能であるのは、主体の存在があるからであり、逆も然りである。しかし、それらは相互に対立もしている。主体は自らを設定すると同時に、客体も設定し、最後に主体と客体の統一を設定する。このような過程の中で、主体は客体を自らに対象化する。しかし、作品は人間の主体との相対的な客体でもなければ、主体による対象化の存在でもない。作品は人と共生共存する人間の生活世界そのものなのである。人間は常に作品または生活世界の中に入り込んでおり、そこから一刻も離れたことはない。人間自身がその作品もしくは生活世界の一部となっている場合すらある。作品または生活世界が絶えず生成する中で、人間は自らを生成し、まさに人性の人にならしめるのである。

　しかし、人々は、美としての作品の最も根本的な特性は、超功利

性もしくは無利害性であると考える。作品が功利を超えた存在である一方、人間の作品に対する態度も功利を超えている。いわゆる超功利性と無利害性とは、功利性を超越し、利害性を除去したことを意味する。これは、前功利性や前利害性と異なり、後功利性と後利害性である。こうした前後の違いはわずかなように見えるが、実際には極めて大きく、越えられない存在なのである。前功利性と前利害性は、功利性と利害性が起こる前にあり、未だ実現されていない功利性と利害性のことである。一方、後功利性と後利害性は、功利性と利害性の後に起こり、すでに実現した功利性と利害性のことである。したがって、これが超功利性と無利害性なのである。人々が、美の作品を超功利性、無利害性と述べた時、その作品はすでに功利性と利害性を実現させたのである。

　超功利性と無利害性は、功利性と利害性という土台の上に立脚したものである。したがって、我々はまず功利性と利害性について検討してから、超功利性と無利害性について明らかにしていかなければならない。物の観点から言えば、功利とは物事の効果と利益を指し、利害には物事のメリットだけでなく、デメリットも含まれる。人の観点から言えば、功利とは人が功利と利益を追求する活動であり、利害とは人が無害と有害に従事する活動である。ある事物は、それ自身から見れば自由自在であり、功利と利害は関係ない。それが生活世界において人間や万物と関わって初めて、他者に対する有用性または無用性、すなわち功利と利害を生み出すのである。同時に、人が生活世界において人間や万物と関わった時、そこには効用性と利害性の活動が生じる。これにより、人々は物に対して興味を持ち、注目する。いわゆる興味とは、一般的に人がある事物または従事する活動を認識する心理傾向のことである。いわゆる注目とは関心であり、人が人間または事物に対して注目し、重視することである。

では、これら功利や利害に関わる言葉の意義とは何か。それらは、ある事物が別の事物の中に入り込み、その存在に影響を与えたことを指しているに他ならない。ある事物に対して功利性と利害性を具えていると我々が口にする時、それは、その事物が別の事物の内部に入り、同時に別の事物もこの事物の内部に入ったことを意味している。したがって、人があるものに関して功利性と利害性の活動に従事し、それらに興味を持って注目していると我々が言った場合、それは、人がその事物の内部に入ったと同時に、その事物も人の内部に入ったことを意味している。功利と利害が事物の内部に入るとは、以下のように発生する。まず、人間は欲望者として欲望の対象を欲して占有する。その後、技術を使って物を作り、自らの欲望を満たす。ここで人と物の間には、功利と利害という一種の関係が形成される。功利もしくは利害は、人間の欲望を源とし、技術を通じて構築されたものに他ならない。大道もしくは智慧はこうした功利関係を否定することはせず、それを導く。

　功利性と利害性に対するこうした解釈に基づけば、いわゆる超功利性と無利害性とは、まさしく事物の内部に入らないことを意味している。これはすなわち、人は物を利用せず、物を邪魔しない。逆に言えば、人は物自身の存在を保たせ、それを生成させ、自由にさせるのである。しかし、超功利性と無利害性が成立する理由は、物がすでに功利を完成させ、利害を取り除いたからである。功利性と利害性の中に置かれた人と物にとって、超功利性と無利害性は絶対に出現しないものである。例えば、飢えている人から見れば、麦と稲は功利性しか具えていない。すなわち、小麦粉と米粒は飢えを解消するための食料に過ぎず、その黄金色に審美的価値があるといったような超功利性は備えていない。人がその功利性と利害性の活動を実現させて初めて、物の超功利性と無利害性が生成され、露わとなる。このような特別な時が来ないと、物は超功利性とはならな

い。物は有用性から人に利用されたり、逆に無用性によって人に捨てられたりするのではない。それは自身の存在を保ち、自らの純粋な物性を開いている。それと同時に、人もまた超功利的となる。人は物の有用性や無用性といった関わり方を放棄し、泰然として事に当たり、自由自在に自らや物を存在させる。人は物自身に入らない功利性を超えることに関して、人はすでに覚悟または智慧の導きによってすでに欲望の占拠と技術の製作を実現させた。したがって、人は作品に対しては無欲でありかつ無為である。このように、美の功利性を超える、または利害がない本性が生じたわけである。

3．美の形態

　生活世界にある形態の数だけ美の形態も存在する。我々は通常、この世界を自然、社会、心に分けるが、それらに対応し、美も自然美、社会美、心の美に分けられる。
　自然美は、人間が最もよく目にするものである。例えば、天上の太陽、月、星、地上の高山流水、樹木、花々、鳥や獣などといった天地万物の美である。人間は天地の間、すなわち自然の美の中に生まれる。しかし、自然美は自然にあるものではなく、構築されたものである。それは人と自然との関係、さらにはそれに基づいた自然に対する人の態度の変遷なのである。初めに人は、自然を恐れ、崇拝した。これは、自然の力に対する人間の無知と無抵抗に起因する。次に、人は自然に従う。つまり人間は自然のルールを認識し、服従したのである。さらに、人は自然を征服する。これは、人間が現代技術を使って自然を改造したことを指す。最後に、人は自然を愛する。これは、人間が自然との共存共生を意識し、互いを友愛の

パートナーとしたことを意味する。

　こうした人間と自然との関係がまさに変化していく中、自然美はその生成の歴史を始めたのである。自然美はまず田園として現れる。それは人間の住む園であり、人が生存するところである。人間はここで労働と休息をしながら、その生と死の運命を展開させる。田園は人間と万物を同じところに集め、自然を人間の生活の一部にならしめる。田園の次に現れるのは山水である。それは山々と河川であり、そこには鉱物、植物、動物が存在する。それは人間における田園以外の場所であり、景観と風景である。したがって、そこは人間世界の喧噪を離れた純潔な浄土のようである。最後に、それは自然となって現れる。すなわち、自然界と大自然である。それは、田園と山水という有限的なものを超えた天地万物であり、無限の空間と時間の存在者全体を指す。

　しかし、人々は自然美の根拠について執拗に追究しようとする。自然は何をもって自然の美として顕現し、美の自然となるのか。自然美は、例えば、特有の形態、色彩、構図などを持つ自然固有の属性だと考える人もいる。しかし、別の観点では、自然美は人間の情感の投影にあると考える。人間は自らの心を自然に移し、審美属性を持たせる。しかし、自然が自然美となる鍵は、それが欲・技・道ゲームの中で生成された点にある。自然そのものは、功利か超功利かにこだわりはないが、人間の生活世界の中では功利性を持つ。それはまず、欲望の対象として欲望者である人間によって占有され、人間の生命を維持するための生活資料となる。次に、一部の物は道具となって別の物を製作し、人間の欲望が満たされる。最後に、自然の道となり、人間の存在、思考、言説のために導きを提供する。ただし、自然がその功利性を完成させた時、それは欲望の物でも、技術の物でも、当然大道の象徴でもなく、ただ純粋な自然が自らの姿を顕現させたに過ぎない。自然は人間の生活世界の中で、功利を

超えた存在者、すなわち美の存在者となる。

　自然美と異なり、社会美は人と人が構成する社会の美である。それは、人、事、物の三方面に分けられる。人間自身について、人々は通常、その肉体美、行為美、精神美、言語美などに分けて賛美する。しかし、それらはどれも全体の一部に過ぎず、人間全体の美は人格美と言う。人格は人の存在の本質に基づく規定であり、その役割の確定と顕現である。したがって人格美とは、人間がその存在に達した完璧な顕現である。事とは生活世界で発生した事柄である。人は事柄の発生の中で一人の人間となる。事柄には、人間と自然との相互依存、矛盾と統一だけでなく、他人との愛と憎しみ、戦争と平和も含まれ、さらには人間と精神との構築、すなわち、人の迷いや覚醒なども含まれている。事柄の美は、社会生活そのものが示す美である。物は人が製作した道具と製品である。それは自然物ではなく、人工物である。したがって、それ自身に人間の存在と事柄が起こした歴史が凝縮されている。社会の物としての美とは、物性そのものの美だけでなく、人性そのものの美でもある。

　当然ながら、社会美が純粋な審美現象となるのは困難である。なぜなら、人間の社会生活そのものは功利的であり、非功利的ではないからである。人間そのものは功利的な存在者である。人間は、欲望の人として占有し、技術の人として製作し、智慧の人として大道からの導きを受け入れる。しかしながら、欲・技・道ゲームが完了すると、人間にもはや欲望はなく、技術も捨て、大道を獲得する。この時の人間は、功利性を超え、非功利的な人間となる。功利性を超えた人間は、審美の人であり、人格美を具えている。人間と同じように、社会生活の中で発生した事柄そのものも功利的な事柄である。人間の基本的欲望は社会生産、すなわち、人間自身の生産と物質資料の生産を推進し、同時に、社会の欲望がいかに占有し、社会の技術がいかに製作するかを社会の大道が導く。しかし、事柄が発

生して完了してしまえば、欲望・技術・大道は功利性を超え、非功利性を具える。ある事柄は審美価値を持たない状態から持つ状態へと変わり、美を持たない事柄が美の事柄となるのである。人間と社会的事柄の関係と同様、人の生活世界において器物もまた元々功利性の存在者であった。人間がある器物を作り出すのは、人が自身の欲望の占有を根拠に物を製作するからである。しかし、物が人の欲望を満たし、もはや道具ではなくなり、さらには大道からの導きも必要としなくなった時、それは功利性を超え、非功利性を具えるのである。器物は審美価値を獲得し、美の存在者となる。

自然美と社会美以外に、生活世界には心の美が存在する。通常、心は内在的かつ隠蔽されている。しかし、心は自らを顕現させることができる。それは声を通じて語られ、符号を通じて描き出され、言語と符号となって表れる。また人間の現実活動としても表れ、自らを物体化した作品とする。芸術美とは心の美の純粋かつ創造的な顕現である。それが純粋なのは、非審美性を排除し、審美性を残しているからである。それが創造的なのは、現実の心の中の反映のみならず、心そのものが美を構築しているからである。

しかし、人の心は複雑かつ多様である。通常の理論では、人間の心は認識、意志、情感に分けられる。認識は真に関するもの、意志は善に関するもの、情感は美に関するものである。真の認識と善の意志は非功利的ではなく、美ではない情感もまた非功利的ではない。美の情感こそが、功利性を超えるのである。しかし、人間の心は功利性から非功利性へという転換をいかに成し遂げるのか。これもまた、欲・技・道ゲームの中からその答えを見つける必要がある。生活世界の中で、人間は欲望の心を抱いて占有し、技術の心を抱いて製作し、大道または智慧の導きを受け入れる。こうしたゲームは、心のものであるのみならず言語のものでもあり、存在あるいは現実のものでもある。心、言語、現実がまさに一体となった活動

の中で、ゲームは自らを完成させ、円満へと至らせる。心が自らに満足した時、欲望と技術はなくなり、同時に、外在だった大道または智慧が、内在の大道または智慧へと変わる。こうして心は功利性から超功利性へと転換し、審美性に達する。その美は光と鏡のようである。

　我々は美の形態を自然美、社会美、心の美に分けたが、実はそれらは分割することはできず、相互に連絡し合うものなのである。これら三つの領域を貫く美の赤い線は、人間自身の美である。人間は世界の存在者すべての美が集まった頂きなのである。人間自身に自然美が含まれ、人の体は自然界の中で最も美しい形体であり、全ての鉱物、植物、動物に勝る。人間は社会美の主体でもあり、すべての美しい事や物は皆、人によって生み出された美である。人間は心の美の担体でもあり、それはまさしく人間自身が咲かせた最も美しい花である。

　美は欲・技・道ゲームが顕現する作品である。ゲームは絶えず生成し、美も絶えず生成される。そして、生み続ける者のみが永遠なのである。

附録：

無原則の批判について

附録：
無原則の批判について

　現代哲学は如何なる形態を持つべきであろうか。この問題に対して、モダニズムといった伝統に対する反抗であったポストモダニズムは、多元的な意見を提出した。特に、「脱構築」といった思想は一世を風靡した。ただし、中国はその見え隠れする民族主義により、この問題を中国化した。現代中国の哲学は如何なる形態を持つべきであろうか。つまり、如何に伝統と異なるか。そして、如何に西洋の伝統と現代と異なるか。この問題は極めて答えにくいため、中国思想界で広く焦慮を引き起こした。また、それにより、一連の問題が生まれた。如何に中国哲学の合法性を保証するか。如何にオリジナルの現代中国の哲学を発展させるか。如何に中国語で哲学を語るか。以上のような問題などである。

　実際には、誰もこうした問題に確かな答えを出せない。答えを見つける正確なやり方とは問題自体を問い詰めることである。なぜこうした問題を提出したのか。哲学の本性は何かといったことは常に問題であるが、時代が哲学に問題を提出したことによってこそ、哲学の本性がより一層問題化する。そのため、現在、我々が最も思惟すべきなのは、時代が哲学に提出した問題が何であるかということだ。世界にとって、今の時代は虚無主義、技術主義、享楽主義の時代である。中国にとって、この時代は中国と西洋の思想がグローバリゼーションの波の中でぶつかり合う時代である。世界と中国は哲学に避けられない問題を提出した。虚無主義、技術主義、享楽主義の本性とは何か。中国と西洋の思想がぶつかり合うことにより誕生

した思想は何か。こうした問題に向き合ってこそ、我々は、現代哲学が如何なる形態を持つべきかを問い詰められる。

　無論、思想である哲学はそれ自身の本性を持つと同時に、時代性をも持つ。哲学の本性を具える思想は批判にほかならない。ただし、現代性を持つ思想はそれ自体の歴史的な形態から分離しなければならない。それによってのみ、その思想は時代性を持つようになる。もしも歴史上の思想がある原則に基づいた批判だと言うのならば、その反抗である現代思想は「無原則の批判」である。それは実のところ、「実事求是」（事実に基づいてこそ、真理は求められる）といった古い言い方への現代的な解釈である。

一、批判

　哲学の本質を批判だと規定することには、多くの人は疑問を持つであろう。一方では、哲学自体はある種の思想であり、さらに思想に関する思想である。もう一方では、哲学と現実は影響し合う関係にあり、互いに反映し合いもすれば、導き合いもする。哲学は批判と直接関係がないようであるが、実際には、哲学自体であれ現実との関係性であれ、いずれも批判に基づく。すなわち、哲学とはそれ自身と現実への批判である。

　では、批判とは何か。

　日常語における批判または非難は常に否定的な意味を持ち、賛美または称揚といった肯定的な意味を持つ言葉と相対する。批判は通常、批判者が批判の対象の欠点を指摘し、そしてその原因を明らかにすることである。批判者と批判の対象が異なる場合、それは一般的な意味での批判である。両者が同一である場合、自己批判とな

る。批判を可能にしたものは何か。批判者が既定の尺度で批判の対象を測り、それによりその尺度と批判の対象の欠点を発見することである。

しかし、こうした否定的な意味は批判の一つの語義にすぎない。もう一つの語義には区別、弁別、審査、評価などの意味が含まれる。それはまずもって事実そのものに対する説明のみであり、事実に対する肯定的または否定的な評価ではない。物事を評価する時、それは否定的である可能性もあれば肯定的である可能性もある。この意味では批判は既に否定の意味のみでの批判の限界を克服し、批判の本質へ通じる道を開いた。

思想が如何に批判の現象として発生するかを見てみよう。

思想は常に思考の対象に対する思考である。思想の対象である物事が現実的であれ非現実的であれ、思想は常にその物事に関する思想である。目的は思考される物事を表し、示し、それにより物事をそれ自身にさせる。

ある物事がそれ自身となるのは、自分との同一性を獲得することである。ただし、その同一性は他者との差異性をも意味する。つまり、ある物事がそれ自身であり、それ自身以外の如何なるものでもない。「である」と「ではない」の間にある境目こそが物事自身の境界である。

境界とは何か。それは一つの特別な境界線であり、物事の起点と終点である。起点において、物事はそれ自身を始める。終点において、それ自身を完成する。また、起点と終点の間では、それ自身を発展させる。したがって、物事は境界線で囲まれた領域の中で、円満な全体になり、すなわち始まり、発端、中間過程、終結が揃ったような仕組みを持つようになる。

境界線においてこそ、物事はそれ自身となり、ほかの物事から区別される。通常、無秩序と秩序、混沌と世界との違いは、境界線の

有無にこそある。ある場所に境界が定められなければ、それは無秩序であり、混沌である。定められれば、秩序があり、世界となる。そのため、境界は世界の始まりになるとも言える。

　境界は物事自体の規定性であるが、それは物事の最大限の可能性、すなわちその極限である。したがって、境界は臨界点である。この特別な場所において、ある物事はそれ自身になる可能性もあれば、ならない可能性もある。消滅したり、他者となったりする。この意味では、臨界点は危機が発生するところである。危機という言葉を「危」と「機」の二つの文字に分けると、「危険」と「機会」の二重の語義を見出せる。したがって、それは否定的でもあれば肯定的でもある。危険は物事の死亡、機会は物事の新生といった意味を内包する。

　物事の境界は不変ではなく、絶えず変化していく。境界の変化により、物事と他者との間の境目が定め直され、物事自体の本質と形態も変えられる。絶えず自分の限界を超越する過程においてこそ、物事は生成し続け、時代性を持つようになり、そして新しい時代を切り開く。新しい時代を切り開くこととは、歴史の中断であり、一つの時代の終わりともう一つの時代の始まりである。

　しかし、物事が境界を定める時には思想の関与を必要とする。また、物事に関する思考である思想にとって、物事の境界を定めるのは務めである。こうしたつながりの中で、思想と物事は一体化し、共に生成する。境界を定めるように働く批判は思想の根本的な規定となる。

　境界は以下のようなことにより定められる。

　まずは区別である。批判とは存在と虚無を区別することである。すなわち、是非、真偽を弁え、隠蔽された真実を明らかにすることである。是と非の間の境界は明確ではなく、曖昧である。なぜなら、尤もらしいことが常にあるからである。したがって、批判は

是と非を区別することのみならず、尤もらしいこととの戦いでもある。それによってこそ、批判は真なる境界を見つけられる。

次に、比較である。批判とは存在と虚無を区別した後、その思考の対象が虚無な物事でなくなり、存在している物事である。その物事をほかの物事と比較し、複数の物事を小さいもの、大きいもの、最も大きいものなどのように分ける。比較とは評価である。ただし、ここで言う評価は一般的な意味での道徳判断または法律判断ではなく、物事自体に基づく存在判断である。そのため、いわゆる小さい、大きい、最も大きいものは道徳上の善、小善、至善ではなく、存在者自体の形態の差異である。

それから、決定である。区別と比較を行った時、批判は既に選択と決定をした。必ず存在する物事とは何か。必ず存在しない物事とは何か。真なる思想は真なる存在の道のみを歩む。選択と決定をした時、思想は冒険的な勇気を示した。それは理論の世界から実践の世界へと踏み込む。したがって、批判の本質は理論的のみならず、実践的でもある。世界を解釈するのみならず、それを変えもする。

二、原則

思想を批判と見なそう、といったのは新しいスローガンではなく、昔からあった見解である。歴史上、数多くの哲学者は批判主義を唱えた。ただし、批判は多様な形態を持つ。そのため、それ自体も批判を受けなければならない。すなわち、区別される必要がある。実際には、一般的な意味での批判はある原則に基づいた批判であり、無原則の批判ではない。したがって、我々は原則が批判を規定することについて分析しなければならない。

人間にとって、原則というのはその生活によく馴染んだ言葉である。通常、既に決められた指導方針のことを指す。それは根本的に人間の存在、思想、言説を規定する。この意味においてこそ、原則を持たない人もいれば持つ人もいる。さらに、原則を極めて重視する人もいる。しかし、哲学用語としての原則は、最も根本的な存在、すなわち本体を指す。ただし、原則はこうした名前のみならず、数多くの名前を持つ。例えば、根源、始まり、土台、原因などである。中国と西洋において、原則は幾つかの具体的な名前をも持つ。例えば、中国の道と理、西洋の主宰神と理性などである。それらは全て原則の言い換えである。
　では、ある原則に基づいた批判は如何に行われるか。
　いわゆる批判とは通常、批判の対象に対する批判者の批判、すなわち思考の対象に対する思考者の思考である。ある原則に基づいた批判は二種類ある。一つは批判者、すなわち「私」に基づいたものである。もう一つは批判の対象、すなわち「物」に基づいたものである。「私」に基づいたものであれば、原則は「私」の立場である。例えば、ある政治的立場やイデオロギー的立場などである。「物」に基づいたものであれば、原則は「物」の土台、原因、目的であり、なぜかといった問題に対する答えである。「私」の立場と「物」の根拠が明らかにされなければ、物事の根本を言い当てた批判ではないと見なされる。
　立場と根拠は一体何を意味するか。
　立場は人間の立つ場所である。それは決して思想とは無関係ではなく、根本から思想を制限する。この特別な場所は人間に特定の視覚または視点を与える。その視角はそれに繋がる視野を持つ。いわゆる広い視野あるいは狭い視野である。さらに重要なのは、ある程度において、視野により、人間の考えは盲目なのかどうか、そしてそれはただの意見か、または洞見かなどが決められる。立場は人間

が如何に物事を見るかを規定するのみならず、何が見えるかをも規定する。なぜなら、視野は視角に応じて広がり、森羅万象も視野においてのみ人間にそれ自身を示すからである。

　常に見られる立場は日常的な態度である。人間はある物事について思惟する時、まずもって、そして常に日常的な態度に基づく。日常的な態度は様々な形式で現れる。その典型的な仮面の一つは「私」である。「私」は常に発言し、「私の考え」、「私の意見」などを述べる。もう一つは「人々」である。人々は大勢、大衆である。彼らの意見は大多数の人の意見であり、普遍性を持つ。実際には、「私」と「人々」の態度は本質的に言えば違わなく、互いに置き換えられる。なぜなら、「私」は日常的な態度の単数形、「人々」はその複数形だからである。「私」といったものは実のところ存在せず、「人々」の特別な形態にすぎないとさえ言える。ある程度で、「人々」の態度は「私」を支配する。「私」は常に「人々」の言う通りに言う。

　当然ながら、日常的な態度は生まれつきのものではなく、日常生活の中で形成されたものである。人間の日常生活における様々な経験に基づく。個人的、私的な経験以外には、人間は家庭、学校、社会などに直接的または間接的に影響され、公的な経験をも積む。ただし、時間が経つにつれて、公的な経験は次第に私的な経験に転化する。こうした日常的な態度は目に見えない網を編む。それは人間を束縛し、人間は無意識のうちにその態度を受け入れ、取るようになる。

　日常的な態度は直接性、習慣性などの特性を持ち、ある種の天性、習慣のようである。思考活動において、人間がそれに対して如何なる懐疑の念も抱かなかったため、反省されたことがない。それは物事自体を無視する時、人間が物事を理解することに悪い影響を与え、先入観と偏見を形成する。なぜなら、それは頑固な意志を持

つからである。見たがるもののみに目を向け、見たがらないものを無視する。のみならず、その能力が弱く、見えないものがある。この意味では、日常的な態度は物事自体に対する思考を妨げる。

　日常的な態度とは違い、理論的な態度は日常生活の経験の枠を超越する。もしも日常的な態度を比較的に雑だと言えば、理論的な態度は洗練されたものである。経典などのようなテキストの形で現れる場合もある。全ての理論の中で、哲学は無論他者が比べられないほど特殊な地位を占める。なぜなら、それは思想に関する思想であり、世界観、人生観、価値観、方法論であり、人間に思考の視角と方法を提供するからである。そのため、各種の哲学の流派はそれぞれ自分の主張は真理、教訓、権威だと公然と主張する。それらは人間の理論的な態度の土台となる。

　中国人の理論的な態度は儒・道・禅といった伝統思想によって構成される。その中で、儒家思想は主導的な地位を占める。中国人の世界と人生に対する態度は儒教的であり、「天地」と「良知」に基づいたものである。しかし、近代以来、西洋思想も中国に取り入れられている。それらは儒家思想と異なる思想である。古代ギリシア的、キリスト教的、理性的、非理性的な思想などである。古今の争いとともに、東西の争いもあるが、中国思想は非形而上学的であるのに対して、西洋思想は形而上学的である。総じていえば、中国と西洋の思想により人間の基本的な理論的な態度が構成される。

　中国と西洋の理論は典型的であるため、人間の思想の土台となる。日常的な態度と比較するなら、理論的な態度は反省を経た。ただし、全ての理論的な態度は自然的な態度に比べれば優位性を持ち、物事の本質を捉えられることを意味するのではない。もしも理論的な態度が完全に物事自体から離れれば、物事に対する思考を妨げる。なぜなら、理論である思想は存在の思想であり、存在から来ており、また存在へ回帰するからである。そのため、物事への思考

は理論ではなく、物事自体に基づく。ある理論を既定の立場とし、それに立って物事を思惟すれば、物事は理論の視野において変形して、歪んでいき、自己の本質を失うようになる。

　立場は思考者の面における問題であるのに対して、根拠は思考の対象の面における問題である。根拠的思惟は広い意味での立場的思惟であるとも言えるようである。立場的思惟と比較するなら、根拠的思惟はより一層隠蔽的である。立場がなくなったとしても、物事に根拠を築こう、そしてその根拠を説明しようとする意志は依然として思想を支配し続ける。なぜなら、人間は常に物事に根拠を築き、そしてその根拠を説明するように極力努力するからである。

　物事の土台である根拠は、物事がそれ自身として存在する原因である。つまり、ある物事は根拠を持つ時にのみ、存在の必然性を持つ。根拠を持たなければ、存在の必然性も持たない。森羅万象には根拠がある。根拠のない物事はない。根拠には数多くの種類があるが、根本的な根拠の数は少ない。例えば、自然、天道などの中国的根拠や理性、主宰神、自我、存在などの西洋的根拠である。

　人間が物事を思惟することとは、その根拠を問い詰めることである。通常、疑問文を使う。すなわち、物事が何故このように存在するかを問い詰める。「何故」とは、「何のため」である。その対象は本質、原因、目的、本体などである。したがって、思想の使命は物事について根掘り葉掘り問い詰め、その本源を明らかにすること、すなわち本質を見抜くことである。哲学の本体論はこうした思想の典型的な形態である。ただし、本体への検討である本体論が、哲学の一部門のみならず、本体を明らかにし、物事の根拠を問い詰める限り、哲学の一般的な傾向でもある。本体論を内包する形而上学は、物事の第一原因または根本原因を明らかにすることを目的とする。これらの原因は形而下的ではなく、形而上的である。形而上をめぐる学問は形而上学である。

人間は根拠を問い詰める意志を持つため、物事のみならず、その存在の根拠をも思惟しなければならない。通常、重要なのは物事自体ではなく、その根拠である。ただし、根拠が如何なる形態を持つにせよ、それ自体も一つの物事である。また、根拠によってこそ、物事がそれ自身になるため、根拠は特別な意味を持ち、第一物事または根本物事である。そうは言うものの、根拠は思考の対象である物事そのものではなく、それ以外にあるもう一つの物事である。根拠を思考の対象である物事そのものとするのは間違いである。そうであれば、根拠は明らかにされるが、物事自体が隠蔽されてしまう。

　思想が物事の根拠を明らかにすることは主に論理的推論による。推理は一つ以上の命題によって構成される。その中の一部の命題からほかの命題が推し量れる。根拠である命題は前提であり、物事である命題は結論である。全体と結論との関係により、推理は帰納推理と演繹推理の二つに分けられる。一般的な命題から特殊な命題を導き出すことは演繹推理である。それに対し、特殊な命題から一般的な命題を導き出すことは帰納推理である。また、演繹推理はその前提から必ずある結論を出せるような推理であるため、必然的推理である。一方、帰納推理はその前提から必ずしもある結論を出せないような推理なのため、蓋然的推理である。

　演繹推理と帰納推理は論理上では論証の順序と結論の性質が異なるが、両者には一つの共通点がある。物事への説明は必ず根拠に基づくことである。しかし、これに関しては、若干疑問の余地がある。まず、根拠である前提は普遍的な公理または個別的な事例である。それら自体は自明であり、問い詰められたことがない。つまり、いわゆる前提には根拠が築かれず、根拠の説明もされなかった。次に、根拠と物事との関係は本質的に言えば同一であり、差異はない。ただし、問題はその同一性ではなく、差異性にある。最後

に、ある物事は大前提と小前提により結論を出すが、一つの具体的な物事である結論は一体如何にそれ自身を表すかといった問題は完全に無視、看過される。したがって、演繹推理と帰納推理は根本的に言えば推理の対象である物事自体と異なる根拠を見出すのみであり、物事の本性を明らかにしなかった。

　中国の伝統思想も無論思想の一般性を持つが、演繹推理と帰納推理を推論の手段とする。しかし、それは西洋と異なる独特性を持つ。理性的、論理的思惟ではなく、経験的思惟である。例えば、詩的智慧、形象思惟、象思惟（王樹人　1980年代）、比喩などである。実のところ、こうした独特性があるのは、帰納推理の中の類比推論を特に発展させたためである。それは一つの物事ともう一つの物事との類似性に基づき、一つの物事のある特性からそれに類似したもう一つの物事の特性を推し量る。人間は常に天地を人間と、古人を今人と比較する。こうした類比的なつながりにおいて、天地は人間の、古人は今人の根拠である。それにより、中国思想は自然的思惟と創造的思惟を発展してきた。

　人間は天と人間との関係を検討する際に、両者の類似性を前提とする。そのため、人間は自然的な特性を持つことを想定する。例えば、それぞれ天と地の特性である「陽」と「陰」は男性と女性の特性でもある。また天尊地卑、男尊女卑などがある。自然は人間と比較するなら、絶対的な優位性を持つ。すなわち、自然は人間の根拠となる。それは三つの面において表現する。第一に、存在の面である。天地人の仕組みにおいて、天地、すなわち自然は人間を規定する。人間は天地の間に生きる。天の下、地の上にいる。したがって、天地は人間の存在の絶対的な限界である。第二に、思想の面である。人間はまず自然に万物の尺度を求め、またその結果を人間に適用する。第三に、言語の面である。象形文字と表意文字である漢字で書かれたテキストにおいて、人間は常に自然を謳歌する。通

常、作者はまず自然を描き、そして人間を描く。例えば、漢詩においては、まず叙景、そして抒情する。

　こうした思想の自然性に基づき、中国思想は発展し、歴史的な特徴をも持つようになる。ここで言う歴史とは編年史の意味での歴史であり、特に王朝の変遷のことを指す。歴史的思惟の重点は史実に置かれるのではなく、古人を今人の根拠とすることに置かれる。なぜ古人が今人の根拠であるのかと言えば、彼らは天地と自然の道に従うからである。今人の手本、模範である古人は今人のために道を切り開いた。今人は古人の後をついて行くにすぎない。したがって、中国思想において、最も上位に立つのは天地と自然の道であり、聖人がそれに次ぐ。聖人が歴史に残したものは、功徳以外には、言説がある。聖人の言葉は最終的に経典となる。したがって、思想の歴史は聖人の言説の歴史となり、聖人の言説自体が歴史叙述となる。

　しかし、こうした中国式思惟の合理性には疑問の余地がある。一方では、根拠である天地は自然のままのみであり、それには根拠が築かれず、説明もされなかった。もう一方では、人間と天は異なる。天と比較するなら、人間は特別でさえある。したがって、天と人間は必然的推論のような関係にあるのではない。自然は人間ではなく、人間の特性を具えない。自然が人間の特性を持つのは、人間が自分を自然に投影し、自然を人格化した結果にすぎない。人間は自分の立場から自然を想定し、また自然を自分の根拠とする。また、自然的思惟は自然に、歴史的思惟は古人に重点を置く。そのため、自然と異なる人類、古人と異なる今人は副次的なものにすぎない。そうであれば、人間の存在自体は示されなかった。

三、無原則

　ある原則に基づいた批判とは違い、無原則の批判は全ての原則を根本から放棄する。無原則の批判の「無」が何かと言えば、まずもって無くすことであり、原則への否定である。次に、原則なし、原則を欠いた状態である。ただし、無原則は一般的な意味での虚無、すなわち何もないことではなく、あらゆる既定の立場と根拠にも反対し、純粋の思想の中で現れる純粋の物事のみ認めることである。すなわち、事実に基づいて真理を求めることである。無原則の批判は自分とある原則に基づいた批判の境界線を引く。自分には立場も根拠もないことを宣言する。この意味では、無原則の批判とは本質的に言えばそれ自身に対する批判であり、すなわち批判に対する批判である。批判への批判を行った後でのみ、思想が全ての物事に対して批判することが可能になる。

　無原則はまずもって無立場である。

　人間は最初から如何なる立場をも持たず、直接に物事に面することはある種の想定のみであり、理想的な虚構であるとさえ言える。人間の思想は真っ白な空白ではなく、様々な観点によって満たされている。通常、人間が批判する時、ある立場から批判を行い、そしてその立場に支配される。つまり、人間は常にある種の日常的な態度と論理的な態度を持つ。自然的な態度と論理的な態度によってこそ、人間は物事の本質に近づくことができる。

　しかし、無原則の批判にとって、重要なのは自然的な態度、論理的な態度、物事自体を区別することである。自然的な態度と論理的な態度は我々を物事の本質に近づける可能性もあれば、離れさせる可能性もある。如何になるかを判断できない時、我々は一時自然的な態度と論理的な態度を諦め、直接的に物事と向き合うべきであ

る。

　この意味では、無原則の批判を、思想に覆われる遮蔽物を除去することだと理解できる。思想のそれ自身への否定により思想の転換を実現する。思想のそれ自身への否定は放棄であり、すなわち自然的な態度と論理的な態度による各種の判断を放棄することである。また、排除でもあり、すなわち既定の立場による各種の先入観と偏見を排除することである。こうした作業により、思想は空無の境地に達する。人間に空無の思想的境地にほかの名前をも与えさせる。虚無、平静などである。

　当然ながら、思想は否定に執着することもできない。なぜなら、否定が極端化すれば、それに否定される日常的な態度と論理的な態度のように、無意識的に先入観と偏見を生み出すからである。それは幾つかの遮蔽物を除去したが、新たな遮蔽物を生み出し、思想と思考の対象の本性を遮る。したがって、思想は否定を行うのみならず、否定にも否定を行うべきである。無になるのみならず、無を無くすべきでもある。つまり、否定は日常的な態度と論理的な態度を否定するのみならず、それ自身をも否定しなければならない。否定は常に二重的である。

　否定の過程において、思想はそれ自身の本質を捉えるようになる。思想の本質は純粋、素朴なのである。人間は思想の本来の様子を描く時、常にそれを透明の思想、光明の思想と称する。こうした思想自体も存在者であるが、正に自分を放棄し、思考の対象に従うのみのようである。思想と物事はある特殊な関係にあることがある。思想が物事を規定するのではなく、物事が思想を規定するといった関係である。こうした関係において、思想は如何なる力も持たず、すなわち無能なのであり、決定的な役割を果たすのは物事自体のみである。したがって、物事は思想の中で自分の本性を現すことができる。

そのため、無原則の批判にとって、核心的な問題は人間がある種の立場を持つかどうかではなく、その立場に批判を行ったかどうかである。つまり、まずもって自然的な態度と論理的な態度による既定の立場から物事を思惟するのではなく、物事自体に基づいてそれを思惟するのである。それに基づき、人間自身の立場を反省し、それにより自然的な態度と論理的な態度の限界を明らかにし、そして思想が物事の本質に近づくことをそれらが妨げるかどうか、またはどの程度妨げるかを明らかにする。一方では、日常的な態度について、物事の本質を隠蔽したものとそれを示したものを区別すべきである。もう一方では、論理的な態度について、その中の物事に関する誤謬であるものと真理であるものを区別すべきである。

次に、無原則は無根拠である。

無立場の思想は物事の本性を示す道を開いたが、それはやはり不十分である。なぜなら、人間は「私」といった立場を放棄したが、思考の対象である「物」にはまだ様々な根拠が残る可能性がある。人間の根拠に対する思考は根拠に基づいた物事への思考に取って代わる。したがって、無原則の批判は無立場的であるのみならず、無根拠的でもある。

本質的に言えば、無根拠は根拠を築き、説明する意欲を諦め、形而上的、本体論的な衝動を克服することである。当然ながら、根拠を否定することは極めて困難である。一方では、人間は全ての存在者が根拠に基づいてのみ存在できると断言する。他方では、人間は根拠を築き、説明することを思想の任務だとしている。したがって、無根拠の思想は思想の任務と戦い、物事の根拠、さらに根拠自体を否定しなければならない。

まず、物事には根拠がない。人間は「何故」といった問題に答えるために、常に物事を根拠づける。根拠は原因または目的を意味する。すなわち、「何のため」である。これは実のところある物事を

もう一つの物事と関係づけることである。のみならず、思想はここで根本的な変化を遂げた。思考の対象はある物事からもう一つの物事に変わった。しかし、ある物事はそれ自身である限り、もう一つの物事を自分の根拠、すなわち原因と目的としない。すなわち、物事の存在はそれ自身を原因と目的とし、それ以外の如何なる物事をも原因と目的としない。そのため、物事自体には根拠がない。

　次に、根拠自体には根拠がない。人間はある物事を根拠づけようとする時、その根拠を根拠づけようとしなかった。もしも、根拠を根拠づけようとすれば、思想は後退し続ける悪循環に陥ってしまう。根拠と根拠は永遠に互いに置き換え続ける。したがって、根拠はそれ自身を根拠とすることができず、それ自身以外のもののみを根拠とすることができる。人間が根拠自体を自分の根拠とすることは、根拠には根拠がなく、そして根拠にとっては根拠が必要ではないことを意味する。しかし、もしも特別な物事である根拠には根拠がなければ、それはほかの物事の根拠になることもできない。

　最後に、思想とは根拠を築き、説明することではない。思想の本質が根拠の建立と説明だと見なされることは形而上学と本体論における基本的な設定であり、同一性をひたすら強調し、差異性を軽視した結果である。根拠を築き、説明する時、思想の思考の対象は物事自体からそれ以外の物事に変わった。その過程はいわゆる論証であり、すなわち根拠により物事の存在を証明することである。しかし、もしも思想が形而上学と本体論を放棄し、物事自体の本性、すなわち自分との同一性と他者との差異性のみに目を向ければ、それは物事の本質を掴むようになる。思想は物事の本質に近づくのみであり、すなわち事実に即して物を言うのである。これにより、思考の過程は論証でなくなり、表すことになる。表すこととは物事自体を表し、すなわちある物事がもう一つの物事から区別される境界を明らかにすることである。物事の起点と終点である境界は根拠では

なく、そしてそれは根拠を要さない。物事の境界に関する思想は物事が起点から終点に至るまで如何にそれ自身を生成し、表すことを明らかにする。こうした境界を明らかにする思想は、無原則の批判にほかならない。なぜなら、それは根拠の建立と説明ではないからである。

　思想の本性を無原則の批判であると規定することは奇抜ではない。実際には、無原則の批判は人間の歴史にあった全ての真なる思想の隠れた動機である。すなわち、事実に基づいて真理を求めることである。中国の老荘思想と禅思想は様々な視角から自然的な態度と論理的な態度を解析し、そして物事に根拠を築き、その根拠を説明することを放棄するように強く要求する。ただし、それらにとって、無原則の批判は朦朧として不徹底であり、真に思想の主題を形成しなかった。無原則の批判を主題化するのは西洋のモダニズムとポストモダニズムの一つの基本的な仕事である。伝統的な形而上学と本体論により貫いた、物事とそれ自体との同一性が強調された思想への反抗として、同一性の対立面にある差異性が重視された思想が台頭する。こうした思想のスローガンは物事自体に向き合うのである。その思考において、全ての物事はそれ自身であり、それ自身を表すのみであり、全ての物事はほかの物事にとっての他者でもあり、他の物事との差異性を持つ。既に人間の思想の中にあった無立場的思考と無根拠的思考を無原則の批判と称するのは、それに明確な名前をつけるにすぎない。

　無論、人間は自然的な態度と論理的な態度に基づいて物事を分析しようとする時、必ず原則に基づいた批判を堅持し、無原則の批判に賛成せず、そしてそれに様々な懐疑と誤解を抱く。様々な非難を受ける無原則の批判は自己弁護をしなければならない。

　まず、無原則の批判は是と非の違いを明確にしないことではない。日常用語における無原則は確固とした立場を持たないことを意

味するとされ、曖昧ではっきりしないようである。ある思想が無原則の批判であれば、極めて混沌とした思想だとされる可能性が高い。ただし、実際には無原則の批判自体は逆に物事の境界を明確にするように主張し、区別、比較、決定を求める。この意味では、それは根本的に是非を弁えることを強調するのである。

　次に、無原則の批判は無政府主義（アナキズム）ではない。無政府主義は一つの政治概念であり、思想の特性を表すには適していない。また、極端的な理論である「主義」はある種の原則の運用である。したがって、無政府主義と無原則の批判との間には明らかな溝がある。無原則の批判は自分の本質をある種の思想の行為だと理解し、そしてあらゆる教条主義にも反対する。

　それから、無原則の批判は虚無主義ではない。虚無主義は通常、認識の面では全てを否定すること、価値の面では退廃だと理解される。ただし、無原則の批判はある形態の虚無主義ではなく、その思想の土台となる可能性もない。なぜなら、無原則の批判は終始、思想が物事に関する思想であり、物事は思想の中で自分の存在を表し、すなわち存在の意味を示すといった主張を堅持するからである。それにより、無原則の批判は虚無主義との全ての関係をも断つ。

　最後に、無原則の批判はある種の特別な原則に基づいた批判ではない。無原則の批判の「無」は一つの原則であり、そして批判の対象である物事も一つの原則になりうるといった見解もあるが、それは原則に対する誤解にすぎない。原則は立場と根拠であると既定される。原則に基づいた批判は原則に従い、立場に立ち、根拠を見つけ出す。それに対して、無原則の批判は原則に反対し、すなわち立場を放棄し、根拠を除去する。したがって、無原則の批判は決して原則に基づいた批判のある種の特別な形態ではない。

　無原則の批判がそれ自身に様々な批判を行うことは、それに覆

われた遮蔽物を除去する作業でもあり、それにより自分の本性を表す。

四、三つの批判

　無原則の批判が真に批判活動を行う時、一体何を批判するか。それは世界にほかならない。世界に対する批判は無原則の批判の最も根本的な批判である。

　しかし、世界とは何か。世界に関する規定は数多くある。例えば、物質的な世界、精神的な世界、主宰神によって創造された世界、自然の世界などである。ただし、直接に思考の対象となるのは人間がいる世界である。それは通常、人間が生きる世界、すなわち生活世界と称される。ただし、批判にとって重要なのは、人間、世界、人間の存在活動などの世界を構成する要素を分析することではなく、世界が如何に世界としてそれ自身を表すかといったことである。生活世界の活動は、欲望、技術（道具）、大道（智慧）の三者の間で無限に行われるゲーム活動であり、我々はそれを欲・技・道のゲームと称する。

　生活世界の中のゲームは常に欲望によって推進される。人間が存在する限り、欲望は存在する。欲望とは生存の欲望であるため、欲望は人間存在の顕現の一つの標識である。また、欲望は欲望の対象を欲しがり、生産と消費を促進する。一方、手段と媒介である技術は欲望とは違い、自分のために存在するのではなく、他者によって使われる。ただし、欲望と大道に奉仕すること以外に、技術は自分の任務をも持つ。よい技術、すなわち利器となることである。ハイテクなどのよい技術はそれ自身の道を歩み、自然と道徳を無視

ことさえもある。欲望と技術はそれぞれ自分なりに生活世界のゲームに参加する時、大道または智慧もそのゲームに参入する。人間存在を規定した真理である大道は、本来ならば欲望と技術とは異なる、そこから飛び出した知識であるが、逆にそれらを導く。大道はまず欲望の限界を定める。何が実現できる欲望か、何が実現できない欲望かを規定する。そして、それは技術の限界を定める。何が使える技術か、何が使えない技術かを規定する。それにより、欲望と技術は二種類に分けられる。一つの大道または智慧に合うものであり、もう一つはそれに合わないものである。

　生活世界のゲームは欲望、技術、大道または智慧の三者のゲームである。三者の役割は異なるが、いずれも存在と発展の権利を持つ。ゲーム活動において、三者はそれぞれそれ自身に基づいて活動するが、互いにつながり合ってもいる。そのため、二重関係にある。一方では、それらは見方である。なぜなら、三者が共に参入しなければゲームが進まず、いずれかが欠席すればゲーム全体が失敗するようになるからである。他方では、それらは敵である。なぜなら、いずれにとっても、自分への肯定は相手への否定だからである。この意味では、欲望、技術、大道は敵のような友人であり、または友人のような敵である。したがって、生活世界のゲームは三者が互いに争い合いながら協力し合うことであり、互いに生まれて互いに剋つことである。

　生活世界のゲームは自然の宿命、主宰神の意志、先知の予言などのような外的な立場と根拠を持たない。自ら根拠を築き、それ自身のために活動する。のみならず、それは絶対的な原則も持たない。大道は限界を定め、人間の欲望と技術を制限するが、それ自身も永遠、無限ではない。それ故にこそ、欲望と技術も大道の規定を突破し、大道の自己改変を促す。よって、古い大道または智慧の死亡と新たな大道または智慧の誕生がある。

この意味では、生活世界のゲーム自体はある種の無原則の批判の活動である。これは、存在と思想は一体であり、共に生成することを意味する。思想の角度から無原則の批判を検討するのは、存在の面における無原則の批判の規定に従い、そしてそれを主題化することにすぎない。いわゆる無原則の批判は生活世界のゲームにおける欲・技・道の三者に限界を定めることである。
　しかし、生活世界には言語、思想、現実の三つの次元がある。したがって、無原則の批判にも三つの次元がある。言語批判、思想批判、現実批判である。

1．言語批判

　言語批判とは言語に限界を定めることである。
　哲学は言語にあり、そして言語により自分の活動を展開するのは一般的な見方であるが、厳密ではない。なぜなら、哲学のみならず、全ての科学と文学は言語の世界にあるからである。そのため、我々は哲学的言語自体の本性を思惟しなければならない。哲学的言語は一般的な言語ではなく、特別な言語である。すなわち、それは日常的言語とも文学的言語とも異なる。通常、文学的言語と哲学的言語を比較するなら、前者は形象的、詩的であり、後者は概念的、論理的だとされている。
　哲学的言語は常に概念といった形で現れる。概念の本質は把握、総括である。概念も言葉であるが、一般的な言葉ではなく、人間が理性により物事の本質をつかんで表す言葉である。古典哲学において、概念が非常に重要な地位を占める原因は、それが理性的動物としての人間の理性の道具であることにある。古典哲学の基本的な道

具である概念は命題を構成し、命題と命題との推論は演繹的論理または帰納的倫理を形成する。これにより、理性はそれ自身を構築した。

　古典哲学から現代思想へ至る中で起きた一つの根本的な変化は哲学的言語において、概念が語彙に取って代わったことである。何故か。人間への規定は理性的動物から言語的動物に変わり、言語への理解も狭い意味での物事の概念に対する把握から広い意味での物事の現象に対する言語描写に変わるからである。しかし、語彙自体は明晰ではなく、複数の解釈ができ、自己矛盾さえする。そのため、哲学の一つの基本的な仕事は言語分析である。それには、語義、文法、言語運用の分析などが含まれる。

　哲学にとって、回避できない根幹的問題は言語と世界との関係である。両者の間には必然的関係があるか。もしあれば、それは如何なる関係なのか。単一的なのか、または多重的なのか。言語と世界との関係といった問題に答えるために、言語現象に限界を定めなければならない。なぜなら、言語現象は複雑であり、まるでもつれた網のようだからである。

　人間は通常、文の表現形態により言語の分類を行う。文は主に、陳述的、意志的、感情的なものに分けられる。陳述的な文は事実または事態を述べる。意志的な文は人間の願望を、感情的な文はその感情を表す。こうした三種類の異なる文または言語は実のところ世界と異なる関係にある。陳述的な文は物事に対する存在判断であり、真実である可能性もあれば、虚偽である可能性もある。意志的な文は物事に対する価値判断であり、すべきかどうかといった問題に関わるものである。感情的な文は物事に関する態度であり、人間の心理状態、意向などである。

　また、人間は言語運用の形態により言語の分類を行う。最も典型的なのは日常的言語、論理的言語、詩的言語などである。日常的言

語は人間が日常生活の中で用いる言語である。それは人間によく知られた慣用的なものでありながら、曖昧で混沌たるものでもある。論理的言語は自然科学と社会科学の中で用いられる言語である。特に哲学の中で用いられる言語である。それは思想によって反省、処理されたことがあるため、規範的で明晰である。現代において、論理的言語の典型的な形態は技術的言語である。それは人工的であり、人間に操られる。日常的言語と論理的言語とは異なり、詩的言語は簡潔であり、形象的に感情的な言語である。一方では、ロマンチックで儚いもの、真実ではないものだと見なされる。もう一方では、それは人間を導けるため、言語の本性を保ったものだとも見なされる。

　しかし、言語に限界を定めるには、文の表現形態と言語運用の形態のみに頼ってはならない。不十分だからである。また、言語の本性上の差異による分類を行わなければならない。それにより、言語は欲望的言語、技術的言語、大道的または智慧的言語に分けられる。欲望的言語は人間の最も原始的な言語であり、欲望の呟きであり、欲望の対象への呼びかけである。技術的言語は媒介と手段にすぎず、何かの目的に奉仕する。大道的または智慧的言語は真理、真の道であり、人間を教え導く。もしも欲望的言語を黒闇のようだと言うのなら、技術的言語は鏡のようであり、大道的または智慧的言語は光明のようである。三者は言語の最も根本的なゲームを形成する。一般的な思想は言語の技術性または道具性のみに目を向け、それを思想の外殻だと理解する。欲望的言語と大道的または智慧的言語との矛盾と争いに気づいたとしても、人間は道をもって欲を制することを主張し、または逆に欲をもって道を制することを主張するにすぎない。人間は欲望的、技術的、大道的言語の三者の間で行われるゲームについて真剣に思惟したことがない。ただし、言語批判にとって、最も重要なのはその三つの言語を区分し、そしてそれら

が如何にゲームに参入するかを明らかにすることである。

2．思想批判

　思想批判とは思想に限界を定めることである。
　思想は存在に関する思想であり、すなわち物事に関する思想である。ただし、思想が思考の過程の中で存在の本質をつかんだかどうか、そしてどの程度つかんだかが問題である。それにより、思想は幾つかの種類に分けられる。人間は思想を内的な見る行為に喩える。見る行為は盲目、意見、洞見などに分けられる。盲目は、見る能力がなく、または視野が遮られたため、何も見えなかったことである。こうした思想は無知である。意見は、人間が物事は見えたが、その表象しか見えず、本質が見えなかった結果である。主観的な憶測により、尤もらしい意見が数多く生み出される。こうした思想は考えである。洞見は、物事のみならず、その本性、すなわち唯一の真理をも見抜くことである。こうした思想は真知である。厳密に言えば、思想は盲目を除去し、意見を排除し、洞見の境地に至る過程である。洞見または真知のみが真なる思想である。
　しかし、思想自体から言えば、それは建築学的な本性を具えるため、幾つかの構成要素を含む。一般的に言えば、人間の思想は認識、意志、感情といった三つの部分に分けられる。それらは互いに関わり合いながら、各自に自分の領域をも持つ。認識は真の問題、意志は善の問題、感情は美の問題に関わる。したがって、認識、意志、感情の領地を混同してはならない。三者は互いに置き換えることが決してできない。認識、意志、感情の限界を確定した後でのみ、我々はそれらの関連性と統一性を思惟できる。

しかし、思想を認識、意志、感情といった三つの部分に分けるやり方は、思想を理性と同一視することに基づくのであり、理性の内部での区分である。したがって、認識、意志、感情はそれぞれ理論理性、実践理性、詩的創造理性であるとも言える。ただし、理性の消滅と死亡はそれが限界に達することを意味する。そのため、重要なのは、理性の区分ではなく、理性と非理性との間の境界線を明らかにすることである。非理性は、経験、体験、欲望、気分などによって表現され、本質的に狂気的である。理想は理性的のみならず、狂気的でもある。こうした狂気的な思想は理性の限界を超え、人間の存在の真実を直接に示す。

　思想は既に思考の過程においてそれ自身を豊富にし、発展させた。思想批判に改めて思想の形態を区分するように要求する。思想と生活世界との関係により、思想は、欲望に関する思想、技術に関する思想、智慧に関する思想に分けられる。欲望に関する思想は身体的欲望をはじめとする欲望を表すことである。欲望の顕現、隠蔽、変形、転移、代替品、昇華などである。技術に関する思想は道具を思惟するのみならず、それ自身を道具に変えさせる。現代において、こうした思想の最も典型的な形態は技術的思想である。計算、計画、設計などである。智慧に関する思想は既有の智慧への回顧と未来の智慧への展望である。それは道の呼びかけに応え、人間の存在に道を開こうとする。

　現代中国思想に思想批判を行うには、思想の一般的な形態のみならず、その歴史的な形態をも区分する必要がある。思想の歴史的な形態は既有の思想によって表現され、更に具体的には西洋思想と中国思想の歴史によって表現される。思想批判の務めは、西洋思想と中国思想の歴史をそれぞれ認識、区分し、そして西洋思想と中国思想の間の境界線を明らかにすることである。

　通常、西洋思想の本質は理性だと考えられている。ただし、より

具体的な規定が必要であり、すなわち異なる時代における理性の異なる意義について思惟しなければならない。古代ギリシアにおいては理論理性が高く評価され、沈思こそが最高の生き方だと主張される。中世紀には実践理性の重要性が強調され、人間が主宰神の意志に従うべきだと主張される。近代では創造理性または詩的理性が発展され、思想と世界が如何に構築されるかが明らかにされる。しかし、現代思想は根本的な変化を遂げた。その主題は理性でなくなり、存在、特に人間の存在になる。また、理性が存在を決定するのではなくなり、存在が理性を決定するようになる。それにより、思想の形態も変化を遂げ、論理でなくなり、存在自体に基づいた経験になる。ただし、ポストモダニズムは現代思想にはまだ伝統思想の残滓があり、その形而上的な残滓を除去すべきだと主張する。それにより、言語を主題とし、言語哲学を形成した。言語は差異性を持ち、断片的、逆説的である。言語分析により、脱構築がポストモダン時代の哲学に及ぶ大きな潮流となった。

　西洋思想の歴史性とは違い、中国には王朝交替のみがあり、時代の変化に応じた思想の変化がない。すなわち、中国思想は時代的ではない。時代は時間を中断し、王朝は時間を輪廻させる。中国思想は長い歴史を持ち、様々な変遷を経たが、その主幹となるのは儒・道・禅の三つである。それらは主導的な地位を占め、数多くの主流でない思想に影響を与える。なぜ儒・道・禅が中国思想の主幹となるかと言えば、それぞれ自然、社会、心といった中国人の生活世界の三つの面の真実を明らかにするからである。その中で、自然は全てを規定するものだと見なされ、その基調は天人合一だとされる。したがって、中国の歴史にあった時代を総じて「自然の時代」と称することができる。伝統とは異なり、我々が生きる時代には、自然と天人合一は人間を規定できなくなるため、この時代は「自然の時代」が終わった後の時代であると言える。この時代は無限の可能性

を持つ。こうした時代では、様々な前現代的、現代的、ポストモダンな要素が混雑する。

　西洋人にとっても、中国人にとっても、グローバリゼーションにより、中国と西洋の文化、思想の衝突が激化するのは事実である。そのため、中国人も西洋人も「他者」の思想に目を向け、そしてそれを自分の思想と比較しなければならない。よって、哲学または思想は比較哲学または比較思想となる。当然ながら、比較は多数の材料を配列することでもなく、比較できないものを強いて比べることでもなく、批判である。つまり、比較により、中国思想と西洋思想との同一性のみならず、両者の差異性、すなわちその境目を明らかにしなければならない。その境目こそが、現代思想の真の始まりである。この意味では、現代の思想批判は中国思想と西洋思想との間にある境目で行われる。

３．現実批判

　現実批判とは現実に限界を定めることである。
　現実は人間の目下の境遇である。それは思想と言語から切り離せず、両者とつながる。無論、現実と思想、言語の関係は決して単一ではなく、複雑で多面的である。一方では、現実は言語と思想の実現であり、すなわち両者を実現する。他方では、言語と思想は現実の顕現であり、現実に関する思考と言説である。したがって、現実は思想と言語を含む人間存在全体である。それを欲・技・道のゲーム活動と規定しよう。
　一つの現実的な欲望は必ず人間の生存の欲望であり、すなわち食欲と性欲といった本能である。食欲により生命が、性欲により種族

繁栄が維持できる。人間の基本的な欲望は人類の歴史上の根本的な活動、すなわち物質生産を主とした経済活動を推進する。一方、その活動においてこそ、人間はまた自分の欲望を豊富にし、発展させる。欲望には、身体的なもののみならず、精神的なものもあり、さらに欲望に対する欲望もある。人間の身体的な欲望は常に存在するが、それは自然的な意義のみならず、文化的な意義をも持ち、様々な歴史的形態を具える。欲望は発展、生成し続けるため、生々流転するのである。ただし、欲望とその満足は消極的、消費的ではなく、積極的、生産的である。

　欲望を満たすためには、技術に頼らなければならない。道具を作って使用することは人間の本性であり、動物との相違点ともされている。実際に、生活資料の生産は道具による生産であり、生産資料の生産は道具を生産することである。人間はまずもってそれ自身を道具とし、そして自然物を使用し、最後に技術を発展させた。この意味では、道具は人間を動物から区別するのみならず、それ自身からも区別する。それにより、異なる歴史を形成する。そのため、人間の歴史は道具の歴史となる。石器時代、鉄器時代、機械時代、ハイテク時代などである。道具の進歩に伴い、人間の欲望がよりよく実現されるのみならず、自然と人類が根本的に変えられるようにもなる。

　大道は欲望と技術を導き、両者とともに生活世界のゲームに参入する。人間存在に関する真理である大道または智慧は言語の形で現れるが、決して空虚で無力なのではなく、強い現実的な力を持つ。大道または智慧は格言、箴言であるのみならず、経典、神の道、聖人の言葉でもある。そのため、それは神聖なのであり、人間の内的信念を支配する。また、智慧的言語は外的権力をも獲得した。それは法令、制度、ゲームのルールなどであり、侵すことのできないものである。儒家の智慧が中国の歴史を構築したように、キリスト教

的智慧も西洋の歴史を支配した。

　現実的な意味での欲望、技術、大道または智慧の本性を分析した後で、我々は我々が生きる時代に目を向けなければならない。この時代において、欲・技・道は如何なる規定性を持つか。如何にゲームをするか。この時代の人間の生存状況に注目すれば、以下のようなことが分かる。まず、伝統的な大道または智慧は欠席する。次に、現代の技術は人間を支配する。最後に、人間の欲望が膨らむ。よって、現代には三つの傾向が形成される。虚無主義、技術主義、享楽主義である。

　虚無主義は世界の存在を否定するのではなく、世界または人生を虚無、無価値とする世界観である。歴史上、西洋の主宰神と中国の天道は人間に存在の意義を与えたため、人間の生活は充実していて安定したものであった。西洋の主宰神の「死亡」と中国の天道の衰えに伴い、虚無主義が台頭する。我々が生きる時代とは、古い智慧が既に終焉を迎え、一部が残っているにすぎない。ただし、新たな智慧はまだ生じていない。その状況は虚無主義がそれ自身を発展させるのに最適な時間と最大の空間を提供する。この世界には基礎がなく、主宰神も天地も良心も存在しないため、何をしてもよい。全てのよきことのみならず、全ての悪きことをもしてもよいということを意味する。

　技術主義は技術に等しいわけではない。技術の極端化または普遍化である。一方では、科学は技術に席を譲る。他方では、技術は科学に見せかけ、そして科学には聖域がなく、科学が万能であることを宣言する。我々が生きる時代に技術が持つ力は驚くほど強い。技術は自然のみならず、人間の身体、思想、言語を含む人間全体をも支配する。いわゆる情報化時代は言語が技術により支配される時代である。例えば、携帯電話、インターネット、テレビなどは技術的に処理された言語の世界を構築し、誰もその世界から逃げられな

い。

　虚無主義と技術主義は享楽主義に無限の可能性を与えた。享楽とは欲望、特に身体的な欲望を満足させることである。生活世界のゲームにおいて、欲望とその満足には限界がある。ただし、虚無主義により、人間の欲望には限界がなくなり、全てが欲望の対象となりうる。物のみならず、人間も消費の対象となりうる。技術主義は様々な道具を使うことにより絶えず人間の欲望を刺激し、そして満足させる。よって、欲望が無限に膨らみ、その実現の可能性も限りがなくなる。

　虚無主義、技術主義、享楽主義がこの時代に盛んとなるからこそ、我々は欲望、技術、大道または智慧の本性を思惟し、それらに限界を定めなければならない。事実に基づいて真理を求めることこそが無原則の批判の使命である。

あとがき

　この本は筆者が長い間に異なる視角から同じ問題に対する思考をまとめたものです。詩をお捧げ致します。

　西哲ならばハイデガー
　中哲ならば儒道禅
　古今の道を漫遊し
　欲技道にて説示せん

　謹んでこの本を恩師の刘纲纪先生、李泽厚先生、Boeder先生に捧げます。

　この本の執筆を終えるにあたり、種々のご協力をいただいた方々に深く御礼申し上げます。特に、この本を人民出版社の出版計画に入れてくださった洪琼さん、研究全般に亘ってご指導ご鞭撻を賜った张凡枝さん、彭国进さん、江黎明さん、熊伟さん、姚海泉さん、杨凯军さん、丁寧な校正をしてくださった胡静さん、高思新さんに深く感謝の意を表します。

　愚見が読者諸賢の立派な意見を引き出すようお祈り申し上げます。

彭富春
2020年1月10日
武漢大学で拙い筆を擱く

著者紹介／略歴

彭　富春（Peng Fuchun／ホウ フシュン）

1963 年生まれ、中国湖北省仙桃市出身。オスナブリュック大学哲学博士。1998 年から 2022 年まで武漢大学教授。現在湖北大学上席教授（資深教授）。主な研究テーマは中国古典思想（国学）、現代ドイツ哲学（ハイデッガー）、美学理論。著書に《论大道》、《美学原理》、《论中国的智慧》(《论国学》)、《论儒道禅》、《论海德格尔》などがある。

訳者紹介／略歴

胡　逸蝶（Hu Yidie／コ イツチョウ）

1991 年生まれ、中国湖北省武漢市出身。中国・湖北中医薬大学講師。2019年広島大学大学院文学研究科博士後期課程修了、博士(学術)。2019 年から 2022 年まで武漢大学講師。2023 年 1 月より現職。著書に『芥川文学における帝国主義批判の再検討』（白帝社、2021 年）がある。

《论大道》彭富春
© People's Publishing House,2020
（© 人民出版社 ,2020）

This translation is published by arrangement with People's Publishing House.

「大道」を語る

2023 年 1 月 30 日　初版印刷
2023 年 2 月 10 日　初版発行

著　者　彭　富　春
訳　者　胡　逸　蝶
発行者　佐藤和幸
発行所　白　帝　社
　　　　〒171-0014 東京都豊島区池袋 2-65-1
　　　　電話 03-3986-3271　FAX 03-3986-3272
　　　　https://www.hakuteisha.co.jp/

印刷・製本　大倉印刷㈱
カバーデザイン　㈱アイ・ビーンズ

Printed in Japan〈検印省略〉 6914　ISBN978-4-86398-558-2
＊定価はカバーに表示してあります。